Stefan Brönnle
Heiliger Raum

Stefan Brönnle

HEILIGER RAUM

Sakrale Architektur und die Schaffung »Heiliger Räume« heute

NEUE ERDE

2. Auflage 2023

Stefan Brönnle
Heiliger Raum

Titelseite: Neolithische Tempelruine in Xaghra, Malta
Foto: Tacna/Fotolia
Gestaltung: Dragon Design, GB

Satz und Gestaltung:
Dragon Design, GB
Gesetzt aus der Rotis Serif

Gesamtherstellung: Libri Plureos GmbH, Hamburg
Printed in Germany

ISBN 978-3-89060-544-9

Neue Erde GmbH
Cecilienstr. 29 · 66111 Saarbrücken · Deutschland · Planet Erde
www.neue-erde.de · info@neue-erde.de

Inhalt

Einführung

Der heilige Raum 8

Räume des Inneren und des Äußeren 9

Mythologische Grundlagen sakraler Architektur

Vom Himmelsraum zum gebauten Raum 12

Der heilige Baum 13

Das heilige Wasser 15

Der heilige Stein 17

Der Körper Gottes 19

Der dreifache Körper des Göttlichen 25

Die heilige Mitte 27

Mitte des Menschen - Mitte der Welt 27

Mitte und Peripherie 32

Die Mitte im Sakralbau 32

Die Weltenachse 35

Die Weltenachse im Sakralbau 37

Der Weltenberg 40

Bis zum Himmel hoch: der Turm 43

Die rituelle Weltenachse 45

Die Achse 47

Die Ausrichtung im Sakralbau 48

Die Himmelsrichtung 50

Die Ortskraft 51

Mythologische Weltbilder und ihre formale Symbolik 52

Die Einflüsse auf die christliche Sakralarchitektur 56

1 + 2 = 3 Die Symbolik der Zahl 60

Sakrale Technologie

Die Kraft des Ortes: die Plazierung 70
  Geomantisch genutzte Ortsphänomene 71
    Wasseradern 71
    Geologische Verwerfungen und Quarzbänder 76
    Gitternetze 77
    Leylinien und Drachenlinien 80
    Einstrahlpunkte 82
    Der geistige Fokus 83
  Elemente des Sakralbaus und geomantische Phänomene 85
    Das Allerheiligste: Chor und Vierung 85
    Die Achse 86
    Die Kanzel 87
    Der Lettner 88
    Säulen 88
    Zentralbauten 89
    Der Turm 89
    Das Portal 91
Das Sanktuar 92
  Die gebaute Umhegung 95
  Die rituelle Umhegung 98
Der göttliche Hauch: Das Numen reliquiarum 101
Von Wetzsteinen und Kratzrillen 103
Die numinose Stelle 106
Die Orientierung 112
  Richtungsqualitäten 112
  Sternenräume – Seelenräume 115
    Die Rhythmen der Natur und ihre geistig-seelische Wirkung 115
    Grundlagen zum Verständnis räumlicher Orientierung 118
      Die Ekliptik 118
      Die Präzession 119
      Der Tierkreis 120
      Aufgangspunkte am Horizont 122
    Sternenmythen und Raumbezug 124
    Beispiele sakral-astraler Orientierungen 129

Malta 129
Stonehenge 134
Newgrange 137
Cuzco 138
Chichén Itza und Uxmal 140
Die Nazca-Ebene 142
Astrale Landschaftstempel in Europa 145
Die Ausrichtung im Christentum 148
Heilige Geometrie: Die Proportionierung 156
Das Ortsmaß 164
Vom Gnomon und der Sonnenbarke 168
Omphalos und stehende Wellen 170
Global Scaling 172
Die Wirksamkeit der Maße 174

Ausklang: Heilige Räume schaffen
1. Finden Sie Ihr Gestaltungsziel 179
2. Finden Sie den Platz 181
3. Schaffen Sie ein Sanktuar 183
4. Finden Sie das rechte Maß 186
5. Finden Sie die richtige Proportion 187
6. Richten Sie sich innerlich und äußerlich aus 189
7. Finden Sie passende Materialien, Farben und Klänge 190
8. Nutzen Sie Katalysatoren 191
9. Finden Sie ein Symbol 192
10. Finden Sie den richtigen Zeitpunkt 193
11. Weihen Sie den Ort 193

Anhang
Adressen 197
Literatur 198
Abbildungsverzeichnis 201

Einführung

Der Heilige Raum

Räume umgeben uns – überall. Dies mag wie eine Binsenweisheit klingen, doch ist sich der Mensch dessen selten bewußt. Es ist uns einfach zu selbstverständlich. Doch sind der Raum und das Raumgefühl nicht immer gleich. Im Gegenteil: Jedes Zimmer wirkt anders auf uns, auch wenn wir die Augen schließen. Die Wände geben einen bestimmten Raum vor. So schafft die Grenze erst Raum. Dieser Umstand führte in der Schaffung sakraler Bauten zur sakralen Umhegung, zum *Sanktuar*. Aber auch der »offene Raum«, die Landschaft, hat solche Grenzen. Sie werden durch die Topographie ebenso definiert wie durch die raumbildenden Qualitäten einzelner Objekte. So schafft ein einzelner großer Baum in einer Ebene einen spür- und erlebbaren Raum um sich, der fast eine Art Gravitation besitzt. Trampelpfade über solche Ebenen werden, auch wenn sie ganz woanders hinführen, stets ein wenig zum Raum eines solchen Baumes »hingezogen« – ein sichtbar gewordenes Zeichen für das Bewegungsverhalten von Mensch und Tier.

Je nach Landschaftstypus sind die Landschaftsräume mal größer, mal kleiner. Und die Qualität dieser Räume ist spürbar verschieden. Ebenen lassen den Himmel erfahrbar werden, sind von »kosmischer Qualität«, Schluchten dagegen lassen uns die Erde erfahren und sind daher eher von »chthonischer (= unterweltlicher) Qualität«.

Obgleich Räume von sich aus bestimmte Qualitäten besitzen, haben Tier und Mensch auch stets das Bedürfnis, Räume zu schaffen, die ihrem innersten Wesen entsprechen. Dieses Bedürfnis drückt sich beim Menschen auch verbal aus. Das Verb »räumen« meint »Raum bilden« oder »Platz schaffen«. Im Sinne von »roden« z.B. wurde durch die *Räumung* im Wald ein Raum geschaffen. So birgt der Raum in sich Freiheit und Grenze zugleich. Die dem Verb »räumen« zugrunde liegende indoeuropäische Wurzel »reu-« hat eine Verbindung zum tocharischen* »ru-«, was soviel wie »öffnen« bedeutet.

Besondere Räume haben die Fähigkeit, in uns und in der Landschaft etwas zu *öffnen*. Es sind heilige, heil-machende, ganz-machende Räume, die natürlich (von der Erde geboren) oder künstlich (vom Menschen erschaffen) oder ein wenig von beidem sind. Obgleich, oder besser weil die heilige Grenze, das Sanktuar, sie umschließt und begrenzt, sind solche heiligen Räume befähigt, uns zu öffnen und Freiheit zu geben. Das Bedürfnis des Menschen, solche Räume zu erschaffen, die ihn öffnen, die ihm gestatten, dem Numinosen, dem Göttlichen, nahe zu sein, ist sicher so alt wie die Menschheit selbst. Es sind materielle Räume ebenso wie geistig-seelische Räume.

Räume des Inneren und des Äußeren

So birgt jeder äußerliche, jeder materielle Raum (insofern man ausgerechnet beim Raum überhaupt von »materiell« sprechen darf, ist er doch gerade nicht-materiell, ungefüllt und offen) einen inneren Raum. Jede Form hat eine Qualität. Oder wie Laotse es ausdrückte:

Dreißig Speichen enden in einer Nabe;
doch erst das Loch in der Nabe
wirkt des Rades Brauchbarkeit.
Ton knetend bildet man Gefäße;
doch erst ihr Hohlraum
gibt ihnen Brauchbarkeit.
Mauern, von Fenstern und Türen durchbrochen,
bilden Räume;
doch erst die Leere des Raums
gibt ihnen Brauchbarkeit.

* Die ausgestorbene tocharische Sprache gehört zur indogermanischen Sprachfamilie und wurde in der zweiten Hälfte des 1. Jahrtausends im Tarimbecken im heutigen Uigurischen autonomen Gebiet Xinjiang im äußersten Nordwesten Chinas gesprochen

So gibt das Stoffliche zwar Eignung,
das Unstoffliche aber erst den Wert.

Laotse, *Tao Te King 11*,
nach einer Übers. von Rudolf Backofen

Und an anderer Stelle:

Das Wesen erschaut,
wer wunschlos zum Herzen der Dinge strebt;
Gestalten nur sieht,
wer begehrlich am Sinnlichen klebt.
Wesen und Gestalt sind nur begrifflich gespalten,
geheimnisvoll bleibt ihrer Einheit Grund.

Diese Einheit ist das Geheimnis der Geheimnisse,
zu allem Unergründlichen das Tor.

Tao Te King 1

Form und Inhalt gehören zusammen. Sie erschaffen ein Tor in andere Welten, sie *räumen* einen Weg zu innersten Erfahrungen. Äußerer Raum schafft inneren Raum, und innerer Raum erschafft äußeren. Getrieben von dem Bedürfnis, diesem inneren Raum Ausdruck zu geben, erschuf der Mensch so grandiose Bauwerke wie die Kathedrale von Chartres, die Tempelanlage von Angkor Wat, die unzähligen Tempelanlagen von Malta, Stonehenge oder die Tempel von Abu Simbel. In ihnen öffnen sich innere Räume der Erfahrung, Räume des eigenen Wesens. Wenn innerer Raum und äußerer Raum zusammenklingen, entsteht, wie Laotse es formulierte, das »Unergründliche«, das Dao (Tao).

So sind Kirchen und Kapellen, die Tempelruinen vergangener Kulturen und Epochen viel mehr als museale Relikte und Touristenattraktionen. Es sind heilige Räume, durch die der Mensch sich bemühte, dem Wesen der Existenz selbst näherzukommen, jeweils geprägt durch die

Weltsicht der jeweiligen Kultur und Epoche. Natürlich steht nicht jedes dieser Bauwerke noch heute mit uns in Resonanz. Wir haben zum Teil andere Weltsichten entwickelt, andere spirituelle Bedürfnisse und Existenzmotivationen. Darum dürfen wir nicht erwarten, daß für uns jedes sakrale Bauwerk gleich wirkt. Manche haben ihre Wirkung vielleicht sogar verloren oder werden sie in ein paar Jahrhunderten wiedererlangen. Doch so unterschiedlich die Motive der Erbauer und die Wirkung der Bauten im einzelnen gewesen sein mögen, es sind doch alles sakrale Bauten, in denen ein Gleichklang von inneren Räumen unserer Seele und dem äußeren Raum des materiellen Lebens erzeugt werden sollte. Dieser Urimpuls fand seinen Ausdruck in bestimmten Bauprinzipien, die sich im Ort, im Aufbau, der Symbolik, der Orientierung, dem Maß und der Proportion ausdrückten. Diese Urprinzipien sind, so möchte ich vielleicht etwas vermessen behaupten, bei allen sakralen Bauten und heiligen Räumen gleich, egal aus welcher Kultur sie entstammen.

Die Vermittlung dieser Grundprinzipien der sakralen Geomantie* und der genutzten Techniken ist Inhalt dieses Buches. Sie führen, so hoffe ich, den Leser zu einem tiefen Verständnis heiliger Räume und regen nicht zuletzt dazu an, auch selbst wieder einen heiligen Raum zu erschaffen.

* Geomantie ist die Kunst, Lebensräume nach den Bedürfnissen der menschlichen Seele im Einklang mit der Ortskraft zu gestalten. Das Wort setzt sich aus »Geo« = Erde und »Mantik« = Interpretationskunst zusammen. Durch die Mantiken (aus griech. *mantheia* = Wahrsagung) versucht der Mensch auf verschiedenste Art (heute z. B. durch physikalische Messungen, Radiästhesie, Form- und Symbolinterpretation und innerer Wahrnehmung) das innere Wesen eines Raumes, eines Ortes, ja der Erde selbst zu erfahren.

Mythologische Grundlagen sakraler Architektur

Vom Himmelsraum zum gebauten Raum

Noch bevor es gebaute Tempel gab, erlebte der Mensch den Raum der Landschaft. In den Elementen erfuhr er die Kraft des Göttlichen. Er nahm die Bewegungen des Himmelsgewölbes wahr, den Wechsel der Jahreszeiten der Erde, der mit ihnen in Übereinstimmung war. Er sah die Veränderungen der Pflanzen im Zyklus des Werdens und Vergehens und das Verhalten der Tiere. Und er erkannte den Wechsel des Wassers, die Zeiten, in denen mehr oder weniger Regen fiel, in denen Flüsse anschwollen und Tümpel austrockneten. Die Elemente der Landschaft wurden zu Symbolträgern des heiligen Lebens auf der Erde. Diese Elemente sind die Pflanzen, das Wasser und der Stein. Heilige Orte zeichnen sich überproportional häufig durch die Kulmination dieser drei Elemente aus, und sie fanden ihren Weg in die Symbolsprache der Tempel verschiedenster Kulturen. Beim Bau der ersten heiligen Räume waren Wasser, Stein und Pflanze präsent. Durch ihre, wenn auch später oft nur noch symbolische Präsenz im sakralen Raum war sich der Mensch des Segens der Erde gewiß. Die Erde, die Große Göttin, mußte auch präsent sein, wenn der Mensch sich eigene heilige Räume erschuf. So schrieb Seneca (Epist. 41,3):

Erblickst du einen Hain von dichtstehenden, alten, über die gewöhnliche Höhe aufragenden Bäumen, wo die Masse des über- und durcheinander sich erstreckenden Gezweiges den Anblick des Himmels ausschließt, dann gibt der riesige Baumwuchs, das Geheimnis des Ortes und die Bewunderung des im offenen Feldes so dichten und zusammenhängenden Schattendunkels dir das Gefühl von der Gegenwart einer Gottheit. Und wenn eine Grotte mit tief ausgefressenem Felsgestein sich in einen Berg hinein erstreckt, keine künstliche, sondern durch natürliche Ursachen zu solcher Weite ausgehöhlt, so wird sie dein Gemüt mit der Ahnung von etwas Höherem ergreifen. Wir verehren die Ursprünge großer Flüsse; wo ein gewaltiger Strom plötzlich aus dem Abgrund hervorbricht, stehen Altäre, heiße Quellen haben ihren Gottesdienst, und manche Seen werden wegen ihres dunklen oder unermeßlich tiefen Wassers für heilig gehalten.

Der heilige Baum

Ein Ausdruck der Lebendigkeit der Erde sind die Pflanzen. Sie wachsen, gedeihen, tragen Frucht, sterben und ziehen sich in die Erde zurück, um daraus neu geboren zu werden. So wurde die Pflanze, allen voran natürlich der Baum, zu einem Ausdruck für das Leben und letztendlich für die Göttlichkeit selbst. Zahllose Verehrungen heiliger Bäume künden davon: Gott erschien Moses als brennender Dornbusch (2. Mose, 3,2) und unter einer Eiche erfährt Abraham, daß er Stammvater eines großen Volkes werden soll (1. Mose 12, 6-8). Die Ägypter hielten die Feige Sykomore für den Sitz von Göttern. Im Schintoismus gilt der Sakakistrauch als heilig, und unter einem Baum erfuhr Buddha die Erleuchtung.

Vornehmlich tritt uns der Baum in drei Aspekten entgegen:

- als Symbol des Lebens, des Werdens und Vergehens
- als menschengleiches Wesen
- als axis mundi (Weltenachse)*

Als Lebensbaum steht der Baum mitten im Paradies. Im Frühjahr verkörpern früh treibende Pflanzen wie die Weide die Kraft der Natur und der Wiedergeburt. Man schmückt sie oder schlägt mit ihnen das Vieh, um ihre Fruchtbarkeit zu übertragen. Auch der Maibaum ist ein solches Lebens- und Fruchtbarkeitssymbol.

* Mehr zur Symbolik von Baum, Wasser und Stein entnehmen Sie bitte meinem Buch *Landschaften der Seele*

Als menschengleiches Wesen wird der Baum zur »Wurzel« der Menschheit selbst: In der Edda entstehen der Mann aus einer Esche und die Frau aus einer Ulme, auch bei den Sioux-Indianern werden die Menschen aus Bäumen erschaffen und im mixtekischen Mexiko entsteht das erste Menschenpaar aus einem gespaltenen Baum. So schreibt C. G. Jung in »Der philosophische Baum«: »Der Baum ist sozusagen eine Wandlungsform des Menschen, indem er einerseits aus dem Urmenschen hervorgeht und andererseits zum Menschen wird.«

Als axis mundi, als Himmel, Erde und Unterwelt verbindende Weltenachse, erleben wir den Baum im germanischen Weltenbaum Yggdrasil oder in der Bhagavad Gita als »Umgekehrten Baum«, der im Geistigen wurzelt. Für die Azteken ist die Krone des Weltenbaumes die Milchstraße, und die Tartaren stellten sich den Weltenbaum als Birke vor.

In der sakralen Architektur wird der Baum buchstäblich zur tragenden Säule. In der Gotik werden die Säulen – einem Buchenhallenwald ähnelnd – wie der Weltenbaum zu Trägern des (Himmels-)Gewölbes. Das christliche Kreuz wird selbst zum Lebensbaum. Im Kloster Zwettl im österreichischen Waldviertel ist das Kreuz, der Gründungslegende des Klosters folgend, als Eichenbaum mit Blättern ausgestaltet. Der Sage nach habe hier mitten im Winter eine grüne Eiche gestanden. Das christliche Auferstehungssymbol vermischt sich mit dem alten Symbol des Lebensbaumes.

In der Michaelskirche in Bamberg ist das Gewölbe über und über mit Pflanzen bemalt. Jede Pflanze steht dabei in einem genauen symbolischen Bezug zum Ort, an dem sie sich befindet. So ist das Gewölbe des Chores in vier Felder geteilt. Im Westen des Chores steht die Pampelmuse, deren früherer Name »Adamsapfel« war, und im Osten die Passionsblume, die den Opfertod Christi symbolisiert. So ist im Chor über die Symbolik der Pflanzen der Weg von Adam, dem ersten Menschen, zu Jesus, dem Erlöser, nachgezeichnet. Da sich die Pflanzen am Gewölbe befinden, sind sie symbolisch gesehen »himmlische Pflanzen«, die ähnlich wie der »Umgekehrte Baum« in der Bhagavad Gita ein geistiges Prinzip auf die Erde bringen. Hier stehen die Pflanzen als menschengleiches Wesen (z. B. Adam oder Christus) *und* als Weltenachse im sakralen Raum. Am häufigsten finden wir jedoch den Baum als Archetyp der Weltenachse oder Weltensäule (axis mundi) im heiligen Raum wieder. Hier steht sie meist in Bezug zur Mitte. Dazu unten mehr.

Das heilige Wasser

80 % aller Wallfahrtsstätten Österreichs sollen einer Angabe zufolge an Orten mit heiligen Quellen und Wassern liegen.* Im Zentrum des Paradieses steht nicht nur ein Baum. Hier entspringen auch dem Mythos zufolge die vier großen Ströme Geon, Phison, Euphrat und Tigris. Und auch der Weltenbaum Yggdrasil besitzt an seinen Wurzeln den heiligen Urdarbrunnen. Die Symbolik des Wassers ist dabei geprägt von seiner Eigenschaft, Stoffe lösen zu können und in sich aufzunehmen, sowie natürlich durch die Grundlage unserer Existenz: Menschen bestehen bis zu 80 % aus Wasser. So zeigt sich das Wasser wiederum in drei Symbolkomplexen:

- das Wasser der Reinigung
- das Wasser als Sitz von Göttern und Geistern
- das Wasser als Fruchtbarkeitssymbol

Daß das Wasser mit Fruchtbarkeit in Beziehung steht, ist offensichtlich. Erst wenn in einer Gegend Wasser verfügbar war, konnte sich der Mensch dort niederlassen. Zu Ostern, dem christlichen Auferstehungs- und dem alten Fruchtbarkeitsfest der Göttin Ostara, werden in Süddeutschland Brunnen mit Eiern (ebenfalls Auferstehungs- und Fruchtbarkeitssymbole!) und Blumen geschmückt. Frau Holle hütet am Grunde des Frau Holle-Teichs auf dem Hohen Meißner bei Eschwege die ungeborenen Kinder und schenkt sie Frauen, die darum bitten. Auch der Brunnen auf der Löwenburg bei Bad Honnef oder das Wasser des Queckbrunnens bei Dresden sollen reichen Kindersegen bescheren.

* Hans Haid: *Mythos und Kult in den Alpen*, Rosenheimer, Rosenheim 1990

Mit dem Wasser verbundene Reinigungsriten gibt es zahlreiche, seien es die Waschungen im heiligen Ganges, der schintoistische Reinigungsritus Misogi, die Reinigungen der eleusischen Weihungen im saronischen Golf, die Totenwaschungen in zahlreichen Kulturen oder letztendlich auch die christliche Taufe, die von der »Erbsünde« befreit.

Doch Wasser löst nicht nur, es trägt auch Kräfte in sich. Properz verdankte so seine Inspiration dem Wasser der Aganippe, das Wasser der Musen in Delphi sollte poetische und prophetische Kräfte verleihen. Im Wasser wohnten Gottheiten wie die erwähnte Frau Holle (ein Abbild der Großen Göttin), der römische Quellgott Fons oder die keltische Göttin Sulis, die z.B. in Bath/Südengland von den Römern als »Sulis Minerva« verehrt wurde.

Da das Wasser in zahllosen religiösen Reinigungs- und Weiheriten eine Rolle spielt, ist es bei nahezu jedem Sakralbau präsent. Der Dom von Paderborn soll auf 80 (!) Quellen ruhen und die Kathedrale von Chartres auf 40. Im Weihwasser- und Taufbecken ist es in jeder christlichen Kirche präsent. Auch in islamischen Moscheen gehört es mit zur rituellen Gestaltung des Sakralbaues. Die im Wasser gelöste, innewohnende göttliche Kraft soll sich auf den spirituell Suchenden übertragen. In St. Wolfgang bei Dorfen ist die alte Quelle, die der Heilige Wolfgang höchstselbst aus der Erde »geschlagen« haben soll, noch heute unter dem Altar vorhanden, und das Wasser kann dort geschöpft werden *(Abbildung 1)*.

Abb. 1: Quelle am Altar der St. Wolfgangskirche

Der heilige Stein

So wie die Kraft des Wassers die Wandlung und die Fähigkeit der Stofflösung ist, so ist der Stein nach menschlichem Maß ewig. Der Stein, oder gar der Berg, wird zum Wohnsitz des Ewigen. Der Adams Peak auf Sri Lanka ist der heilige Berg von Christen, Moslems, Hinduisten und Buddhisten dieses Landes. Eine schalenförmige Vertiefung in Form eines Fußes gilt den Christen als Fußabdruck des heiligen Thomas, den Moslems als Fußabdruck Adams, den Hinduisten als Fußabdruck Shivas und den Buddhisten als Fußabdruck Buddhas. Der Heiligenberg bei Heidelberg war Kultstätte der Kelten, Römer, Germanen, Christen... und zuletzt der Nationalsozialisten.

Der Berg ist der Thron, die Höhle die Gebärmutter der Großen Göttin, und patriarchale Götter wie Zeus, Dionysos, Mithras und Christus werden in ihr geboren. Die drei Symbolgruppen dieses Ewigkeitsprinzips des Steines sind:

- der Stein als Zeiger der Zeit
- der Stein als Sitz und Träger göttlicher Kräfte
- der Stein als axis mundi.

Weil der Stein (oder Berg) selbst »ewig« ist, ist er befähigt, die Vergänglichkeit der Zeit zu zeigen. Er wird zum Uhrzeit- und Kalendersystem. Berge werden z.B. »Mittagsberg«, »Elfer-«, »Zwölfer-« oder »Einerkogel« genannt, weil über ihnen zu dieser Zeit die Sonne steht. Über den Elsässer Bergen »Großer Belchen«, »Kleiner Belchen« und »Elsässer Belchen« zwischen Basel, Colmar und Freiburg können Sonnenvisuren zu den Wintersonnwenden und Tag- und Nachtgleichen vorgenommen werden. Belchen ist abgeleitet von Belenus, einem keltischen Lichtgott. Ebenso können in der gleichen Gegend über Berge mit Namen »Blauen« Mondvisuren vorgenommen werden. Steine wurden als »Zeugnissteine« aufgestellt. Steine werden zu Zeugen eines Vertragsabschlusses zwischen Laban und seinen Brüdern (1. Mose 31, 44-50).

In Steinen werden göttliche Wesen verehrt wie z. B. im »Fraubillenstein« auf dem Ferschweiler Plateau bei Trier. Ebenso galt der Lapis niger, der Schwarze Stein, als Sitz der Göttin Kybele. Er wurde von den

Römern auf dem Grab des Romulus plaziert. Die Griechen nannten solch »beseelte Steine« »Baitylia«. Es ist dem semitischen »Bethel« (=Haus Gottes) verwandt.

In steilaufragenden Kegelbergen mit Michaelskirche wie z. B. Rocher d'Aiguille in Le Puy wird der Fels zur Weltenachse, zur axis mundi. Ebenso wie bei den »aus Licht geborenen« (= natürlichen) Lingams der Hindus oder die mythischen Weltenberge im Zentrum der Welt: der Berg Meru (Indien), der Haraberezaiti (Iran) oder der Gerezim (Palästina).

Der Sakralbau übernimmt diese Symbolik. Der Steinkreis von Stonehenge ist ein perfekter Kalender, mit dem sogar Sonnenfinsternisse vorausgesagt werden konnten. Der »Heelstone« fungierte als Marker für den Sonnenaufgang zur Sommersonnwende. In den ägyptischen Pyramiden klingt der Weltenberg an, sie sollen für die Seelen eine Leiter in den Himmel sein. So zeigt die Hieroglyphe für »aufsteigen« ein Zikkurat, eine Stufenpyramide. In indianischen Schwitzhütten bildet eine Linie aus Steinen, die vom heiligen Feuer zur Mitte der Schwitzhütte führt, eine heilige Zone, die nicht übertreten werden darf. Steine sind hier eine inhärente Weltenachse, die die Mitte des sakralen Baues mit dem Feuer (Spirit) verbindet. Und natürlich wird der Stein im christlichen Sakralbau zum Allerheiligsten, zum Altar.

So findet sich das heilige Wasser, der heilige Baum und Stein im Sakralbau wieder. Die äußere Gestalt zeigt den Makrokosmos, die innere Gestalt die Symbolik, den Mikrokosmos. Im Sakralbau ist das Reinigende und Lösende und die Fruchtbarkeit (Wasser) ebenso präsent wie das Ewige, das die Verbindung zum Göttlichen schafft (Stein) und das Menschlich-Vergängliche mit der Hoffnung auf Auferstehung (Pflanze, Baum).

Der Körper Gottes

Baum, Stein und Wasser verkörpern den Körper der Erde, der Großen Göttin. Ihre gemeinsame Präsenz im heiligen Raum läßt diesen zum Körper der Göttin werden.

Mit zu den frühesten sakralen Räumen gehören Höhlen. Hier befindet sich der Mensch im Bauch von Mutter Erde. Eine der frühesten Raumerfahrungen des individuellen Menschen ist die schützende Gebärmutter der Mutter. In der Höhle wird diese pränatale Urerfahrung für den Menschen erneut erfahrbar. Oft wurden auch Höhlen genutzt, die nur kriechend erreichbar waren, so kam zur Raumerfahrung die kinästhetische Erfahrung des Geburtsprozesses noch hinzu. Der Mensch gebar sich sozusagen rückwärts in den Leib der Erde hinein (in der Religionspsychologie bekannt als »regressus ad uterum«), in einen Zustand *vor* der Schöpfung, einen paradiesischen Urzustand. Hier, in diesem Geistraum vollzogene Rituale mußten natürlich bis in die geschaffene Welt zurückwirken. Sie setzten sozusagen an den geistigen Wurzeln der Materie an. So findet man unzählige Felszeichnungen und Ritzungen in den Höhlen der Ile de France, den Höhlen von Lascaux

Abb. 2: Handabdrücke als Ausdruck des beseelten Raumes.
Cueva de las manos (Argentinien)

und der »cueva de las manos« (Argentinien), Zeugnisse der rituellen Zwiesprache des Menschen mit der Göttin selbst, in deren Leib er sich befand *(Abbildung 2)*. Im Feng Shui, der chinesischen Geomantie, wird dieses Bedürfnis, in den pränatalen Urzustand zurückzukehren, im sogenannten Yin-Feng-Shui, dem Feng Shui der Grabbauten, offensichtlich: Man baute Gräber dort in der Landschaft, wo sie nach der Forminterpretation im Leib der Göttin ruhten. Den Toten verhieß eine solche Nähe zum Göttlichen die Wiederauferstehung, ähnlich wie im Christentum Gräber um Kirchen herum angelegt werden. Natürlich ist dies im patriarchal durchdrungenen Feng Shui heute wohl niemandem mehr bewußt. Heute werden die Bergformen als »Drache«, »Tiger«, »Schildkröte« und »Phoenix« benannt. Doch die Bildersprache aus einem chinesischen Feng Shui Buch ist eindeutig. Man suchte die Rückkehr in den Leib der Erde, die Rückkehr in den Körper der Großen Göttin *(Abbildung 3 a – b)*. Dies kam einem Akt der Befruchtung und der späteren Wiedergeburt gleich.

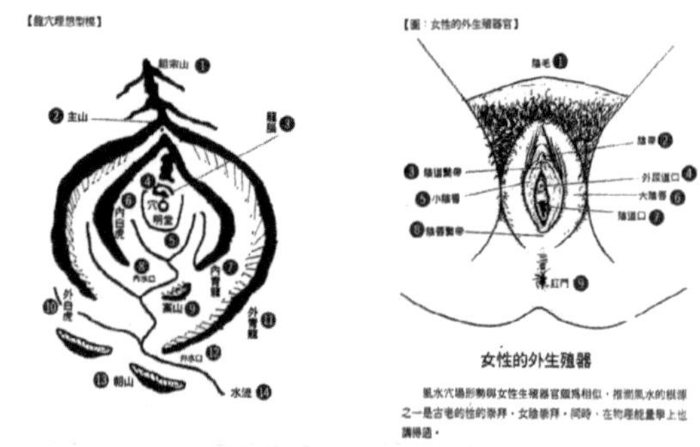

Abb. 3: Aus einem chinesischen Feng Shui Buch: Die optimale Landschaftsgeomantie leitet sich direkt vom weiblichen Geschlechtsorgan ab – Ausdruck der Großen Göttin Erde selbst.

In Fortsetzung dieses symbolisch-mythologischen Bedürfnisses stellen sich frühe Tempelanlagen in ihrem Grundriß als Körper der Göttin dar *(Abbildung 4)*. Die Verehrung des Göttlich-Weiblichen, der Grossen Göttin, hat auf der Insel Malta eine Tradition, die ebenso lang ist, wie die Besiedelung der Insel selbst. Im Neolithikum herrschen auf Malta in der Gestaltung von Keramiken die Farben Schwarz, Weiß und Rot vor. In der Ghar Dalam Phase (5000 – 4500 v. Chr) bestehen die Tongefäße aus schwarzen Außenflächen, durch die weiße Zickzacklinien – Symbole des Wassers – fließen. Die weiße Färbung entsteht durch das Eingeben von Gipskristallen in eine Paste aus Ton. In der wenig später folgenden »Roten Skorba«-Phase (4400 – 4100 v. Chr.) ist Rot die vorherrschende Farbe der Gefäße.

Abb. 4: Der Tempel als Körper des Göttlichen: Die etwa fünf- bis sechstausend Jahre alten Tempelanlagen auf Malta gleichen in ihrer Gestalt den hier gefundenen Göttinnenstatuetten der »Fat Ladies«.

Schwarz, weiß und rot ist ein Symbol der zyklischen Dreiheit der Göttin. Rot, die Farbe der Fruchtbarkeit, des Blutes, der Kraft und der Erde; Weiß, die Farbe der kosmischen Ganzheit, der Geistigkeit und des Himmels; und Schwarz, die Farbe der unteren Erde, der chthonischen Wandlung, des Todes und der Wiedergeburt (der Unterwelt). Bis heute weisen in Malta die Kirchen – insbesondere die Johanniterkirchen wie St. John's Cocathedral in Valletta, die St. Peter & Paul Cathedral in Mdina oder die Mariä Himmelfahrt Kathedrale in Rabat/Gozo – in ihrer Innenausstattung die Färbung auf: schwarzer, weißer und roter Marmor!

Im Neolithikum erfährt die Große Göttin auch auf Malta Verehrung, zunächst in Kulthöhlen wie Ghar Dalam oder Latnija. Alles ist durchdrungen von ihrer Präsenz.

Die sogenannte Tempelzeit dauerte etwa von 4100 bis 2500 v. Chr. Benannt wurde die Zeit nach den megalithischen Tempelanlagen, für die Malta so berühmt ist. Eine eigenständige Kultur baute auf dem kaum 315 Quadratkilometer großen Inselgebiet Maltas – je nach Zählart – etwa 20 bis 30 Tempel und Tempelanlagen. Sie stellen die älteste freistehende Steinarchitektur der Welt dar – bis zu 2000 Jahre älter als Stonehenge und 1000 Jahre älter als die großen Pyramiden Ägyptens.

Die typische Form der Tempel besteht aus drei bis sechs Apsiden, die durch einen zentralen Eingang betreten werden. Meist wurden zwei bis drei Tempel in einem Tempelkomplex zusammen gebaut. Die Tempelkomplexe wiederum bilden Gruppierungen (Cluster), die relativ nahe beieinander liegen und aus zwei bis drei Tempelkomplexen bestehen. Die Tempelcluster wurden vermutlich von unterschiedlichen Clans oder Stämmen erbaut. Die Form der maltesischen Tempel erinnert dabei stark an die Göttinnen-Statuetten, die mit ausladendem Brust- und Beckenbereich sitzend (später stehend) dargestellt wurden (sogenannte »Fat-Ladies«). Einige Archäologen sehen darin eine Zufälligkeit. Doch ist die Praxis, den menschlichen, oder vielmehr den göttlichen Körper als Form für den Sakralbau zu wählen, weit verbreitet, wie ich noch weiter zeigen werde. Es ist daher nicht nur möglich, sondern sogar sehr wahrscheinlich, daß das Gottesbild für die Tempelform maßgeblich war.

Freilich war die Form nur von innen heraus erfahrbar, da die Tempel, wie gefundene Tempelmodelle zeigen und auch Restfarben beweisen, überdacht waren und durch Steinhaufen in den Zwischenräumen gefüllt waren. D. h. man »sah« die Göttin nicht, man erlebte sie im Betreten des Tempels. Der Eingang war dabei der Geburtskanal, die Vulva. Man betrat wie zuvor in der Landschaft im umgekehrten Geburtsprozeß den Körper der Göttin. Im Innern waren zumindest einige Tempel mit rotem Ocker ausgemalt, Symbol der Wiedergeburt und Fruchtbarkeit. Noch spannender ist die landschaftliche Lage der Tempel. Alle Tempel befinden sich nahe bei (zur Tempelzeit) gutem, fruchtbarem Ackerland, und alle befinden sich auf der höchsten Erhebung der näheren Umgebung – meist nicht unmittelbar auf dem Gipfel, sondern eher in Hanglage. Die Tempel weisen dabei mit ihrem Eingang Richtung Tal. Die »Göttin«, die in der Tempelform präsent ist, präsentiert ihre Vulva dem Tal. Sie »gebiert« die Fruchtbarkeit!

Abb. 5: Sogenannte »Doppelgöttin« von Xaghra / Gozo

Auch hier ist wiederum ein Zusammenhang mit Quellen zu beobachten. Selten befinden die Tempel sich weiter als 500 Meter von *heute existierenden* Quellen entfernt, oft in unmittelbarer Nähe zu ihnen.

Noch offensichtlicher wird der Tempel als Körper der Göttin in der »Doppelgöttin« von Xaghra: Zwei Matronen *(Abbildung 5)* sitzen auf einer Art Bank, die dem Bett der berühmten *Schlafenden* aus dem Hypogäum ähnelt. Röcke bedecken ihre breiten Hüften. Die »Faltenwürfe« darauf sind U-Formen mit Doppelstrichen, Symbole für Schwangerschaft. Zu ihren Füßen Eiformen, ebenfalls Symbole der Fruchtbarkeit und Wiedergeburt. Die linke Matrone hält eine Figurine in den Händen, die den gefundenen »Fat-Ladies« ähnelt, die rechte ein Gefäß. Der Kopf der rechten Matrone fehlt. Zahlreiche Statuetten wurden ohne Kopf gefunden. Nicht etwa weil er abgebrochen und verloren war. Vielmehr zeigen die Statuetten Vertiefungen für Köpfe, die wohl mit einem Stift befestigt werden konnten. Die Löcher dazu sind noch sichtbar. Offenbar konnte man die Köpfe je nach Ritualgebrauch auswechseln, bzw. hinzufügen oder weglassen.

Die linke Figur der »Xaghra-Doppelgöttin« symbolisiert so die Fruchtbarkeit und das Leben. Der vorhandene Kopf steht für Individualität, die nur die körperliche Existenz schenkt. Die Figurine in ihren Händen ist ein Symbol der Körperlichkeit. Die rechte Figur ist kopflos. Was sie individuell macht (das Leben, die Körperlichkeit) ist verschwunden. In den Händen hält sie ein leeres Gefäß, Symbol des Nicht-Materiellen, einer Urne gleich. Sie steht für den Tod, für das Jenseits. Leben und Tod teilen sich eine Bank.

Auch im berühmten Hagar Qim wurden Nischen gefunden, die noch Teile von Abdrücken zweier nebeneinander plazierter Göttinnenstatuen aufweisen: die Doppelgöttin Tod und Leben. Dieses Prinzip der Doppelgöttin findet sich nun auch im Tempelbau wieder. Überproportional häufig wurden zwei Tempel unmittelbar nebeneinander gebaut, manchmal ein dritter etwas abseits. Bei den Tempelanlagen von Ggantija, Skorba und Ta Hagrat besitzt der linke Tempel eine »Kopfapsis«, der rechte jedoch nicht. Wie bei der Doppelgöttin von Xaghra, die nahe dem Tempel von Ggantija gefunden wurde, stellen sich die Tempel als ein Göttinnenpaar dar, die möglicherweise Tod und Leben verkörpern. Wir werden später noch sehen, daß auch in der Ausrichtung der Tempel dieses Polaritätsprinzip eine große Rolle spielt.

Wir erkennen an diesem Beispiel frühester Tempelarchitektur, daß die verehrte Gottheit (hier die Göttin) in ihrer symbolischen Körperform die Form des Tempels vorgab.

Wenden wir unseren Blick nach Indien. Hier haben bis heute Bauprinzipien und Mythen überlebt, die auch in Europa einst wohl in ähnlicher Form ausgeübt wurden. Der indische Mythos sagt:

Irgendwann einmal entdeckten die Götter etwas, das sich zwischen Himmel und Erde zu schieben drohte, um sie so zu trennen. Sie erkannten es, stürzten sich darauf und erfaßten es. Sie warfen es mit dem Gesicht nach unten auf die Erde. Und sie nannten es Vastu Purusha.

Dieser Mythos ist der Urmythos der menschlichen Bewußtwerdung und des menschlichen Gestaltungsaktes schlechthin: Der Mensch erkennt ein »Etwas«, das unabhängig von ihm existiert. Dieses »Etwas« droht Himmel und Erde, Geist und Materie, zu trennen und den Menschen so aus dem paradiesischen Zustand auszuschließen. Um dies zu verhindern und diese Verbindung aufrechtzuerhalten, wird es »erfaßt«, »begriffen« und in Raum und Zeit fixiert. Die Namensgebung schließlich gewährleistet die (magische) Kontrolle über das numinose »Etwas«.

Das Vastu-Purusha-Mandala *(Abbildung 6)* ist als liegende Gestalt gedacht, um die herum sich ein Raster aufbaut. Die einzelnen Rechtecke und Quadrate werden *Padas* genannt und gelten als von verschiedenen Gottheiten bewohnt. Im Zentrum selbst, am Nabel, der Mitte, ruht Brahma, der höchste Schöpfergott.

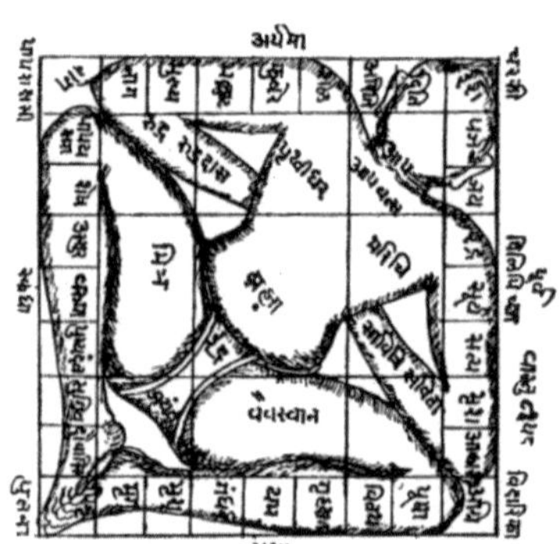

Abb. 6: Das Vastu Purusha Mandala: Vorbild für indische Architektur und Stadtplanung

Die Vastupurusha-Gestalt wird, obgleich äußerlich rechteckig, zum göttlichen Körper, der das Aussehen des Tempels vorgibt. Bis heute werden nach diesem Vorbild Tempel und manchmal sogar Städte geplant. Der Tempel als der Körper Gottes.

In umgekehrter Weise sprach Jesus vom menschlichen Körper als Tempel Gottes. Wundert es da, daß auch unsere Kirchen, vor allem jene mit Haupt- und Querschiff, also in Kreuzform, dem »Corpus Christi« nachgebildet sind? Das Kirchenschiff symbolisiert die Gestalt Christi und damit den Weg der Erlösung – wie schon am Deckengemälde in der Bamberger Michaelskirche gezeigt *(Abbildung 7)*. Viele Kirchen weisen zudem im Chorbereich einen Achsenknick auf *(siehe Abbildung 88 a und b)*. D.h. das Kirchenschiff und der Chor sind nicht in einer Flucht. Dies entspricht symbolisch dem Haupt Christi, das er im Tod zur Seite geneigt haben soll. Die meisten Kruzifixe heute zeigen Christus in dieser Haltung. Freilich ist, wie wir noch sehen werden, die Symbolik nicht der einzige Grund für solche Achsenknicke. In den seltensten Fällen ist der Grund aber ein Fehler der Baumeister wie unsinnigerweise in vielen Kirchenführern zu lesen ist.

Abb. 7: Die Kirche als Corpus Christi

Der sakrale Raum spiegelt äußerlich formal oder innerlich symbolisch den göttlichen Körper wider oder sehr abstrakt das mythologische Weltbild einer Kultur. Durch das Betreten des göttlichen Körpers betritt der Mensch zugleich sich selbst und findet so zu seinem inneren Raum. Die Trennung von Himmel und Erde ist so, wie im indischen Mythos beschrieben, aufgehoben.

Der dreifache Körper des Göttlichen

In der Frühzeit der menschlichen Kultur wurde die *Magna Mater*, die Große Mutter, verehrt. Menschheitsentwicklung und Individualentwicklung ähneln sich hier. Das, was der Säugling in der pränatalen Phase und auch in den ersten Lebenswochen erfährt, ist die Mutter.

Alles kommt von ihr, alles geht zu ihr. Ebenso herrschte in den frühen Jahren des Menschseins (je nach geographischer Lage bis etwa 2500 - 1500 v. Chr.) nach Auffassung vieler Forscher eine Art Urmonotheismus vor, der weiblich geprägt war. Wir hatten die Tempel Maltas (etwa 3600 v. Chr.) bereits als Beispiele sakraler Architektur aus dieser Epoche kennengelernt. Doch wie der christliche Monotheismus in späteren Jahren das Dogma der Dreifaltigkeit ersann (eigentlich auch nur eine patriarchale Spiegelung matriarchaler Philosophien), so kam es auch im Matriarchat zur Teilung der Großen Göttin in drei Aspekte, die unterschiedliche Namen trugen. Abstrakt werden sie meist mit drei Farben wiedergegeben, die wir schon kennengelernt haben: die schwarze, die weiße und die rote Göttin. Die weiße Göttin verkörpert den Erstimpuls der Schöpfung, das am ehesten kosmisch zu nennende Prinzip. Die rote Göttin ist ein Symbol der Lebenskraft, des Eros und der Fruchtbarkeit; und die schwarze Göttin ist eine Verkörperung der Wandlungskraft, des »Stirb und Werde« und der Transformation.*

Auch diese »weibliche Trinität« fand im Christentum eine Anpassung. Wir erkennen die weibliche Dreiheit in den *Drei heiligen Madeln* wieder: Barbara (Weiß) *(Abbildung 8a)*, Margarethe (Rot) *(Abbildung 8b)* und Katharina (Schwarz) *(Abbildung 8 c)*. Diese drei Heiligen sind an ihren Attributen erkennbar. Barbara hat v. a. den Turm als Attribut, Margarethe den Drachen und Katharina das Rad. Aus der Bedeutungsfülle dieser drei Symbole möchte ich an dieser Stelle lediglich die herausgreifen, die für das Thema der Sakralarchitektur relevant sind. Der Turm symbolisiert das Prinzip

Abb. 8a: Die Heilige Barbara mit dem Attribut des Turmes (Weltenachse)
8b: Die Heilige Margarethe mit dem Attribut des Drachen (Achse)
8c: Die Heilige Katharina mit dem Attribut des Rades (Mitte)

* Mehr dazu in meinem Buch *Die Kraft des Ortes*

der Weltenachse, der axis mundi. Der Drache (oder die Schlange) vertritt die Horizontale, das Alignement oder die (Horizontal-)Achse. Und das Rad symbolisiert die Mitte (Nabe) und die sie umgebende Peripherie (Speichen und Felge bzw. Reifen). Mitte, Weltenachse und Horizontalachse sind die drei Urprinzipien des Sakralbaues, die nicht nur im Christentum Anwendung fanden. Sie verkörpern symbolisch die Magna Mater, das Urgöttliche. Sie sind auf einer höheren Abstraktionsebene wiederum der »Körper Gottes«, denn in ihnen wird die Dreifaltigkeit präsent.

Die heilige Mitte

Mitte des Menschen - Mitte der Welt

Beginnen wir unsere Betrachtung in der Mitte. Das psychologische Bedürfnis nach einer Mitte ist sehr groß. Darauf verweisen schon Wörter wie »Medi-zin« oder »Medi-tation«. Wir bedürfen der beständigen Rückführung zur eigenen Mitte. Erst durch die Bewußtwerdung der eigenen Mitte erkennen wir uns selbst. Selbst steuerrechtlich wird man bei mehreren Wohnorten nach dem »Lebensmittelpunkt« befragt. Er definiert uns. Daher finden wir natürlich auch in der Mitte des Sakralbaus die *zentralen* (sic!) Symbole der mythologischen Weltbilder einer Kultur. Interessant ist stets auch die örtlich definierte Lage der Mitte. Europäer weisen, nach ihrem Ich und ihrer eigenen Mitte befragt, meist aufs Herz bzw. die Brust. Das Herz galt in Europa als Sitz der Seele. So spricht man z. B. davon »mit ganzem Herzen« bei einer Sache zu sein oder auch »mit Leib und Seele«. In Asien dagegen, vor allem in Fernost, deuten viele Menschen, wenn sie »ich« sagen, auf den Bauchraum. Hier sitzt in der ZEN-Tradition das Hara-*Zentrum*. Für die Daoisten lag hier das »Zinnoberfeld«, das Dantien. Hier soll sich die Urkraft des Lebens (Qi) speichern lassen und so Unsterblichkeit verleihen. Kulturell definiert Europa eine andere Mitte als Asien. Auch individuell lassen sich im Körper je nach Gemütsverfassung verschiedene Lagen der Mitte erspüren. Mal etwas höher, mal etwas tiefer, ja manchmal sogar ex-*zentrisch*.

Abb. 9: Der Altarplatz in der Nähe des Himmelstempels/Beijing. Ein runder Stein im Zentrum des Platzrondells kennzeichnet dem Mythos nach die »Mitte der Welt«.

Analog dazu wanderten auch die Mitten ganzer Völker. In China war damit auch eine Verlegung der Hauptstadt verbunden. So entstanden z. B. Beijing (Peking = »Nördliche Hauptstadt«) und Nanjing (Nanking = »Südliche Hauptstadt«). Doch stets wurde auch hier eine Mitte geschaffen. In Beijing liegt sie in der Nähe des Himmelstempels *(Abbildung 9)*. Ein dreistufiger Altarplatz, Erde, Mensch und Himmel verkörpernd, trägt exakt im Zentrum einen runden Stein. Hier, genau hier (!), so der Mythos, liegt die *Mitte der Welt*. In Delphi konnte das Orakel nur an einem einzigen Tag im Jahr weissagen, nämlich dann, wenn die Große Erdschlange (Python) anwesend war. Bis Apoll kam und das Haupt der Schlange mit einer Lanze durchbohrte und sie so am Boden fixierte. Er begrub die Schlange und

Abb. 10: Der Omphalos (Nabelstein) von Delphi

setzte auf ihr Haupt den *Omphalos*, den »Nabelstein« *(Abbildung 10)*, die heilige Mitte. Wiederum erkennen wir Schlange/Drache (Achse), Lanze (Weltenachse) und Mitte in diesem »Schöpfungsakt« wieder. Der Omphalos aber wurde das neue Zentrum. Daher wird dieser Begriff gerne als terminus technicus für die heilige Mitte verwendet.

Der Islam kennt Mekka als heilige Mitte *(Abbildung 11)*. Mehrmals täglich verneigen sich alle Gläubigen Moslems weltweit zu diesem Ort. Bei den römisch-etruskischen Stadtgründungsritualen wurde eine Grube im Zentrum ausgehoben, die mit Opfergaben und Heimaterde der neuen Siedler gefüllt wurde. Diese wurde »Umbilicus« oder schlicht »Mundus« (Welt) genannt. Die Mitte der Stadt repräsentierte die ganze Welt. Ein ganz ähnliches Ritual wurde im Jahr 2000 durch den Künstler Hans Haacke angeregt. Im Lichthof des Reichstages wurde ein 21 x 7 Meter großer flacher Kasten installiert, in dessen Mitte Buchstaben die Worte *DER BEVÖLKERUNG* bilden. Die Abgeordneten wurden eingeladen, aus ihrem Wahlkreis einen Zentner Erde mitzubringen und hier auszustreuen. Der damalige Bundestagspräsident Wolfgang Thierse gab am 12. September 2000 den Auftakt zu dieser Aktion *(Abb. 12 a und b)*.

Abb. 11: Die Kaaba in Mekka. Zentrales Heiligtum des Islam

Abb. 12: Der Bevölkerung. Kunstinstallation des Künstlers Hans Haake im Lichthof des Reichstages/Berlin.
a: Der damalige Bundestagspräsident Wolfgang Thierse schüttet einen Zentner Heimaterde auf die Installation.
b: Das Kunstwerk im Lichthof

So wird in der alt-neuen Hauptstadt Berlin über ein dem etruskischen Ritus verwandtes Ritual eine neue Mitte geschaffen. Ob es energetisch sehr gut ist, hier auch Erde eines von Neonazis abgebrannten Hauses auszustreuen, wie dies der Abgeordnete Hans-Werner Bertl tat, möchte ich bezweifeln, obgleich ich die politische Symbolik hinter dieser Aktion gut verstehen kann.

In der jüdisch-christlichen Mythologie bezwang der Schöpfergott JAHWE den weiblichen Urdrachen Rahab. Er fixierte ihn in der Mitte der Welt und band ihn an die vier Enden der Welt. An diesem Ort soll das Grab des ersten Menschen, Adam, sein und (christianisiert) sich der Ort Golgatha erheben. Jerusalem/Golgatha wurde für die neue christliche Religion zum heiligen Zentrum der Welt *(Abbildung 13)*. Als sich das Christentum ausbreitete und an Macht gewann, wurde das Zentrum nach Rom verlegt und analog zum mythologischen Grab Adams über dem Grab des Petrus, dem »ersten Christen«, errichtet: der Petersdom. So wurde Rom zur neuen heiligen Mitte der Christenheit. Erinnern wir uns: Auch die Römer hatten als Zentrum ihres Reiches das Grab des Romulus auf dem Forum Romanum. Diese Tradition symbolisiert die Verbindung der Mitte mit den Kräften der Ahnen, den Wurzeln sozusagen.

Abb. 13: Historische Weltkarte. Jerusalem ist die heilige Mitte der kreisförmigen Erde.

Mitte und Peripherie

So wie die Mitte im menschlichen Körper je nach Kultur woanders angesetzt wird, so muß sich, so absonderlich dies klingen mag, die symbolische Mitte nicht unbedingt im geometrischen Zentrum eines Landes oder eines Bauwerkes befinden. In Indien gibt es eine z.T. bis heute lebendige geomantische Tradition: Bevor ein Haus gebaut wird, bestimmt ein Geomant und Astrologe den genauen Punkt für den Grundstein. Dieser liegt mythologisch genau auf der Schlange (sic!), die die Welt trägt. Der Maurer rammt sodann einen spitzen Pfahl in den Boden, mit dem er die Schlange fixiert. Hier wird der Eckstein des Hauses gesetzt. Er befindet sich damit im Zentrum der Welt.

Ecke und Mitte sind miteinander verbunden, sozusagen wesensgleich. *Der Stein, den die Bauleute verworfen haben, ist zum Eckstein geworden* (Psalmen 118, 22 und Lukas 20: 17-18), heißt es über Christus. Der Eckstein ist paradoxerweise der zentrale Stein des Hauses. Mitte und Peripherie entsprechen sich. »Wie innen, so außen«.

Eine geomantische Tradition der Zisterzienser war es, bei der Platzwahl für ein Kloster den großräumig betrachtet »heiligsten« Platz unbebaut zu lassen. Man baute das Kloster daneben. Natürlich erhielt dieses eine eigene Mitte im Kreuzgang und die Klosterkirche ebenso. Doch die Mitten korrespondieren miteinander, da es im innersten Wesen nur eine Mitte gibt. So steht das Kloster Fürstenfeld westlich von München in unmittelbarer Nähe zum Engelsberg. Auch im Sakralbau muß die mythologische Mitte daher nicht im geometrischen Zentrum des Baus liegen.

Die Mitte im Sakralbau

Die Definition der Mitte ist, wie wir schon gesehen haben, ein *zentraler* geomantischer Akt. Bei der Gründung eines koptischen Klosters, des St. Antonius-Klosters in Waldsolms-Kröffelbach bei Frankfurt am Main in den 1980er Jahren kam eigens Papst Shenouda III (Patriarch des Stuhles vom heiligen Markus) angereist. Er wanderte über das Grundstück und definierte den genauen Punkt der heiligen Mitte.

Australische Aborigines bauen keine Tempel. Dies heißt aber nicht, daß sie sich der Mitte nicht bewußt wären und diese nicht rituell-

Abb. 14: Rituelle Zelebrierung der heiligen Mitte: Aborigine Erdzeichnung eines Stammes in Nord Arrente/Australien

gestalterisch zu fassen wissen *(Abbildung 14)*. Abbildung 14 zeigt ein solches Ritual, bei dem drei Männer auf der Erde eine heilige Mitte aus konzentrischen Kreisen geschaffen haben. Zwei der Männer tragen Kopfschmuck, der dem gestalteten Kreis ähnelt. Sie schaffen eine Mitte aus ihrer eigenen Mitte heraus.

In der indischen Sakralarchitektur haben wir die Definition der Mitte als Nabel des Vastu Purusha-Mandalas bereits kennengelernt *(Abbildung 6)*. Die Tempel sind vorwiegend Zentralbauten und definieren schon über ihre Form die heilige Mitte, die Brahma geweiht ist. *Abbildung 15* zeigt einen indianischen Erdbau, das zeremonielle Zentrum des Dorfes, der Pawnee-Indianer; ebenfalls ein Zentralbau. Die Mitte wird von der Feuerstelle eingenommen. Hier brennt die lebens- und wärmespendende Flamme, mythologisch der Mund des Schöpfergottes Tirawa. Dennoch wird exzentrisch in der Flucht des Einganges ein spezieller Sakralbereich ausgewiesen. Altar und Feuer kommunizieren miteinander, ja sind im Grunde wesensgleich.

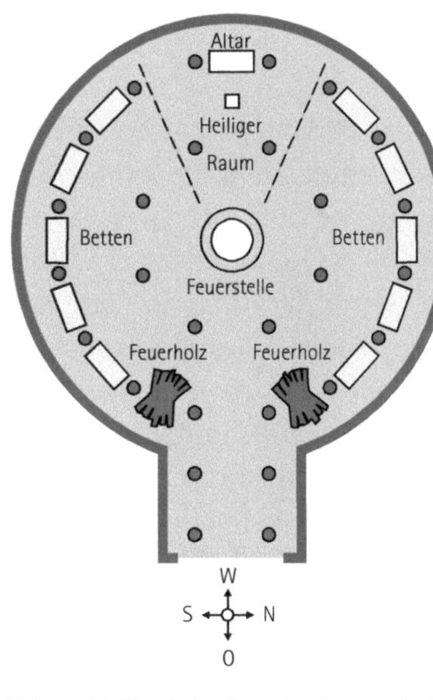

Abb. 15: Heilige Kultstätte der Pawnee Indianer. Im Zentrum brennt das heilige Feuer.

Abb. 16: Irisches Hochkreuz. Die vier Kreuzschenkel zeigen symbolisch die vier Elemente (Kreise), die durch einen großen Kreis(lauf) verbunden sind. Im Zentrum die Quinta Essentia: Christus

Das irische Hochkreuz auf *Abbildung 16* zeigt die Mitte des Kreuzes umgeben von einem Kreis. An den Armen des Kreuzes erkennt man vier kleinere Ringe. Sie stehen für die vier Elemente Wasser, Feuer, Erde und Luft. Im Zentrum des Kreuzes entdecken wir einen fünften Ring. Ein Symbol für das »Fünfte Element«, die *Quinta Essentia.* Es ist Christus selbst. Christus *ist* die Mitte. Übertragen auf eine Kirche mit Querschiff finden wir die heilige Mitte zunächst in der Vierung, dort, wo sich die Arme des Kreuzes treffen. Eingedenk des mythologischen »Corpus Christi« befindet sich hier der abendländischen Tradition entsprechend das Herz Christi. Dies war bis in die Renaissance in den meisten Fällen der heilige Ort des (Volks-)Altares. Die Ursprungsmythologie des christlichen Altares ist der Abendmahlstisch, der in der Mitte des Raumes stand. So kannte die christliche Urgemeinde nur Mahltische (keine Opferaltäre), die in der Mitte des Raumes standen. Als sich um 100 n. Chr. die ersten christlich-liturgischen Längsbauten entwickelten, stand der Altar im Zentrum des Chorbereichs, da dieser einen eigenständigen liturgischen Bereich für den Klerus darstellte und vom Volk durch die Chorschranke (Lettner) getrennt war. Der Altar des Volkes stand jedoch in der Mitte (Vierung) des Gesamthauses. Erst ab der Gotik wanderte die heilige Mitte des christlichen Sakralbaues mehr und mehr nach Osten in den Chorraum. Diese Verschiebung nach Osten war im Barock formal abgeschlossen. Analog dazu zeigten die frühen Christusdarstellungen der Romanik *(Abbildung 17 a)* eine Christusfigur, die eher am Kreuz zu schweben schien (Christus triumphans). Die definierte Mitte des Kreuzes entsprach dem Herz Christi. Erst ab der Gotik sinkt die Gestalt Christi zusammen und der Kopf hängt mehr und mehr,

Abb. 17a: Kruzifix von 1250: Im Zentrum des Kreuzes befindet sich das Herz Christi.
17b: Kruzifix von 1320: Im Zentrum des Kreuzes befindet sich der Kopf Christi.

bis sich schließlich der Kopf im Zentrum des Kreuzes befindet *(Abbildung 17 b)*. So kam es zu einer Verschiebung der »Mitte« vom Herzbereich in den Kopf sowohl in der Christusdarstellung als auch in der Lage des Altars. Ist dies nicht ein wunderbarer symbolischer Spiegel für die Eigendefinition unserer abendländischen Gesellschaft? Wir haben die »Mitte«, das Zentrum unserer Aufmerksamkeit aus dem Herzen in den Kopf verschoben.

Die Weltenachse

Wenden wir als nächstes unseren Blick der weißen Göttin zu, im Christentum durch Barbara mit dem Attribut des Turmes verkörpert *(siehe Abbildung 8 a)*: Der Turm repräsentiert die Weltenachse (axis mundi), die Himmel, Erde und Unterwelt verbindet. Wie wir schon am Mythos von Delphi sahen, ist die Achse (im Mythos die Lanze Apolls) untrennbar mit der Mitte, dem Omphalos, verbunden. Die Weltenachse befindet sich mythologisch im Zentrum der Welt. Im Mekka, dem heiligen

Zentrum des Islam, steht die Kaaba (»Das Haus«), ein kubischer Bau, in dessen Ecke (sic!) ein schwarzer Meteorstein eingelassen ist. Ein Meteor ist ein Stein, der vom Himmel auf die Erde fiel. Symbolisch hat er dadurch eine axis mundi aufgebaut. Auch der »lapis niger« auf dem Grab des Romulus in Rom, der Mitte des römischen Weltreiches, war ein Meteor und galt als Sitz der Göttin Kybele.

Im Zentrum der Christenheit, Golgatha, wurde das Kreuz als »Lebensbaum« und Weltenachse errichtet. In den mongolischen Jurten, die kreisrund sind, ist im Zentrum des Baues die heilige Feuerstelle, darüber befindet sich der Rauchabzug, so bildet der Rauch eine Weltenachse, die bis zum Himmel reicht.*

Die Weltenachse ist nicht einfach ein abstraktes Zeichen, ein mentales Symbolbild. Sie stellt eine energetische Verbindung dar, die die Verbindung von Geist und Seele aufrechterhält. Die Kwakiutl-Indianer an der Nordwestküste Nordamerikas errichten einen zwölf Meter hohen Pfahl, der durch das Dach des Hauses ragt. Er ist ein Symbol des Gottes Baxbakualanyxsiwae und wird mit der Rinde der Roten Zeder umhüllt, um ihn mit *Nawalak*, mit übernatürlicher Kraft aufzuladen. Diese unsere

Abb. 18: Ritueller Pfahl als axis mundi eines australischen Stammes

*Siehe dazu auch mein Buch: *Das Haus als Spiegel der Seele*

Verbindung zum geistigen Raum ist existentiell wichtig. Wird sie unterbrochen, so verliert der Mensch seine geistigen Impulse und irrt ziellos in einer sinnentleerten Welt umher. So trägt ein Stamm australischer Ureinwohner beständig einen senkrechten Pfahl auf seinen Wanderungen mit sich umher *(Abbildung 18)*. Sollte dieser Pfahl umfallen, so wäre das Leben sinnlos geworden. Die Stammesangehörigen würden die Nahrung verweigern und sich auf die Erde legen, um zu sterben. Insofern ist auch der senkrechte Kopfschmuck auf *Abbildung 14* mehr als nur Zierde. Er verkörpert die axis mundi, die hier in der gestalteten sakralen Mitte ruht.

Doch letztendlich stellt auch der Mensch selbst eine solche axis mundi dar. Nicht nur, weil er sich im Gegensatz zu den Tieren aufrecht bewegt. Dies ist nur das makrokosmische Abbild eines mikrokosmischen Prozesses. Der Mensch ist sowohl ein physisches als auch ein geistiges Wesen. Er reicht in beide Realitätsebenen hinein und ist in beiden handlungsfähig. So stellt der Mensch eine lebende Weltenachse dar.

Die Weltenachse im Sakralbau

Die Verbindung von Himmel und Erde, von Geist und Materie, ist für die Sakralarchitektur vielleicht das zentralste Thema überhaupt. Deshalb findet man Weltenachsen in den Sakralanlagen nahezu aller Kulturen nicht nur symbolisch-mythologisch nachgebildet, sondern natürlich auch energetisch-geomantisch präsent. Aber dazu später mehr.

Die oft sehr naturbezogenen Sakralorte der Ureinwohner Amerikas greifen meist nur wenig gestalterisch in die Landschaft ein. Der Totempfahl jedoch ist eines jener häufig verwendeten Gestaltungselemente. Er repräsentiert die in den Himmel ragende Weltenachse und ist oft geschmückt mit Schnitzereien, die die Ahnen, Krafttiere und helfenden Geistwesen symbolisieren. An der Spitze steht meist ein geflügeltes Wesen, oft ein Vogel, das den geistig-kosmischen Raum symbolisiert. Im übrigen waren diese Totempfähle niemals »Marterpfähle«, wie uns dies eingängige Hollywood-Western suggerieren. Dies hätte eine Entweihung der sakralen axis mundi dargestellt.

Abb. 19: Der hinduistische Lingam wird aus der Yoni geboren: Die Erde gebiert die Weltenachse. Verehrung durch indische Priester

In Indien ist der Lingam, der Phallus des Gottes Shiva, das Symbolbild für die Weltenachse. Oft wird er gemeinsam mit der Yoni (Vulva) dargestellt. Einerseits stellt dies die Heilige Hochzeit dar und damit die schöpferische Verbindung zweier Welten. Doch eine genaue Betrachtung *(Abbildung 19)* zeigt, daß die Yoni den Lingam sozusagen »gebiert«: Die Göttin Erde läßt eine Weltenachse entstehen!

Der islamische Felsendom ist jener Ort, an dem der Mythologie nach Abraham seinen Sohn opfern sollte. Der Felsen, auf dem dieses Ereignis geschehen sein soll, ist im Zentrum des Sakralbaues nach wie vor präsent *(Abbildung 20)* und läßt diesen Raum zum »ewigen Raum«

Abb. 20: Der islamische Felsendom. Der Legende nach bestieg hier Mohammed die Himmelsleiter.

(siehe Symbolik des Steines) werden. Der auf dieser alttestamentarischen Geschichte aufbauende islamische Mythos besagt, daß genau hier Mohammed eine Leiter aus Licht »bis in den siebenten Himmel« erklommen haben soll – eine klassische Weltenachse. Obgleich nicht sichtbar ausgestaltet, hält der Mythos die axis mundi im Bewußtsein der Gläubigen präsent.

Den Baum als Weltenachse hatten wir bereits bei der Symbolik der Landschaftselemente kennengelernt. Es wundert daher nicht, daß Bäume unmittelbar in Sakralbauten einbezogen wurden. In Deutschland erkennen wir dies z.B. an den Wallfahrtsorten Maria Eich bei München oder Maria Birnbaum. In beiden Fällen ist der Baumstamm, um den herum einstmals die Kirche errichtet wurde, nach wie vor hinter dem Altar zu sehen. Ähnlich ist es auch in Indien. Der Mahabodhi-Tempel in Bodh Gaya ist jener Ort, an dem Buddha unter einem Baum die Erleuchtung fand. Der Tempel ist in Form eines steil aufragenden pyramidalen Bauwerkes errichtet *(Abbildung 21)*. Hier trifft sich die Symbolik des Baumes und des Weltenberges als axis mundi in einer formalen Umsetzung.

Abb. 21: Mahabodhi-Tempel in Bodh Gaya. Hier soll Buddha unter einem Baum die Erleuchtung gefunden haben.

Der Weltenberg

Der Weltenberg steht stets im Zentrum der Welt und verbindet Himmel und Erde. Er ist Symbol der Mitte und der Weltenachse in einem. Die mythologischen Weltenberge Meru, Haraberezaiti und Gerezim hatten wir schon bei der Symbolik des Steines besprochen. Der Vulkan Gunung Agung auf Bali ist ebenfalls ein solcher mythischer Weltenberg, wenn er auch physisch präsent ist *(Abbildung 22)*. In der balinesischen Geomantie gilt er als heiliges Zentrum, der das Reich der Götter mit dem

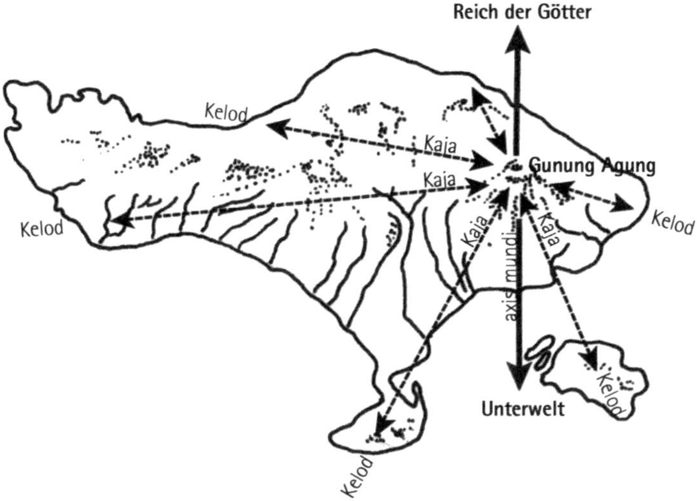

Abb. 22: Mythologische Geographie von Bali. Der Vulkan Gunung Agung bildet die Heilige Mitte mit einer Himmel, Erde und Unterwelt verbindenden Weltenachse.

Reich der Menschen und der Unterwelt verbindet. Die Richtung auf ihn zu gilt als glückverheißend (Kaja), die Richtung von ihm weg als unheilbringend (Kelod). Selbst bei Verhandlungen versucht man, so am Tisch zu sitzen, daß man dem heiligen Berg Agung näher ist als seine Kontrahenten: Ein wirklich alles durchdringender Weltenberg!

Ein solch zentrales Motiv ist für die Umsetzung im Sakralbau wie geschaffen. So symbolisieren die indischen Stupas den Weltenberg, in dessen Inneren sich die »Gebärmutter der Göttin« (Garbha) befindet. Die Tempelanlagen von Angkor Wat in Kambodscha und Borobudur auf Java *(Abbildung 23)* sind eine

Abb. 23: Die Stupa von Borobudur (Java) bildet den mythischen Berg Meru als Weltenberg nach.

Abb. 24: Der Mont Saint Michel in der Bretagne. Sowohl der Mythos vom Kampf zwischen Engel und Drache an diesem Ort als auch die Form des Berges mit überhöhender Architektur ist Sinnbild des Weltenberges.

solche symbolische Umsetzung des Berges Meru. Aber auch die ägyptischen Pyramiden und babylonischen Zikkurats sind Urbilder des Weltenberges mit einer heiligen Höhle der Wiedergeburt. Unter der »Sonnenpyramide« in Teotihuacan (Mexiko) befindet sich die gebärmutterartige Höhle einer viel älteren Kultur. Eines der schönsten Beispiele für die Umsetzung des Mythos vom Weltenberg im Christentum ist der Mont Saint Michel *(Abbildung 24)*. Hier soll der Erzengel Michael den Drachen bezwungen haben. Im Kampf zwischen Engel und Drachen spiegelt sich der Austausch geistiger und irdischer Kräfte wider, und die Lanze des Michael ist der Kanal dieses Austausches: eine axis mundi. Der Kirchenbau mit steil aufragendem Turm überhöht den natürlichen Berg der Insel und läßt ihn zum pyramidalen Weltenberg werden, der vom Urwasser umspült ist.

Abb. 25: Pagode auf »Drachenrücken« am Sommerpalast bei Beijing

Bis zum Himmel hoch: der Turm

Der Turm, den die heilige Barbara als Attribut besitzt, ist ein Inbegriff der Weltensäule und wurde daher in vielen Religionen in den Sakralbau integriert. In China sind es die Pagoden, Fortentwicklungen der indischen Stupa. Sie ragen steil in den Himmel, oft an exponierten Stellen auf Bergen *(Abbildung 25)*, und können riesige Buddhastatuen beherbergen, die über mehrere Stockwerke reichen, wie der Yonghegong-Tempel in Beijing. Letztendlich war auch der bekannte »Turmbau zu Babel« *(Abbildung 26)* kein anmaßender Akt, sondern der sakrale Bau einer Weltenachse bis in den Himmel, um das Göttliche mit dem Irdischen zu verbinden.

Abb. 26: Der Turm von Babel (hier in einer Darstellung von P. Breughel) stellt eine typische Axis mundi in Form eines künstlichen Weltenberges dar.

Auch das islamische Minarett ist als eine solche Weltensäule zu verstehen, und der Muezzin verkündet von hier aus den Ruf Allahs. Das Minarett wird dadurch zum Kanal für das göttliche Wort. Die Spiralmoschee Samarra im Irak *(Abbildung 27)* ist als Ganzes als eine solche axis mundi ausgestaltet, ganz ähnlich wie der Tempel Wat Arun in Thailand. Hier treffen und vermischen sich mythologische Urbilder von Weltenberg und Weltensäule in den turmartigen Konstruktionen.

Abb. 27: Spiralmoschee von Samarra (Irak)

Wie im Islam, so hat auch im Christentum der Turm u. a. die Aufgabe, die Gläubigen zu rufen. Bei sogenannten Chorturmkirchen wie sie v.a. in der Romanik gebaut wurden, befindet sich das Allerheiligste im Turm, der Weltenachse, selbst. Und noch heute wird in der christlichen Liturgie beim Gebet des »Vaterunser« die Glocke im Turm geläutet. Der Klang der Glocke trägt das Gebet vom Turm aus über das Land und läßt die Kirche dadurch zum Zentrum, zur Nabe eines Rades werden, dessen Gebets-Speichen ins Land strahlen. Sehr deutlich wird die Symbolik des Turmes als axis mundi in Bath/England. Die Türme der Kathedrale zeigen je eine Himmelsleiter *(Abb. 28)*, an der Engel auf- und niedersteigen. Oft beherbergten die Westtürme großer Kathedralen Michaelskapellen, wodurch die inhärente Symbolik des Turmes offensichtlich wird.

Abb. 28: Die Türme der Kathedrale von Bath (England) zeigen Himmelsleitern mit auf- und absteigenden Engeln.

Abb. 29: Die romanische Kirche von Rosheim im Elsaß. Klassisches Beispiel einer Kirche mit Querschiff und darüber gesetztem Vierungsturm.

In Vierungstürmen wie dem der romanischen Kirche St. Peter und Paul in Rosheim/Elsaß verbinden sich gleichfalls die Symbole der heiligen Mitte und der axis mundi. Im Kreuzungspunkt von Längs- und Querschiff, der Vierung als Herzenszentrum des Corpus Christi, erhebt sich der Turm als Weltenachse und verbindet das heilige Zentrum mit den geistigen Sphären *(Abbildung 29)*.

Die rituelle Weltenachse

Da die geistige Anbindung gerade bei Sakralbauten von so großer Wichtigkeit ist, wurde sie schon in rituellen Gründungsakten mit einbezogen. Im indischen Vastu bewirkte das Aufzeichnen des Purusha-Mandalas auf dem Boden, daß über dem Nabel der Figur sich eine axis mundi aufbaute. In Europa wurde dies zeremoniell durch die Errichtung des »Eckpfostens« bewirkt. Wir hatten die symbolische Austauschbarkeit von Mitte und Ecke bereits kennengelernt. Bei diesem Ritual errichten ein geistiges und ein weltliches Oberhaupt, z. B. der Fürst und der Abt des Klosters, gemeinsam einen Pfosten. Dieser markierte die

Ecke der Kirche oder des Klosters. In der Stiftskirche (»Dom«) von Quedlinburg ist dieser heilig-rituelle Akt in einer Säule verewigt, ebenso wie im Kloster Clonmacnoise in Irland auf einem Hochkreuz *(Abbildungen 30 und 31).* Die weltliche Autorität symbolisierte dabei die Materie, die geistliche den Geist. Im Zusammenwirken erschufen sie eine Weltensäule, die durch den Pfosten symbolisiert wurde. Der Ritus geht möglicherweise bis auf ägyptische Einflüsse zurück, denn hier errichtete der Pharao (geistige und weltliche Autorität in einem) den Djedpfeiler, der ursprünglich vermutlich ein mit Getreidegarben umwickelter Pfosten war und den Weltenbaum symbolisierte. Aber auch das bereits beschriebene indische Zeremoniell der Ecksteinlegung kann Wurzel dieses europäischen Rituals sein.

Abb. 30: Säulenkapitel im »Dom« von Quedlinburg. Weltliche und geistliche Autorität errichten gemeinsam den heiligen Eckpfosten.

Abb. 31: Errichtung des heiligen Eckpfostens auf dem Sockel eines Hochkreuzes im irischen Kloster Clonmannoise

Die Achse

Die rote Göttin schließlich ist auch im engeren Sinne die Göttin der Erde selbst. Sie ist die Kraft des Eros und der Fruchtbarkeit, die Kraft des Lebens. Ihr symbolisches Tier ist die Schlange oder der Drache – Symbole der Urkraft und Erdhaftigkeit, aber auch Symbol des zyklischen Wandels und der Wiederkehr. So wie die Schlange ihre Haut wechselt und dabei verletzlich und tot wirkt, so kehrt auf der Nordhalbkugel der Erde nach dem Winter das Leben zurück.

In den 1920er Jahren entdeckte Alfred Watkins, daß alte Straßen auf den britischen Inseln oft Ortschaften verbanden, deren Namen mit »-ley« endeten. In ihnen standen häufig Kirchen, die den Drachentötern St. Michael, St. Georg oder St. Margarethe geweiht waren. Verband man diese auf der Karte, so lagen auch Steinkreise, prähistorische Ringwallanlagen und andere Kultbauten mit auf dem Alignement.* Da die Ortschaften, in denen die Drachentöterkirchen standen, sehr häufig das Suffix »-ley« besaßen, nannte Watkins diese Linien »Leys« (später: Leylines). Die Achse ist so aufs engste mit dem Symbol des Drachen verknüpft. Im Christentum ist es Margarethe, die die weibliche Dreiheit vervollständigt und den Drachen als Attribut besitzt *(siehe Abbildung 8 b).*

Neben den hiermit verbundenen energetischen Phänomenen wie Leylines oder Drachenlinien (siehe Kapitel *Geomantisch genutzte Ortsphänomene*), ist die inhärente Symbolik der Geraden der Weg: Man geht den Weg auf der geraden Achse, verbunden mit der Kraft des Ortes und der Erde in eine bestimmte Richtung. Man richtet sich aus, man orientiert (eigentlich wörtlich: »ostet«) sich. Um das Leben auf dieser Erde sinnvoll leben zu können, bedarf es nicht nur einer Mitte als Bezugspunkt und einer Anbindung an das Geistige (axis mundi), es bedarf auch einer Ausrichtung. Nicht von ungefähr ist dieses Wort mehrdeutig: Man richtet etwas nach einer bestimmten Himmelsrichtung aus, oder man findet eine sinnhaft-seelische Ausrichtung im Leben. Man orientiert sich an bestimmten geistigen Idealen oder »ostet«

* Alignement = Aneinanderreihung bedeutsamer Orte auf einer Geraden

(orientiert) einen Sakralbau. Innere und äußere Ausrichtung hängen zusammen. Deshalb ist neben dem heiligen Zentrum und der Weltenachse die Ausrichtung eines Sakralbaues der dritte wichtige Grundaspekt, der wiederum in allen Kulturen zu finden ist.

Die Ausrichtung im Sakralbau

Im alten Ägypten gab es ein sehr wichtiges Ritual beim Bau eines Tempels. Es wurde »Pedjeshes«, wörtlich »das Spannen der Schnur«, genannt. Man sieht dieses Ritual abgebildet in Reliefs der Tempel von Abtu (Abydos), Iunu (Heliopolis), Iunet (Dendra) und Djeba (Edfu): Der Pharao und eine Priesterin, die die Göttin Seshat verkörpert, die Göttin der Schreibkunst und Weisheit, ergreifen zusammen eine Schnur:

Ich ergreife die Schnur zusammen mit Seshat.
Ich wende mein Gesicht nach dem Gange der Sterne.
Ich richte meine Augen nach dem kleinen Bären.

So lautet einer der beschreibenden Hieroglyphentexte. Dabei taucht die Hieroglyphe »Merket« immer wieder auf. Man kann sie wörtlich in etwa übersetzen mit »Instrument, wodurch man erkennt« oder »Zeiger«. Der Pharao und Seshat halten in den rechten Händen einen Fluchtstab, und die Schnur spannt sich dazwischen. In erster Linie richtete man sich nach Norden, »nach dem kleinen Bären«, d. h. dem Polarstern aus. Die gespannte Schnur zwischen den Fluchtstäben markierte die spätere Tempelachse. Durch sie waren auch die vier Ecken des Gebäudes definiert; über die Ecke, die Mitte und mit ihr schließlich die axis mundi. Mitte, Weltenachse und Tempelachse gehören zusammen.

Ähnlich beschreibt der römische Architekt Vitruv die Orientierung der Tempel:

Die Natur hat den einen Cardo der Weltenachse
hinter den kleinen Bären über Erde und Meer gesetzt,
den anderen gegenüberliegenden
unter die Erde in südliche Regionen.

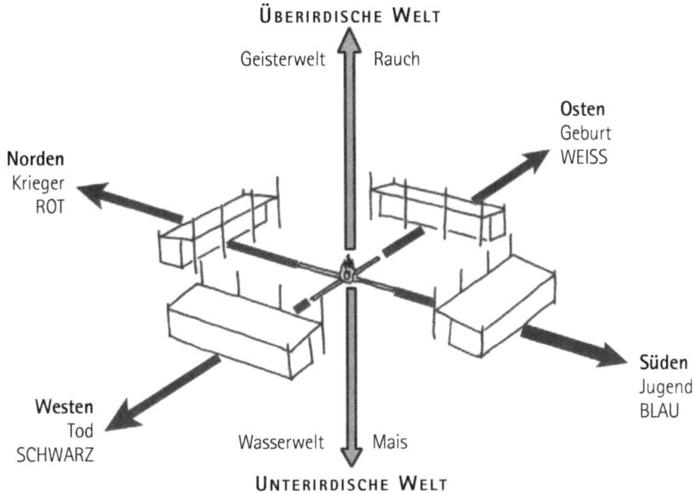

Abb. 32: Schematischer Aufbau des »Sacred Ground« der Creek Indianer

So wurde nicht nur eine Nord-Süd-Ausrichtung, sondern zugleich die Verbindung von Himmel und Erde zelebriert.

Der rituelle Erdbau der Pawnee-Indianer *(siehe Abbildung 15)* hat, obgleich im wesentlichen als Zentralbau angelegt, durch den Eingang eine definierte Achse, die Ost-West verläuft. Der Eingang im Osten besitzt einen Pfosten, der den Morgenstern (Venus) repräsentiert, auch im Westen befindet sich ein Pfosten. Er repräsentiert Venus als Abendstern. Ebenfalls im Westen befindet sich der Altar als »Garten des Abendsterns«.

Je nach Kultur richtete man sein Leben anders aus, ebenso auch die Sakralbauten, wobei die Ausrichtung nach den Haupthimmelsrichtungen bevorzugt wurde. Der »sacred ground« der Creek-Indianer *(Abbildung 32)* richtet sich in die vier Himmelsrichtungen (und die Weltenachse, also oben und unten) aus, die sich alle im heiligen Zentrum des Platzes treffen. Der Osten repräsentiert die »weiße Achse« und die Geburt, der Westen dagegen die »schwarze Achse« und den Tod, der Süden die »blaue Achse« (Jugend) und der Norden die »rote Achse« des Kriegers. In Indien ist die Stupa ein Reliquienschrein und Symbol für das Grab des historischen Buddha. Dieser soll die Anweisung gegeben haben, sein Grab auf einer Kreuzung zweier in die Haupthimmelsrichtungen verlaufender Wege zu errichten. Neben der Ausrichtung des Kultbaues, steht das Bauwerk dadurch symbolisch im Zentrum der Welt. Im Islam dagegen ist nicht die absolute Himmelsrichtung für die Ausrichtung von Belang, sondern die Richtung, in der Mekka liegt. Islamische Sakralbauten sind stets zum heiligen Zentrum der Kaaba orientiert.

Die Himmelsrichtung

Wir werden die Qualität der Himmelsrichtungen noch im Detail betrachten. An dieser Stelle soll lediglich an einem Beispiel die symbolische Orientierung des Sakralbaues besprochen werden: Christliche Kirchen sind im Wesentlichen geostet. D.h. der Altar steht im Osten, der Eingang liegt im Westen, gerade umgekehrt wie im eben besprochenen indianischen Kultbau. Der Osten entspricht mit der Richtung des Sonnenaufganges der erwarteten Wiederkunft Christi, dem solaren Heros (sol invictus). Die Gemeinde, und im alten liturgischen Ritual auch der Priester, wenden sich in Gebet und Ritual dem Osten zu. Der Osten wird als spirituelle Richtung gesehen, so wie (von Rom als heiligem Zentrum aus) Jerusalem, die himmlische Stadt, im Osten liegt.* Der Gläubige beginnt jedoch seinen Weg im Westen. Westliche Vorbauten – oft im Turm, der axis mundi – wurden »Paradies« genannt. Aus dem Paradiese kommend durchschreitet der Mensch die Achse der Kirche als symbolischen Lebensweg mit (innerer) Ausrichtung nach Osten, den Erlöser erwartend. Es ist der Weg aus der Dunkelheit (Sonnenuntergang, Westen) in das erwartete Licht (Osten). Im Westen gab es die Michaelskapellen, die das »Böse«, das Weltliche, abwehren sollten. Im Westen lag die Materie. Im Osten lag die Apsis mit dem Altar, der Geist. So ist die Kirchenachse mit ihrer Ostung ein Symbol christlicher Ausrichtung zum Geistig-Kosmischen hin. Dem Körperlich-Materiellen wird der Rücken zugewandt. Im indianischen Kultbau (siehe oben) steht der Altar im Westen. Die Verehrung gilt Mutter Erde, hierhin richtet sich die Kultur innerlich aus.

* Realgeographisch natürlich im Südosten!

Es ist daher in keinem Falle zufällig oder die spleenige Idee eines *exzentrischen* Baumeisters, wenn z.B. Kirchen plötzlich gewestet sind wie z.B. die Friesenkapelle in Wennigstätt / Sylt. Diese ist auf einen prähistorischen Grabhügel, den Denghag (= »Thinghaag«, etwa 3000 v. Chr.), ausgerichtet! Der Achse kommt dafür eine viel zu wichtige symbolische Bedeutung zu. Auch Achsenknicke, die wir noch ausführlich besprechen werden, sind in der Regel keine Meßfehler der Baumeister. Für sie sind die Richtungen der verschiedenen Achsenfluchten von Bedeutung. Aber auch geomantische Ortsphänomene sind hier häufig mit ursächlich für verschiedene Achsen.

Die Ortskraft

Die rote Göttin ist die Kraft der Erde und des Lebens. Sie zeigt sich nicht nur in der Symbolik der (Lebens-)Ausrichtung, sondern natürlich auch in der Kraft der Erde selbst und damit des Ortes. 392 n.Chr. ordnete das Edikt des Theodosius an, alle heidnischen Stätten in Kirchen umzuwandeln. 601 n.Chr. wiederholt Papst Gregor in einem Brief an den Erzbischof von London diesen Erlaß. Die Kirchen sollten die alten, zum Teil bis ins 8. Jahrhundert hinein genutzten heiligen »heidnischen« Stätten übernehmen. Dies hatte sicherlich zum einen machtpolitische Gründe. Die Bevölkerung, die gewohnt war, die heiligen Orte aufzusuchen und zu ehren, war quasi gezwungen, dies nun in einer christlichen Kirche zu tun. So wurde sie langsam christianisiert. Doch wäre es kurzsichtig, Machtpolitik, die »immer« und in nahezu jeder Kultur eine Rolle gespielt hat und mit der Religion verknüpft war, als alleinige Motivation solcher Erlasse anzusehen. Die alten Tempel der Kelten, der Germanen und Römer standen in Europa bereits an Orten, deren Kraftqualität etwas Besonderes war. Wollte man diese Qualität nutzen, kam man gar nicht umhin, seinen Sakralbau auf den Platz der älteren Kultstätte zu setzen. Wir werden auf die detaillierte Nutzung ortsspezifischer Kräfte im Sakralbau noch eingehen. An dieser Stelle soll genügen, daß einige linear verlaufende geomantische Phänomene, wie z.B. tiefliegende Wasseradern, geologische Verwerfungen, ätherische »Leylines« oder geistige »Drachenlinien«, wohl auch ursächlich für die Ausrichtung christlicher Sakralbauten waren, da man sie axial verlaufend im Zentrum der Kirche finden kann.

Die Mitte des Sakralbaues setzt einen inneren Bezug zur Lebensmitte des Menschen und seiner Kultur. Die axis mundi, die Weltenachse, verbindet den Menschen mit der kosmischen Kraft des Geistes und läßt sein Leben auf Erden dadurch sinnhaft werden. Im Sakralbau wiederverbindet (»re-ligio«) sich der Mensch mit diesem geistig-schöpferischen Impuls. Die Achse des Tempels schließlich gibt die Ausrichtung vor. Wohin und warum orientiere ich mich im Leben? Was will ich (v.a. natürlich spirituell) erreichen? Mitte, Weltenachse und Tempelachse sind die drei Grundprinzipien sakraler Architektur. Sie stehen für die drei Grundqualitäten des Göttlichen (schwarzes, weißes und rotes Prinzip) und damit unserer Existenz auf Erden.

Mythologische Weltbilder und ihre formale Symbolik

Die wichtigsten mythologische Grundlagen, die aller sakraler Architektur zugrundeliegen, haben wir nun kennengelernt: Die Landschaftselemente Baum, Wasser und Stein und ihre Umsetzung im Tempelbau, der Sakralbau als Körper Gottes sowie die drei Aspekte des Göttlichen, Mitte, Weltenachse und Ausrichtung (Achse). Natürlich gibt es zahllose Variationen dieser Themen und auch im weiteren werden sie uns immer wieder begegnen. Diese Grundlagen sind sozusagen das Grundthema der Symphonie, die man Sakralarchitektur nennt. Über dieses Grundthema hinaus gibt es natürlich eine Vielzahl religiöser Mythen, die in den formalen Aspekt sakraler Architektur Eingang gefunden haben. Diese können teils bestimmend für die Baukunst einer ganzen Kultur, bzw. Epoche sein, teils prägend für einzelne herausragende Bauten. Stets aber ist der Tempel, der Sakralbau, Form gewordener Mythos. Er ist ein Abbild des Göttlichen und des Weges des Gläubigen zu Gott.

Im ägyptischen Tempel liegt das Allerheiligste in der kompakten räumlichen Struktur verborgen, und der Kerntempel ist von einer hohen Umfassungsmauer (Sanktuar) umgeben. Beim Durchschreiten durchquert der Gläubige immer engere und niedrigere Räume, in denen das Licht immer mehr abnimmt und das mystische Dunkel bestimmend wird. Zeitgleich wird die formale architektonische Umgebung immer abstrakter. Erde und Bäume, die den Tempel umgeben, werden im Peristyl (umgebende Säulenhalle) durch Bodenpflaster und Säulen ersetzt. Im Hypostyl (Säulensaal) wird der Sternenhimmel zu einer bemalten Steindecke, und das Sonnenlicht fällt nur noch durch die Türöffnung ein. In den innersten Räumen gibt es gar keine Säulen mehr, und die mystische Dunkelheit wird bestimmend. Diese architektonische Abfolge ist als Symbol zunehmender Entkörperlichung zu verstehen, eine Widerspiegelung des Weges der Seele hin zum entstofflichten, vergeistigten Prinzip göttlichen Bewußtseins. Die Form wird bedeutungslos im Angesicht göttlicher Präsenz.

Die Bautradition nordamerikanischer Ureinwohner dagegen wendet sich ganz der Erde und ihren Zyklen zu. Die nomadisch lebenden Plains-Indianer errichteten das runde Tipi. Der Kreis wird zum Symbol ihres zyklisch geprägten Weltbildes, ein Ausdruck des Sonnenlaufs, der Mondphasen, der Jahreszeiten und der zyklischen Wiederkehr der Bisonherden. Im Zentrum des Tipis befindet sich die Feuerstelle als Symbol der heiligen Mitte, die den Ruhepol der zyklisch sich verändernden Welt darstellt.

Die Geisterbeschwörungshütte, das »shaking tent« (»schüttelnde Zelt«) der Algonkin-Indianer des subarktischen nordöstlichen Nordamerikas dagegen läßt den komplexen Aufbau ihres mythologischen Weltbildes lebendig werden. Das relativ kleine Bauwerk mit etwa zweieinhalb Metern Höhe und eineinhalb Meter Durchmesser bestand aus jungen Bäumen, die in den Boden eingegraben und gitterartig verbunden waren. Der Schamane kroch ins Innere wie in die Gebärmutter von Mutter Erde zurück. Der Bau repräsentierte damit den göttlichen Körper. Während der Beschwörungszeremonie wurde die Struktur durch Rütteln in Bewegung versetzt – Symbol der »Erschütterung der Welten« im sakralen Akt, der zum Schnittpunkt irdischer und sakraler Ebenen wurde. Auf der Spitze des Bauwerks saß nun der Donnergott in Vogelgestalt, auf der Skelettstruktur des Baues hockten die Geister, und eine mythische Schildkröte unter den Stangen verhinderte das Versinken der Beschwörungshütte in die Unterwelt.

Der buddhistische Stupa, wie beschrieben ein Abbild des mythischen Berges Meru und damit der Mitte und Weltenachse, liegt idealtypisch im Schnittpunkt zweier Wegachsen, die zwischen den Kardinalrichtungen verlaufen. Eine Stange, Symbol der Weltensäule, durchdringt an dieser Stelle bei einigen Stupas tatsächlich das gesamte Bauwerk und tritt am Scheitelpunkt wieder heraus. Sie ist hier von Scheiben und Ringen umgeben, die die verschiedenen Tugenden und Fähigkeiten des Buddhismus symbolisieren. Stupas sind geradezu ein architektonisches Sinnbild des Nirwanas, des Zustandes jenseits des Ichs und ein Abbild buddhistischer Lehren. So ist das »Lotos-Sutra« (Saddharma pundarika sutra, 255 n. Chr.) im »Schatz-Pagoden-Mandala« von Osaka in Form einer Pagode, abgefaßt. D. h., die einzelnen Schriftzeichen des Sutras bilden insgesamt eine Pagode, die fernöstliche Variante der indischen Stupa, nach. Der indische Stupa symbolisiert in seinem vertikalen Aufbau die vier Elemente: Die Basis bildet ein Kubus für das Element Erde, das im menschlichen Körper wiederum vom Becken repräsentiert wird. Darüber baut sich eine kuppelartige runde Form auf – Symbol des Elementes Wasser und des »Raumes der Gefühle«, dem Bauchraum. Ihm folgt eine dreieckige Struktur, die für das Feuer steht und beim Menschen durch Solar Plexus und Herzbereich eingenommen wird. Darüber wiederum steht eine rautenartige Form, die für das Luftelement steht – im Menschen das Denken im Kopfraum. Den Abschluß bildet das fünfte Element, die Quinta Essentia, der Äther *(Abbildung 33)*. So zeigt der Stupa den Weg des

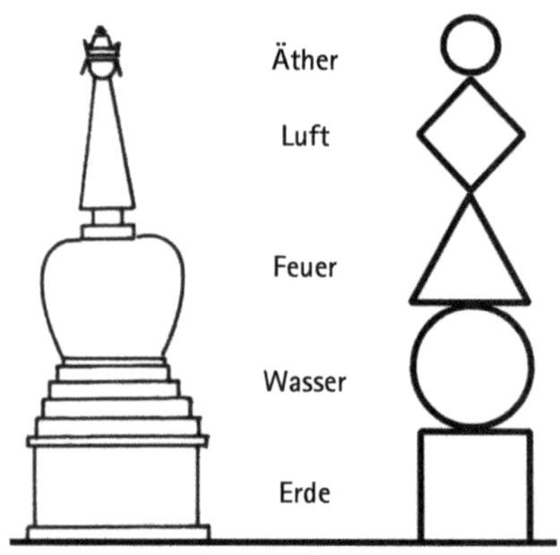

Abb. 33: Die Form der Stupa als symbolisches Abbild der vier Elemente und des Äthers

Gläubigen in der Auflösung der Stofflichkeit. Die Elemente werden nach oben hin immer leichter, weniger stofflich: Erde > Wasser > Feuer > Luft > Äther. Das Ich löst sich auf, und das Bewußtsein verbindet sich gleichsam mit allem, so wie der Äther alles durchdringt.

Andere Kulturen symbolisieren den Weg des Gläubigen zum Göttlichen in der Spirale: Die Algonkin-Indianer, die im heutigen Massachusetts lebten, bauten Häuser, die im Grundriß den Ansatz einer Spirale zeigten. So wird der Eintretende gezwungen, innerhalb des Bauwerkes eine bestimmte Richtung einzuschlagen und die heilige Mitte zu umkreisen.

Ähnlich bauen die Dogon nahe Burkina Faso (Obervolta) ihre Felder ausgehend von drei Ritualfeldern im Zentrum spiralförmig an. Das Dorf im Zentrum der Spirale verkörpert das kosmische Ei. Ein kegelförmiges Heiligtum im Süden stellt den Penis dar, ein ausgehöhlter Stein im Norden die Vagina. Der Aufbau spiegelt den mythischen Schöpfungsakt des Universums wider.

Das Umschreiten des heiligen Zentrums gilt im Buddhismus als respektvolle Verehrung, wobei die rechte Seite dem Verehrungsobjekt zugewandt wird und der Gläubige den Kultbau im Uhrzeigersinn umschreitet. Der rituelle Weg der Verehrung führt stufenweise näher zum Zentrum, dem Symbol der Erleuchtung: der Stupa. Letztendlich muß auch das Labyrinth von Chartres im Westen der Kathedrale als ein solch gewundener Weg zu sich selbst und zu Gott verstanden werden.

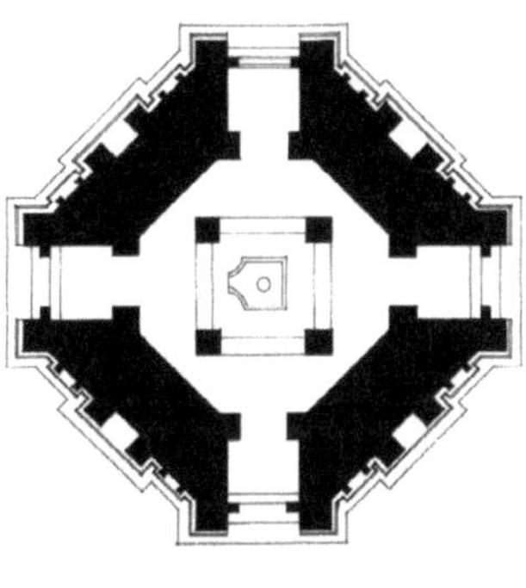

Abb. 34: Grundriß des Mundesvari Tempel in Ramggarh (7. Jahrhundert). Die zahlreichen Nischen entstehen durch die Beachtung der heiligen Pada-Linien-Kreuzungen des Vastu Purusha.

Die hinduistischen Sakralbauten folgen dem geomantischen Ritus des Vastu und bauen auf dem Purusha-Mandala auf. Es besteht aus einer unterschiedlichen Anzahl von Quadraten, wobei jedes Quadrat eine Gottheit repräsentiert, die wiederum mit einem Gestirn verbunden ist.

Die trennenden Linien zwischen den Rechtecken gelten als heilig, besonders die Kreuzungen. Sie werden nicht bebaut. Hier werden in der Sakralarchitektur Nischen gesetzt, die oft Götterstandbilder enthalten *(Abbildung 34)*.

Die Sakralbauten des Islam dagegen haben ein ambivalentes Verhältnis zur Symbolik. Einerseits kommt kein Sakralbau ohne Sakralmythologie und Symbole aus, andererseits darf laut moslemischem Gesetz kein Symbol zwischen dem Gläubigen und Gott stehen. Deshalb ist die Moschee geprägt vom leeren Raum. »Moschee« leitet sich ab vom arabischen Wort »Mesdschid« und bedeutet »der Ort, an dem man sich niederwirft«. Der Ort selbst gilt nicht als besonders heilig, es ist vielmehr das Wort Allahs, das hier verkündet wird, das heilig ist. Darum werden Kalligraphien, die den Namen Allahs preisen und Verse aus dem Koran als Schmuck eingesetzt. Allah ist an keinen bestimmten Ort gebunden, er ist überall. Um dennoch für die Gläubigen einen fixierten Zielpunkt zu haben, ist die Moschee nach Mekka ausgerichtet. Wenn es ein Grundthema für die Moschee gibt, so ist es die Reinheit. Der Mensch muß rein sein, um das Wort empfangen zu können. Darum ist der Gebetsraum mit Teppichen ausgelegt und wird grundsätzlich ohne Schuhe betreten. Im Vorhof gibt es einen Brunnen für die rituelle Waschung.

Die Einflüsse auf die christliche Sakralarchitektur

Die christliche Sakralarchitektur Europas hat im wesentlichen vier große Einflüsse. Natürlich ist dies zunächst die semitische Mythologie, also der Einfluß des Judentums, aus dem das Christentum hervorgegangen ist. Ein großer Mythos, der den Sakralbau des Mittelalters bestimmte, war das *Himmlische Jerusalem (Abbildung 35)*. Diese himmlische Stadt, die heilige Mitte, ja die Stadt des »Paradieses«, war einerseits ein Mythos, andererseits hatte der Mythos durch das irdische Jerusalem natürlich handfeste Züge. Die Vorstellung vom *Himmlischen Jerusalem* war implizit in Pseudoepigraphien bereits in vorchristlicher Zeit präsent, explizit erwähnt wird sie im Galaterbrief, in der Johannesapokalypse, aber auch in rabbinischem Schriftentum ab 70 n. Chr.

Abb. 35: Historische Darstellung des Himmlischen Jerusalem

Das »Himmlische Jerusalem« als Vision der Offenbarungen des Johannes (Kap. 21) entsteht, nachdem der alte Himmel und die alte Erde vergangen sind. Nach dem apokalyptischen Endkampf zwischen Gott und Teufel werde eine Stadt aus dem Himmel herabfahren: das Himmlische Jerusalem. Das Aussehen der Stadt wird sehr genau beschrieben: Sie wird glänzen wie Gold und von kubischer Form sein. Auf jeder der vier Seiten hat sie drei Stadttore, auf denen wiederum insgesamt zwölf Engel stehen usw. Auch die Größe der Stadt ist in der Johannesapokalypse genau angegeben: 12000 Stadien Seitenlänge und von einer 144 Ellen hohen Mauer umgeben usw. Die Kirche wurde als Abbild des Himmlischen Jerusalem verstanden, die Kathedrale war eine »Himmelsstadt«, ein Gottesreich auf Erden. Der mittelalterliche Mensch erlebte daher, obgleich keine Kathedrale kubisch gebaut war, beim Betreten einer Kirche das Himmlische Jerusalem. Für ihn war die dingliche Welt nur als *Symbol* wirklich. Schönheit galt im Mittelalter als »veritatis splendor«, als »Glanz der Wahrheit«, sie suchte in der Form die Offenbarung. Wichtig in der Umsetzung des Himmlischen Jerusalems waren u. a. die Zahlenverhältnisse und ihre Symbolik (siehe unten). So ist die Mauer des Himmlischen Jerusalems 3 x 4 x 12 Ellen hoch, wobei die Drei für die Göttlichkeit steht, die Vier für die materielle Welt und die Zwölf die Vollkommenheit repräsentiert. Göttliches auf Erden verheißt Vollkommenheit. In der Kathedrale fanden sich diese Zahlenverhältnisse z. B. im Proportionierungsschema, der Zahl der Fenster, der Säulen usw. wieder.

In diesen semitischen und frühchristlichen Einflüssen waren ägyptische Einflüsse selbstredend enthalten. Im europäischen Kontext sind Vorläufer der christlichen Sakralarchitektur natürlich auch in indoeuropäischen Vorbildern zu suchen, wie sie bis heute u. a. im indischen Vastu überlebt haben.

Der dritte große Einfluß kam aus Rom und den »römischen Vorgängern«, den Etruskern. Maßgeblich sind hier unter anderem die *Disciplina Etrusca* zu nennen, die etruskischen Riten der Ortswahl und der Landvermessung. So sah auch der etruskische Priester bei der Standortwahl für eine Stadt das *TEMPLUM* (hiervon leitet sich unser Wort »Tempel« ab), die Umrisse der zukünftigen Stadt, am Himmel schweben und verband diese rituell mit der Materie. Unschwer sind hier Ähnlichkeiten mit der Vorstellung vom Himmlischen Jerusalem festzustellen oder auch mit der auf Seite 24 beschriebenen Mythologie zur Entstehung des Vastu-Purusha-Mandalas im Vastu. Die Disziplina Etrusca wiederum beeinflußte die römische Vermessungstechnik (Corpus agrimensores romanorum), die ebenfalls symbolisch-mythologisch stark mitprägend war.

Auch Einflüsse des eigentlich im vorderasiatischen Raumes gebräuchlichen Mithraskultes sind unschwer in der christlichen Sakralarchitektur festzustellen. Der Kult wurde von zahlreichen römischen Legionären gepflegt und verschmolz später mit dem frühen Christentum zur römischen Staatsreligion. Kultisch wurde in diesen Einweihungsriten in dunklen Kammern das »innere Licht« empfangen. In den frühen romanischen Kirchen kam dieser Lichtmystik ein hoher Stellenwert zu.

Als die ersten Christen in Rom ihre Gottesdienste offiziell zelebrieren durften, stellte man ihnen zunächst Markthallen zur Verfügung. Die Gestalt dieser römischen Markthallen wurde in der Bauform der Basilika (=»Königshalle«) fortgeführt.

Abb. 36: Der Löwe als Symbol Gottes haucht brezelförmige Flechtbänder aus. Die Breze ist ein altes keltisches Lebenssymbol. Schwäbische Schmuckromanik. Hier an der Walterichskirche in Murrhardt

Der vierte und letzte große Einfluß ist im Keltentum des iroschottischen Christentums zu suchen. Schon früh kam das Christentum auf dem Seewege auf die britischen Inseln und wurde dort relativ friedlich in die vorhandenen Riten der Kelten integriert. Glichen sich doch Grundaussagen druidischer Weisheitslehren mit denen des frühen Christentums. So gibt es die Legende, daß die ersten Christen in Chartres eine Figur vorfanden, die »die Jungfrau, die gebären wird« (Virgo paritura) genannt wurde: eine keltische Darstellung. Über den keltischen Einfluß gelangten u. a. in der sogenannten Schmuckromanik viele naturmythologische Einflüsse in die Architektur christlicher Kirchen. So ist das typisch keltische Flechtbandmotiv, ein Symbol der Durchwirkung der Natur mit göttlicher Lebenskraft, ein typisches Gestaltungselement in der Schmuckromanik gewesen *(Abbildung 36)*.

Diese verschiedenen Vorstellungsbilder, Symbole und Mythen so unterschiedlicher Kulturen wie die der Juden, der Perser, der Etrusker und Römer, der Kelten und anderer Strömungen brachte schließlich doch in relativ kurzer Zeit eine völlig eigenständige liturgisch zu nutzende Architektur hervor, die tief durchdrungen war von der göttlichen Kraft auf Erden.

1 + 2 = 3 Die Symbolik der Zahl

Die Zahl ist mehr als eine Ziffer. Für die Pythagoräer waren Zahlen eigenständige Wesen, den Engeln gleich. Sie sahen insbesondere die Zahlen 1, 2, 3 und 4 als heilig an. Sie sind Archetypen, die ihren Ursprung auf der Urkraftebene der Schöpfung haben. Insofern ist auch der »Satz des Pythagoras«, der so manchen Schüler quälen mag, viel mehr als eine mathematisch-geometrische Erkenntnis. Es ist die Beschreibung eines geistigen Prinzips. Die Zahl beschreibt so das Wesen der Dinge, ja, ist innerster Ausdruck von diesen. Dadurch ist die Zahl ein Mittler zwischen den geistigen und den physischen Ebenen unserer Existenz.

Im Sakralbau kommt der Zahl, die in Maßen, Formen und Proportionen verborgenliegt, ein hoher Stellenwert zu. Um es noch einmal zu betonen: Symbole sind nicht zu verwechseln mit abstrakten Zeichen. Sie stehen nicht *für* etwas, sie sind letztendlich ein physischer Formausdruck spiritueller Wirklichkeiten.

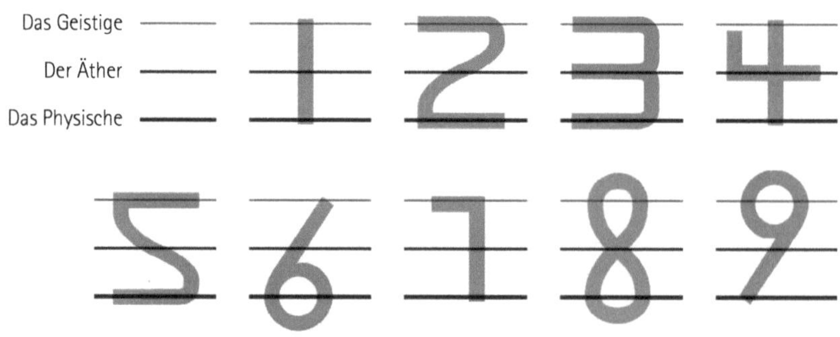

Abb. 37: Schematische Grundlage der grafischen Symbolik arabischer Zahlen. Drei Grafikebenen als Symbol der drei Welten

Viele Kulturen beschäftigten sich mit den Offenbarungen der Zahlen: die Pythagoräer (6. Jahrhundert v. Chr. in Griechenland), die Kabbala, die Zahlenmystik der jüdischen Religion, oder auch die arabische Zahlenmystik. Letztere drückt sich nicht nur im Wert einer Zahl aus, sondern auch in der bildhaften Gestalt der *arabischen* Zahl: Die Welt besteht aus drei Ebenen: der Paradieswelt des geistigen Urraumes, der Welt der ätherischen Lebenskräfte und der physischen Welt aus »Maß, Zahl und Gewicht«. Diese drei Ebenen sind die Grundlage der arabischen Zahlen und schwingen wie unsichtbare Zeilen hinter der graphischen Zahl mit *(Abbildung 37)*. Die oberste Zeile oder Linie verkörpert den geistigen Raum, die unterste den physischen, und die mittlere Ebene ist die Welt des Äthers, die von den Kelten »Anderswelt« genannt wurde (siehe dazu auch mein Buch »Die Kraft des Ortes«). Wir werden uns im Folgenden die Symbolik der Zahl auch aus der Perspektive der Graphik, des bildhaften Ausdrucks betrachten.

Natürlich weichen die Vorstellungen der Kulturen über die Bedeutung der Zahlen voneinander ab und geben jeder Zahl eine eigene kulturelle Färbung. Die folgenden Ausführungen können daher nur grob das Thema der Zahlenmystik anreißen, das es verdient, in einem eigenen Buch abgehandelt zu werden. Im Anhang finden Sie Empfehlungen zum Thema. Auch möchte ich mich hier auf die Bedeutung der ersten neun Ziffern und der Zahl Zwölf beschränken, um das Thema des heiligen Raumes nicht aus den Augen zu verlieren. Im Sakralraum spannt die Zahl einen solchen Raum auf und färbt ihn ein. Sie stößt gleichsam Portale in bestimmte geistige Räume auf und läßt diese in unserer Realitätsebene erlebbar werden. So schrieb der Mystiker Agrippa von Nettesheim (1486 - 1535) in »De occulta Philosophia«:

Es müssen den Zahlen große und erhabene Kräfte innewohnen. Warum sollte man darüber nicht staunen? Da aber bereits in den Zeugnissen der Natur so viele und so große Kräfte verborgen sind, die sich fortwährend kundtun, so muß es in der Zahl noch viel größere geben, da die Zahlen an sich vollkommen dem Himmlischen entnommen sind. Gleichwie alles, was ist und was wird, existiert durch bestimmte Zahlen und erhält davon seine Kraft...

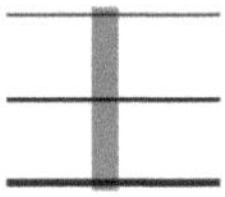

Die 1 ist die Ein-heit. Sie ist unteilbar und die Grundlage aller Existenz. Selbst Primzahlen sind außer durch sich selbst immer durch 1 teilbar. Insofern steht die 1 für die göttliche Urexistenz. Auch mit sich selbst multipliziert bleibt sie im eigenen Wesen. Sie ist unveränderlich und daher ewig. Im Arabischen wird die 1 durch den ersten Buchstaben »Alif« ausgedrückt, der auch das Symbol Allahs ist. Sie durchdringt in ihrer Bildgestalt alle drei Existenzebenen ohne in einer zu verweilen. Sie ist der Inbegriff einer axis mundi – in allem präsent und doch selbst keinen Raum einnehmend. Geometrisch ist sie nur als Punkt darstellbar. Sie nimmt hier keinen Raum ein, weil sie der Raum ist. So ist es auch in ihrer Bildgestalt: Auf jeder der drei Ebenen ist die 1 für sich genommen nur ein Punkt. Sie ist die »Gebärerin« der Existenz und dadurch aller anderer Zahlen.

In der 2 gehen wir aus der Einheit in die Polarität oder Dualität. Wir zwei-feln, sind zwi-schen zwei Ebenen und befinden uns im Zwie-licht. Sie ist der Urgrund unseres physischen Seins, denn Gott (1) schuf Himmel und Erde (2). Im Chinesischen entsteht aus der 1 (Taiji) die 2 in Form von Yin und Yang. Gerade Zahlen (durch 2 teilbar!) gelten als Yin, da sie der physischen Ebene zugeordnet werden, ungerade Zahlen gelten als Yang. Das Yin, die 2, wird durch einen unterbrochenen Strich (oder 2 kleinere Striche) dargestellt, während das Yang ein ungeteilter Strich ist. Im Christlichen wird aus der polaren Urkraft oft eine duale, wodurch die 2 für den Teufel steht. Für die Pythagoräer war strittig, ob die 2 eine Zahl ist, denn »sie hat ein Anfang und ein Ende, aber keine Mitte«. 2 mit sich selbst multipliziert, ergibt denselben Wert wie die Addition (2 x 2 = 2 + 2), obgleich nach griechischer Auffassung der Multiplikationswert höher sein müßte. Sie steht daher *zwischen* der Einheit und der Vielheit. Das Bild der arabischen Ziffer zeigt die unmittelbare Verbindung zwischen dem Geistigen und dem Physischen – ohne im Ätherischen zu verweilen.

Die 3 bringt diese Spannung wieder in Harmonie. Graphisch ruht die 3 auf allen drei Existenzebenen. Sie ist darum die erste Zahl der Vollkommenheit. Auch geometrisch schafft die 3 erst Fläche, während die 2 nur als Linie *zwischen* zwei Punkten darstellbar ist. Als erste ungerade Zahl nach der 1 gibt sie der Schöpfung einen neuen (Yang-) Impuls. Darum sind »alle guten Dinge 3«. Erst 1 und 2 zusammen ergibt die 3. Aus der Einheit und der Trennung in die Polarität entsteht etwas Neues: die Fläche. Die Zeit hat Vergangenheit, Gegenwart und Zukunft, und in der Mythologie bilden 3 göttliche Wesen oft eine höhere Einheit: Die weiße, die schwarze und die rote Göttin sind im Grund nur die EINE, die Magna Mater. Vater, Sohn und Heiliger Geist sind die heilige Dreifaltigkeit, doch im Wesen eins. So gibt es zahlreiche göttliche Dreigespanne: Anu, Enil, Eea (Babylonien), Isis, Osiris und Horus (Ägypten), Ormuz, Ahriman und Mithras (Persien), Brahma, Vishnu und Shiva (Indien) usw. Als Yang, als männliche Zahl, steht sie im Gegensatz zur 4 für ein eher geistiges Prinzip. Tempel, die in ihrem Proportionierungsschema (siehe auch das Kapitel *Heilige Geometrie: Die Proportionierung*) auf der Triangulatur, also dem *Drei*-Eck beruhen, werden sozusagen dieser Vergeistigung geweiht.

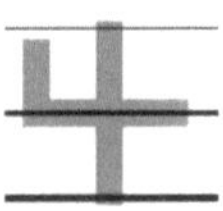

Die 4 begibt sich vollständig in die Materie und die Körperlichkeit. Die 4 Himmelsrichtungen spannen sich kreuzweise auf. Ihre Graphik zeigt dieses Aufspannen in die Welt und die 4 Richtungen. Sie ist die Zahl der sichtbaren Welt, der Erde. Die sichtbare Welt ist erschaffen aus den 4 Elementen Feuer, Wasser, Erde und Luft. Die ersten 4 Zahlen galten den Pythagoräern als heilig, weil ihre Summe (1 + 2 + 3 + 4) 10 ergibt. Die Quersumme der 10 (1 + 0) ist wieder die 1 (das Göttliche). Darum bildet z. B. im kabbalistischen Lebensbaum die 10 (Malkut, die Stoffliche Welt) den Gegenpol zur 1 (Kether, die »Krone«, das Urprinzip). Die ersten 4 Zahlen erst ermöglichen alles, so wie wir es kennen. Im Daoismus heißt es: »Die 1 erschafft die 2, die 2 erschafft die 3 und die 3 erschafft die zehntausend Dinge« (d. h. alles, was es stofflich gibt). Die Zahl 4 repräsentiert diese zehntausend Dinge der materiellen Wirklichkeit: Die 4 Jahreszeiten, die 4 Himmelsrichtungen, die 4 Lebensalter, die 4 Elemente, die 4 Temperamente usw.

Die 4 ist die erste Quadratzahl (2 x 2 = 4). Das Quadrat ist eine sehr stabile Form, im Gegensatz zum dynamischen Dreieck. Die 4 gibt der Welt Stabilität. So geben die 4 Evangelien des Matthäus, Lukas, Markus und Johannes im Christentum dem Wort Gottes ihre Stabilität in der Welt. Tempel mit Proportionierungen auf der Basis des Quadrates (Quadratur) wenden sich ganz der tiefen spirituellen Erkenntnis der Materie zu.

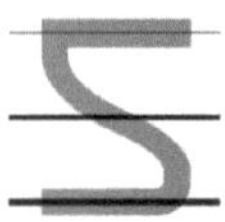

Die 5 erklimmt neue Ebenen, sie erhebt sich über die physische Existenz. Sie »steigt zum Himmel« empor. So kannte man bis 1781 die 5 Planeten Merkur, Venus, Mars, Jupiter und Saturn. Auch graphisch wurzelt die 5 im Geistigen und schwingt sich zur Erde hinab, fast wie die Spiegelung der 2. Das Pentagramm ist zugleich ein Symbol des Menschen mit seinen 5 Extremitäten Kopf, Arme und Beine. Deshalb ist die 5 die Zahl des Menschen, der Macht über die 4, die Materie, besitzt, weil er im Geistigen wurzelt. Es ist eine Zahl der Magie, und das Pentagramm schützt nicht nur vor den Geistern der 4 Elemente der Welt, sondern auch vor jenen aus dem geistigen Raum.

Da die Venus geozentrisch betrachtet durch ihre Konjunktionen mit der Sonne an verschiedenen Stellen des Firmamentes ein Pentagramm an dem Himmel zeichnet (siehe dazu auch *Abbildung 71 a* und die Ausführungen auf Seite 125 f), ist die 5, obgleich eine ungerade Yang-Zahl, zugleich eine weibliche Zahl, so wie 2 (Yin) + 3 (Yang) = 5 ergeben. Dieses Paradox ist wiederum eine Spiegelung ihrer magischen Kraft. 5 Wunden hatte Christus, der Islam kennt 5 Säulen: Bekenntnis, *fünf*-maliges Beten am Tag, Almosen, Fasten und die Wallfahrt nach Mekka. So stellt die 5 eine Zahl der Magie und der Spiritualität dar, die Fähigkeit des Menschen, sich geistiger Kräfte zu bedienen, an ihnen zu wachsen oder an ihnen zu scheitern.

Geometrisch wurde das Pentagramm nur selten für Proportionierungen benutzt, weil es ungleich schwerer zu konstruieren ist, als das gleichseitige Dreieck oder das Quadrat. Bauten, die auf dem Pentagramm beruhen, sind stets etwas Besonderes und weisen einen energetischen Spannungszustand auf, der für einige Menschen kaum aushaltbar ist.

Graphisch schwingt sich die 6 aus dem Geistigen herab und trägt Frucht im Physischen oder umgekehrt: Das Bewußtsein befreit sich aus dem physischen Körper und schwingt sich zum Geistigen hinauf. Die 6 ist eine Zahl der Verbindung von Geist und Materie. Kabbalistisch ist 666 nicht nur die »Zahl des Tieres« aus der Johannesapokalypse, also jener Kraft, die das Bewußtsein ganz im Stofflichen bindet, sondern auch die Zahl von Jesus Christus, der das Bewußtsein aus der Bindung an die Materie zu befreien vermag. In der 6 sind 1, 2 und 3 enthalten: 1 + 2 + 3 = 6; 1 x 2 x 3 = 6. Multiplikation und Addition der drei Kernzahlen ergeben die 6. Deshalb brauchte im Judentum und Christentum die Schöpfung 6 Tage. In ihr verbindet sich der Geist mit der Materie, und die Seele kann ihre Bewußtseinsreise antreten. Geometrie-symbolisch* ergibt sich ein Sechseck, wenn man die in einem Quadrat (4) enthaltenen Dreiecke (3) miteinander verschränkt und sie einander durchdringen läßt: Die 4 (Materie) und die 3 (Geist) sind in der 6 implizit aneinander gebunden. *(Abbildung 38)*. So hat der Geist auf Erden 6 Dimensionen (hinten, vorne, links, rechts, oben und unten), um seine Erfahrungen zu sammeln.

Abb. 38: Zahlensymbolik des Hexagramms: In der 6 sind die 4 (Quadrat = Physische Welt) und die 3 (Dreieck = Geist) enthalten. Geist und Materie sind aneinander gebunden.

Das 6. Gebot ist das Verbot der Unkeuschheit. In der Sexualität (sechs = sex) bindet sich der Geist an die Materie, da neues Leben entsteht. Daher ist die Sexualität für kosmisch ausgerichtete Religionen, wie die des Christentums, verwerflich. Bei den Kelten dagegen war 6 eine heilige Zahl: 3 Tage vor und 3 Tage nach Vollmond galten als heilig (3 + 3 = 6). Nach 2 x 6 Rauhnächten begann ein neuer Zyklus, und die Stuben wurden gereinigt. Die Kelten lebten das Geistige im Materiellen, im Zyklischen.

* nicht wirklich geometrisch

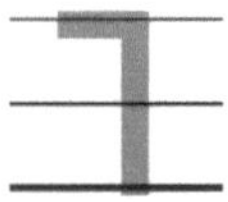

Die 6 Dimensionen treffen sich in einem Schnittpunkt. Hier ankert die 7. Die 7 ist darum überall zugleich und doch nirgends. Graphisch ist sie eindeutig im Geistigen präsent, verbindet sich aber wie die 1 mit dem Physischen. Die 7 ist das Sinnhafte hinter der Schöpfung. 3 + 4 = 7. Wie in der 6 verbinden sich Geist und Materie, aber sie sind nicht aneinander gebunden. Wir können das geistige Prinzip in den Formen der Natur wiedererkennen. Das Göttliche der 3 vereinigt sich mit der Weltzahl 4. Am 7. Tage ruhte Gott. Die 7 ist göttlich. Im »Vaterunser« gibt es 7 Bitten, die ersten 3 Bitten beziehen sich auf die göttliche Ewigkeit

- **Geheiligt werde Dein Name**
- *Dein Reich komme*
- *Dein Wille geschehe*

4 Bitten beziehen sich auf das Irdische:

- *Unser tägliches Brot gib uns heute*
- *Und vergib uns unsere Schuld...*
- *Und führe uns nicht in Versuchung*
- *Erlöse uns von dem Bösen*

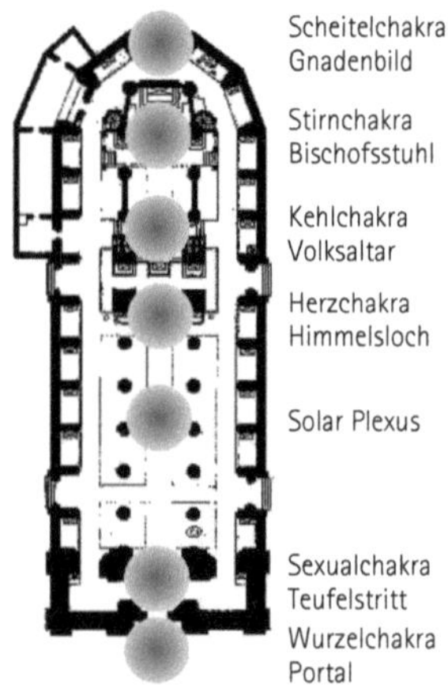

Abb. 39: Die »7 Chakren« in der Frauenkirche/München

Die Aufteilung der 7 in 3 + 4 war schon in prähistorischen Steingravuren präsent, wie häufig auftretende Striche oder Punkte in Dreier- und Vierergruppen zeigen.

Die 7 Chakren sind ein Spiegel unseres göttlichen Wesens in unserem physischen Körper.

Peter Dawkins erkennt in Kirchen, die ja den Körper Christi darstellen, eine Reihung aus 7 Chakrenorten. Oft sind diese durch Bemalungen an der Decke oder besondere Orte am Fußboden markiert *(Abbildung 39)*. In der Frauenkirche in München befindet sich im »Sexualchakra« der Kirche der Teufelstritt, ein Fußabdruck, den der Teufel in einem Stein hinterlassen haben soll. Im »Herzchakra«-Bereich befindet sich im

Gewölbe ein Himmelsloch mit Sonnenbemalung *(Abbildung 48)*, im Bereich des »Kehlkopfchakras« steht der Altar, im Bereich des »Stirnchakras« der Bischofsstuhl und im Bereich des »Kronenchakras« befindet sich die Gnadenbild-Madonna.

Zugleich aber steht die 7 für die Zeit (7 Wochentage; der Mond braucht 4 x 7 Tage für einen Zyklus usw.).

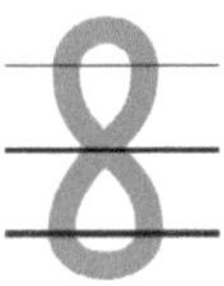

Die 8 ist 2 x 4. Die Polaritätszahl 2 und die Weltzahl 4 ergeben zwei polare Welten. In der 8 kommen zwei Welten harmonisch zusammen. Sie überschneiden sich im Ätherischen. Hier kommt es zum Übergang vom Irdisch-Zeitlichen zum Ewig-Göttlichen. Die mittelalterliche Schreibweise für 4 war tatsächlich eine »halbe 8« *(Abbildung 40)*. Da sich in der 8 zwei Welten treffen, wurden Totenkapellen und Beinhäuser (Karner) im Christentum ebenso achteckig gebaut wie Taufkapellen. Im ersten verläßt das Geistige das Physische, in Letzterem tritt der (Heilige) Geist ins Physische ein. Aber auch viele Apsiden wurden in Form von 5 Seiten eines 8-Ecks gebaut.

Abb. 40: Jahreszahl »1497« an der Johanneskirche Wernigerode. Die »4« wird als »halbe 8« geschrieben.

Die Verbindung zweier Welten läßt die 8 auch zur Zahl der Einweihung werden, die dann zur letzten Grundzahl, der 9, führen wird. Die Pythagoräer erkannten die 8 als Fülle, da sie die erste Kubikzahl ist (2 x 2 x 2 = 8). Sie besitzt die ungewöhnliche Eigenschaft, daß jedes Quadrat einer ungeraden Grundzahl (außer der 1) durch sie mit dem Rest 1 (Göttlichkeit) geteilt werden kann:

3 x 3 = 9	: 8 = 1;	Rest 1
5 x 5 = 25	: 8 = 3;	Rest 1
7 x 7 = 49	: 8 = 6;	Rest 1
9 x 9 = 81	: 8 = 10	Rest 1

Die 8 nimmt zu den 4 Kardinalrichtungen die 4 Zwischenhimmelsrichtungen hinzu. Das germanische oder keltische Jahresrad war 8-speichig. Sie weiht den Menschen in eine neue Sichtweise, ein neues Bewußtsein ein. Sie erschließt ihm buchstäblich *neue Welten.* So kennt der Buddhismus den achtfachen Pfad, der zur Erleuchtung führt.

9

Mit der 9 schließen die Grundzahlen oder Ziffern ab. Die 9 ist 3 x 3. So wird sie zur Zahl göttlicher Vollkommenheit. Umgekehrt wie die 6 trägt die 9 ihre Früchte im geistigen Raum. Wenn das Göttliche in dir erwacht ist, wird es sich immer wieder zeigen. So ist jede Zahl, deren Quersumme 9 ist, auch selbst durch 9 teilbar:

18 : 9 = 2	Quersumme 1 + 8 = 9
27 : 9 = 3	Quersumme 2 + 7 = 9
36 : 9 = 4	Quersumme 3 + 6 = 9
45 : 9 = 5	Quersumme 4 + 5 = 9
54 : 9 = 6	Quersumme 4 + 4 = 9
63 : 9 = 7	Quersumme 6 + 3 = 9

Das Göttliche offenbart sich äußerlich durch sein innerstes Wesen. Eine chinesische Pagode ist idealerweise 9stöckig und in der Bibel bezeichnet die 9 die Vollendung eines Schicksals. So ist Jesus in der 9. Stunde gestorben und wurde dadurch vergöttlicht.

Von den zweistelligen Zahlen möchte ich einzig die 12 herausgreifen, da sie für den Sakralbau von wesentlicher Bedeutung ist. Die 12 ist wiederum eine Zahl der Vollkommenheit. Die 12 ist weitgehend aus unserem pragmatischen Bewußtsein verschwunden und allerhöchstens beim Eierkauf rechnet man noch im Dutzend. Doch die 12 prägte unsere Kultur zutiefst. So sind z. B. sprachlich die Zahlen bis *zwölf* im Deutschen, Englischen und Schwedischen »zehn, elf, zwölf« einsilbig*, anschließend werden die Zahlwörter zweisilbig »drei-zehn, vier-zehn, fünf-zehn« usw. Im Französischen z. B. reicht die Einsilbigkeit sprach-

* Die gesprochene »7« gilt hier als einsilbiges Zahlwort

lich bis zur Dreizehn (»treize«). Die 12 ist eine solare Zahl (während die 13 eine lunare Zahl ist). 12 Stunden hat der Tag und 12 die Nacht, 12 Monate hat das Jahr und durch 12 Sternbilder wandert die Sonne. In ihrem Vollkommenheitsanspruch ist auch die 12 göttlich (1 +2 = 3. Quersumme!). 12 Hauptgötter kannten die Griechen und Römer, 12 Stämme hatte das israelitische Volk, mit 12 Jahren kommt Christus in den Tempel, er sammelt 12 Apostel um sich, 12 Tore hat das Himmlische Jerusalem... Die solare Vollkommenheitszahl 12 fand in vielen Sakralbauten Verwendung. Zum einen natürlich wegen ihrer Symbolik, zum anderen konnte man ein 12eck leicht konstruieren, indem auf einem Kreis jeweils die Hälfte des Radius abgetragen wurde.

Damit wurden die mythologischen Grundlagen heiliger Räume näher gebracht. Man kann ihre Wichtigkeit gar nicht oft genug betonen. Im zweiten Teil des Buches werden die »Technologien« erklärt, wie explizit heilige Räume geschaffen wurden. Doch ist die Technologie alleine kühl-rationale Technik, wenn man nicht die Mythologie und Symbolik versteht, die ihr zugrundeliegt. Durch den Mythos wird die tote Form lebendig. Durch ihn hat der Mensch Anteil am Urraum der Ewigkeit, in dem alles zum ersten Male passierte und immer noch passiert. So gesehen ist der Mythos wirklicher als tote Historie.

Sakrale Technologie

Die Kraft des Ortes: die Plazierung

Der heilige Raum ist dem Körper Gottes nachempfunden, er integriert gestalterisch-symbolisch ebenso wie energetisch-geistig die Urprinzipien der heiligen Mitte, der Weltenachse und der Horizontalachse mit seiner inhärenten Ausrichtung. Diese Prinzipien lassen den heiligen Raum zu einem Resonanzkörper, einem Musikinstrument göttlicher Sphärenmusik werden, doch die Kraft des Ortes ist es, die diesem Instrument die Grundschwingung gibt, die sozusagen an seinen Saiten zupft. Deshalb gehörte die Kunst der Plazierung zu den Grundkenntnissen sakraler Technologie.

Der Begriff »sakrale Technologie« mag etwas trocken und mental wirken. In der Tat handelt es sich hierbei um Wissen, das ohne die mythologischen Hintergründe, die im ersten Buchteil beschrieben wurden, kalt und leblos wirkt. Doch vor dem Hintergrund der heiligen Symbolik und Mythologie wird die sakrale Technologie zu einem Grundwerkzeug, das eben diese erst lebendig werden läßt. So wie ein Geigenbauer ein Handwerker ist, der bestimmte Techniken beherrschen muß wie die Auswahl des richtigen Holzes, die Wahl und Erzeugung der korrekten Wölbung des Holzes sowie der bestimmenden Maße und Proportionen des Instrumentes, ja selbst der korrekten Schlag- und Lagerungszeit für die Baumstämme, so muß auch der Architekt sakraler Bauten zunächst ein Techniker sein. Eine »Stradivari« aber läßt die Soli alter Meister zu einer Kraft werden, die die Herzen der Menschen erfaßt und die Seele berührt. Erst die korrekte Technologie läßt die Musik des Ortes hörbar werden. Und um im Bilde zu bleiben: So wie das gleiche Lied mit verschiedenen Instrumenten gespielt werden kann und dadurch stets anders klingt und doch das gleiche bleibt, so wurde die Musik der Erde und des Ortes in den verschiedensten Epochen anders interpretiert und zum Klingen gebracht.

Bei Tas-Silg im Süden Maltas befand sich ursprünglich eine Siedlung aus der matriarchalen Ghar Dalam Zeit (5000 v. Chr.). Ihr folgte ein megalithischer Tempel in der Tempelzeit, auf den ein phönizischer Astarte-Tempel gebaut wurde, gefolgt von einem römischen Juno-Tempel. Schließlich wurde das Baptisterium eines frühchristlich-byzantinischen Marienheiligtums in die Hauptapsis des Megalithtempels gebaut. Zusammen mit der heutigen hundert Meter entfernten Marienkirche »Maria im Schnee« besitzt dieser Ort damit eine über 7000jährige Kontinuität in der Verehrung des Göttlich-Weiblichen auf Malta. Der Ort blieb der gleiche, die Tempelarchitektur änderte sich. Auch der berühmte Wallfahrtsort Lourdes war, wie archäologische Grabungen während einer Umbauphase zeigten, wohl eine in der Eiszeit genutzte Kulthöhle. In Meiendorf, einem Stadtteil von Hamburg, gibt es einen Teich. Auch hier fanden Archäologen die Reste von verschiedenen Kultstätten im gleichen Teichabschnitt. Die Datierungen zeigten aber, daß zwischen den kultischen Handlungen am Ort mehr als 3000 Jahre lagen. Dennoch wurde der gleiche Teichbereich als heiliger Raum identifiziert.

Manchmal sind diese Kultkontinuitäten an einem Ort offenbar nicht zeitlich linear, sondern folgen scheinbaren Zyklen, manchmal werden sie von einer sakralen Institution wie der christlichen Kirche bewußt angeordnet, wie die bereits beschriebenen päpstlichen Edikte von 392 und 601 n. Chr. zeigen. Die Grundlage dieser Entscheidungen, ob nun bewußt oder unbewußt, ist die Heiligkeit des Ortes an sich. Und Gott sprach zu Moses: »Tritt nicht heran, zieh deine Schuhe aus; denn der Ort, auf dem du stehst, ist heiliger Boden!« (2. Mose 3, 5). Die Ursachen solcher Heiligkeit eines Ortes wurden in meinem Buch *Landschaften der Seele* ausgiebig diskutiert. An dieser Stelle möchte ich einige Ortsfaktoren beschreiben, die in sakralen Bauten häufig Berücksichtigung finden.

Geomantisch genutzte Ortsphänomene

Wasseradern

Wasser ist der Urgrund des Lebens auf diesem Planeten. Es findet sich in der Atmosphäre als Wasserdampf, Nebel oder als Wolken; es fällt als

Tau, Regen, Schnee oder Hagel zur Erde nieder und füllt Flüsse, Seen und Meere. 70 Prozent der Erdoberfläche sind mit Wasser bedeckt. Von den globalen Wasserressourcen sind jedoch nur 2,5 Prozent Süßwasser. Davon ist weniger als ein halbes Prozent als Oberflächenwasser verfügbar, 69 Prozent sind in Eis und Schnee gebunden und gut 30 Prozent befinden sich als Grundwasser unter der Erde. Dieses Grundwasser bewegt sich über wasserundurchlässigen Schichten überwiegend als breite Strömung der Schwerkraft und den Druckverhältnissen folgend. Ein Teil davon aber bewegt sich gebündelt wie in unterirdischen Bächen und Flüssen. Solche Strömungen werden als Wasseradern bezeichnet.

Abb. 41: In der Wolfindiskapelle im Raum Dingolfing entspringt die Quelle und fließt als Bächlein in der Kirchenachse davon.

Da der Mensch selbst je nach Alter bis zu 80 % aus Wasser besteht, ist er zu diesem hochresonanzfähig. Die niedrigste Eigenfrequenz des Wassers liegt im flüssigen Zustand bei 1,667 cm (= 18 GHz). Menschen, Tiere und Pflanzen, die sich über einer Wasserader befinden, geraten sozusagen in Schwingung. Darum ist Wasser im Sakralbau der Anreger Nummer eins. In der St. Wolfgangskirche in St. Wolfgang bei Dorfen befindet sich unter dem Altar gar eine gefaßte Quelle *(Abbildung 1)*. Ebenso in der Wolfindiskapelle im Raum Dingolfing *(Abbildung 41)*, und der Altarraum der Wallfahrtskirche Arnoldstein in Kärnten ist gar über einem offen fließenden Bach errichtet.

Oft sind es sogar Wasseraderkreuzungen, die genutzt werden: In verschiedenen wasserundurchlässigen Schichten fließende Wasseradern kreuzen sich von oben betrachtet. Während es über einer gewöhnlichen

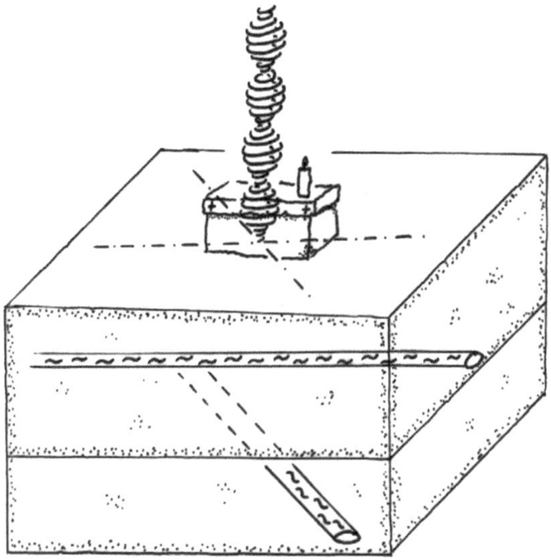

Abb. 42: Schematische Darstellung einer Wasseraderkreuzung. Im Kreuzungsbereich der Abstrahlung entsteht eine Interferenz in Form einer senkrechten Strahlungsspindel. Physikalisches Abbild einer Axis mundi

Wasserader »nur« zu einer Anregung kommt, durchdringen sich die Abstrahlungen zweier Wasseradern über einer Wasseraderkreuzung gegenseitig und bilden ein Interferenzmuster in Form einer senkrechten spindelartigen Strahlungsstruktur, die ungleich intensiver wirkt (sogenannter Maser-Effekt) *(Abbildung 42)*. Diese senkrechte »Energiesäule« bietet einen wunderbaren Anknüpfungspunkt für weitere Energien wie auch für geistige Kräfte. Darum finden sich häufig zentrale Punkte des Sakralbaues wie z. B. der Altar auf Wasseraderkreuzungen.

Andererseits ist Wasser flüssigkristallin. Es verhält sich wie ein fließender (programmierbarer) Kristall. Dadurch können auch bestimmte »Informationen« auf einer Wasserader weitergeleitet werden, so daß oft mehrere wichtige Punkte eines Sakralbaues durch eine Wasserader verbunden sind. In der Wallfahrtskirche Maria Thalkirchen im Süden von München z. B. befindet sich der Hochaltar auf einer Wasserader, die auch unter einer gestalteten »Lourdes-Grotte« auf dem umgebenden Friedhof hindurchfließt und Altar und Grotte dadurch energetisch verbindet.

Wasser kann jedoch auch wie ein Prisma wirken. Sendet man »weißes Licht« durch ein Prisma, so sorgt die Lichtbrechung des Prismas dafür, daß sich das Licht in seine Spektralfarben aufteilt *(Abbildung 43)*. Wir kennen diesen Effekt vom Regenbogen, der entsteht, wenn das Sonnenlicht von den in der Luft befindlichen Wassertröpfchen in seine Spektralfarben aufgespalten wird. Ebenso bricht eine Wasserader das »weiße Rauschen« des flüssigen Erdkerns auf und entfächert eine sogenannte Spektroide, also ein Spektrum unterschiedlichster Frequenzen, von denen einige sich nicht mehr direkt über der Wasserader befinden. Darum wurden Sakralbauten oft auch so plaziert, daß vor allem tiefliegende Wasseradern neben ihnen vorbeiflossen. Bestimmte Frequenzen der Ader aber wurden durchaus im Innenraum genutzt, indem wichtige Punkte wie Altar, Taufbecken oder auch tragende Säulen auf diesen Frequenzbändern positioniert wurden.

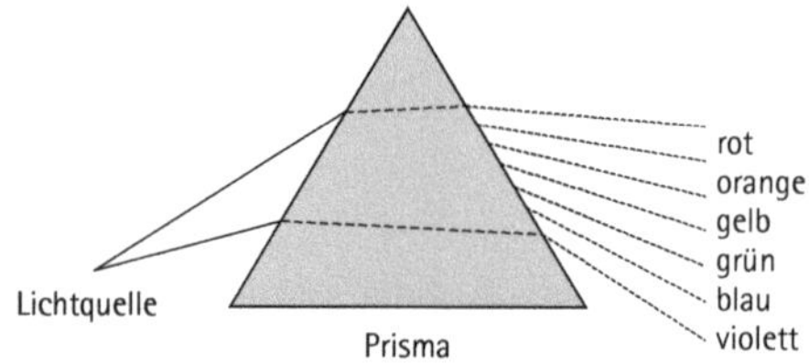

Abb. 43: Ein Prisma zerlegt das weiße Licht in die Spektralfarben.

Eine weitere Spezialform der Wasseradern sind Mäander. Wie alle aus der Beobachtung recht gut wissen, fließt Wasser in den seltensten Fällen ganz gerade. Größere Flüsse mäandrieren in weiten Schwüngen. Häufig ist festzustellen, daß besondere Orte innerhalb solcher Flußschlaufen liegen (z. B. Kloster Weltenburg an der Donau, das Megalith-Bauwerk Newgrange in Irland, die Frauenkirche in Wasserburg am Inn; *Abbildung 44*). Wie Robert Endrös

Abb. 44: Das Kloster Weltenburg im Mäander der Donau

feststellte, verhält es sich bei unterirdisch fließendem Wasser oft nicht anders. Er fand die folgenden geomantisch interessanten Orte jeweils im Zentrum eines solchen Mäanders: Dom in Freising, Schloß Lustheim in Oberschleißheim bei München, Herrenchiemsee u. a. Bedenkt man die Wirkung der Spektroiden, so erkennt man, daß hier Orte gewählt wurden, an denen bestimmte Frequenzen kulminieren und so starke Strahlenzentren bilden. Hinzu kommt, daß durch die annähernd kreisförmige Struktur der Wassermäander physikalisch resonanzfähige offene Schwingkreise gebildet werden.

Eine weitere Sonderform der geomantischen Nutzung des Wassers ist die so genannte »blind spring«. Dabei handelt es sich um eine blinde Quelle, also Wasser, das unter artesischem Druck in einer Säule aus der Tiefe nach oben befördert wird, die Erdoberfläche aber nicht erreicht, sondern an einer sperrenden Schicht abfließt. Wie die Kreuzungsphänomene stellt die »blind spring« ein besonderes Phänomen von hoher potentieller Kraft dar und ist deshalb häufig auch an Wallfahrtsorten anzutreffen. Im Zentrum der Wallfahrtskapelle von Altötting befindet sich z. B. eine solche »blind spring«. Die Sitznischen des Zentralbaues liegen dabei exakt auf stehenden Wellen der Wasserresonanz, wodurch hier sitzende Menschen einerseits stark angeregt werden, andererseits sich auf der Informationsebene mit dem Zentrum (der Heiligen Mitte!) des Baues verbinden *(Abbildung 45)*.

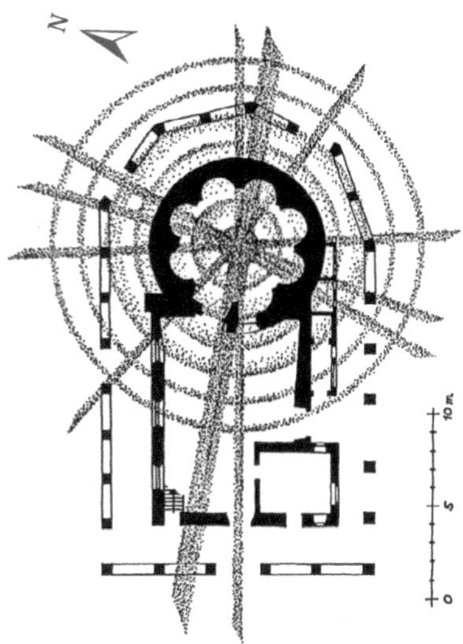

Abb. 45: Radiästhetisches Strahlungsmuster der Gnadenkapelle von Altötting. (Hier eine Mutung von Dr. Jörg Purner). Die Sitznischen des alten Zentralbauteiles der Kapelle liegen exakt auf einer Reaktionszone der »blind spring«.

Als letzter wesentlicher Faktor der Nutzung unterirdischen Wassers muß die feinstoffliche Ebene des Äthers betrachtet werden. Wie im

Buch *Die Kraft des Ortes* tiefer ausgeführt, besitzt Wasser die Eigenschaft, ätherische Kräfte zu speichern und mitzuführen. *Wilhelm Reich* sah als Ursache für das Ausschlagen einer Wünschelrute bei einem Rutengänger den »*orgonenergetischen* Kontakt« zwischen dem feinstofflichen Energiefeld des Rutengängers mit dem der Wasserader.* Die Wasserader regt dementsprechend das ätherische Milieu des heiligen Baues an und verbindet auch auf der feinstofflichen Ebene den Ort mit anderen Plätzen der Umgebung. Zudem kann das Ätherfeld über einer Wasseraderkreuzung oder »blind spring« als Anknüpfungspunkt für geistige Kräfte dienen.

So bietet das unterirdisch fließende Wasser viele Nutzungsmöglichkeiten für die sakrale Technologie: die Anregung biologischer Systeme, Bildung vertikaler Interferenzmuster, spezifische Frequenzbänder, die gemäß dem Gesetz der Oktave als verschiedene den Bau anregende Farben oder Töne angesehen werden können, sowie die Beeinflussung der Ätherebene des Ortes.

Geologische Verwerfungen und Quarzbänder

Die Geologie der Erde weist noch weitere Phänomene auf, die im Sakralbau Berücksichtigung finden. In den verschiedenen Erdzeitaltern lagerten sich Schichten aus Eruptionen und Sedimentationen großer Gewässer ab und wurden zu Stein. Durch die seismischen Aktivitäten des Erdkörpers jedoch werden diese homogenen Schichten aufgerissen und bewegt. Es entstehen »tektonische Störungen« in Form von sogenannten geologischen Verwerfungen (Aufschiebungen, Abschiebungen, Überschiebungen und Schleppungen). Die mit diesen Verwerfungen stets in Verbindung stehenden Klüfte und Risse wirken wiederum ähnlich auf die aus dem Erdinneren austretenden Frequenzen wie ein Spalt auf das Licht: Trifft Licht oder eine andere elektromagnetische Welle auf eine undurchlässige Wand mit einem Spalt, so wird es gebrochen und zerfällt wiederum in seine Spektralfarben. Über geologischen Verwerfungen können daher ähnliche Effekte festgestellt werden wie

* Wilhelm Reich: »Dowsing as an Object of Orgonomic Research«, in: *Orgone Energy Bulletin* (OEB), Vol III, 1951

über Wasseradern, wenngleich sich die Spektroiden von Wasseradern und geologischen Verwerfungen im Detail unterscheiden. An einer Verwerfung entsteht im »Kernbereich« eine dichte Zone verschiedenster Frequenzbänder, die sogenannte Multiwellenzone, die hochenergetisch ist. Asymmetrisch entfächern sich von hier aus dann wiederum die Strahlungsspektroiden.

Geologische Verwerfungen bieten dadurch eine Fülle unterschiedlichster Frequenzen in räumlicher Nähe zueinander. Die alten gotischen Klöster Irlands wurden sehr gerne auf solche geologischen Strukturen gesetzt. Auch die irischen Rundtürme weisen eindeutige Bezüge zu geologischen Verwerfungen auf.

Ein Spezialphänomen stellen dabei Quarz- und Edelsteinbänder dar. In den durch die seismischen Aktivitäten entstehenden Klüften und Rissen sammeln sich u. U. auch Quarze und besondere Edelsteine. Europas größtes Amethystvorkommen befindet sich bei der niederösterreichischen Stadt Maissau. Das Vorkommen in Maissau weist einen gesicherten Verlauf von etwa 400 m auf, davon rund 40 m im Schaustollen aufgeschlossen zugänglich, und zeigt eine maximale Breite von 2 m und steht nahezu senkrecht. Es wird vermutet, daß das Amethyst-Band aber über eine Strecke von einem Kilometer verläuft. Ein weiteres reiches Amethystvorkommen ist seit dem 19. Jahrhundert im Umfeld des Friedhofes von Eggenburg (ebenfalls Niederösterreich) bekannt. Dies zeigt die Nutzung solcher Edelsteinbänder auch für sakrale Zwecke. Kirchen und Kultstätten wurden des öfteren über Quarz- und Edelsteinbändern errichtet. Der Quarz ist dabei ein hochenergetisches Gestein, der überdies starke ätherische Speichereigenschaften besitzt. Gerade im Alpenraum konnten einige Kirchen über geologisch bekannten Quarzbändern entdeckt werden.

Gitternetze

Gitternetze sind radiästhetische Reaktionszonen, die etwa 2 bis 4 Meter Maschenweite haben und die entweder in den Haupthimmelsrichtungen verlaufen (Hartmann- bzw. Globalgitter) oder in den Zwischenhimmelsrichtungen (Curry- bzw. Diagonalgitter). Es handelt sich dabei nicht mehr um ein geologisches Phänomen, sondern um eine Resonanzerscheinung. Die Entstehung der Gitternetze ist noch nicht vollständig geklärt, vermutlich handelt es sich aber um eine Resonanz oder ein Interferenzmuster der Erde in Zusammenklang mit anderen planetaren Körpern, vor allem der Sonne und dem Mond. Die Gitternetze verlagern nämlich je nach Mondphase ein wenig ihre Lage oder nehmen je nach Sonnenfleckenaktivität in Breite und Intensität zu oder ab. Nicht unwahrscheinlich ist auch einfach eine Abhängigkeit vom Erdmagnetfeld. Das Diagonalgitter hat nämlich eine Eigenresonanz, die mit Erdgrundfrequenzen in einem Oktavverhältnis steht (7,8 Hz und 11,7 Hz). Seine Wirkung wird darum auch mit dem Begriff »Lebenskraft« umschrieben, da das Diagonalgitternetz u. a. auf Pflanzen eine starke das Wachstum anregende Wirkung hat.

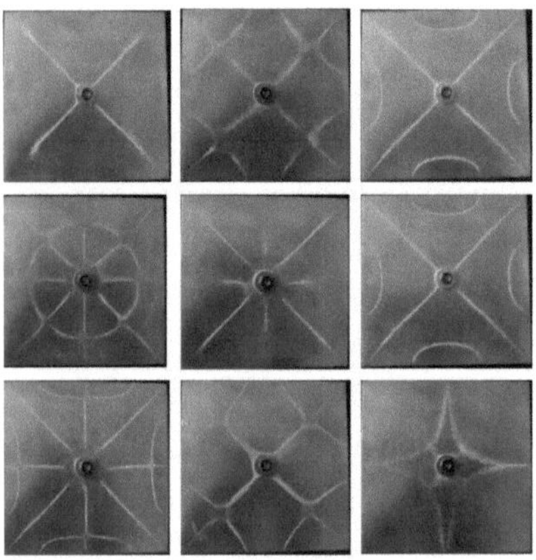

Abb. 46: Chladnische Klangfigur. Durch bestimmte Frequenzen entstehen rechteckige stehende Wellen.

Am ehesten kann man die Gitternetze mit den Chladnischen Klangfiguren vergleichen. Träge Substanzen wie z. B. Öl, aber auch Sand auf einer dünnen Platte, können durch Töne zum Schwingen angeregt werden. Sie erzeugen stehende Wellen, die dann gut zu fotografieren sind *(Abbildung 46)*. Bei bestimmten Tönen, also bestimmten Frequenzen oder Wellenlängen, entstehen in der Tat Muster, die rechtwinklige Gitterstrukturen bilden. Vermutlich entstehen die radiästhetischen Gitternetze auf ähnliche Weise.

In Sakralbauten finden sich Gitternetze auf zwei polare Arten wieder. Einerseits befinden sich wesentliche Punkte des Sakralbaues wie z. B. der Altar oft auf Kreuzungen des Gitters, vor allem auf Hartmann-Curry-Doppelkreuzungen. Andererseits zeigten Untersuchungen der berühmten Radiästhetin Blanche Merz, daß z. B. in ägyptischen Tempelanlagen (etwa im Doppeltempel Kom Ombo in Oberägypten) an bestimmten Orten die Gitternetzstreifen wie abgedrängt sind. So z. B.

bei der Statue des Krokodilgottes Sobek. Auch ich selbst konnte an irischen Dolmen sowohl das eine als auch das andere Phänomen feststellen. Die Forschungen dazu können nicht als abgeschlossen gelten, doch scheint es, daß an Orten, in denen es eher um Entkörperlichung ging, die Gitternetzstreifen künstlich abgedrängt wurden, während an Plätzen der Lebenskraft und Inkarnation eher Kreuzungspunkte für Altäre und Statuen gewählt werden.

Ebenfalls zu den Gitternetzen wird in der Regel das »Blitzgitter« (auch Etruskergitter oder 3. Gitter genannt) gerechnet, das häufig als Kreuzung am Standort von Blitzbäumen (also Bäumen, die vom Blitz getroffen wurden) gefunden werden kann. Ich persönlich halte es jedoch nicht für eine Gitternetzstruktur, da keine Regelmäßigkeit gefunden werden kann. Vielmehr glaube ich, daß es sich um eine Folgeerscheinung des Blitzeinschlages handelt, die über Jahre, manchmal über viele Jahrzehnte radiästhetisch nachweisbar bleibt. Die Etrusker (daher der Name Etruskergitter!) verehrten Blitze als göttliches Zeichen und besaßen sogar eine eigene Blitzdeutung, die Libri fulgurales. Ein Ort, der vom Blitz getroffen worden war, galt als von den Göttern berührt und war fortan heilig. Reste eines vom Blitz getroffenen Baumes wurden bestattet und erhielten eine Art »Grabstein« *(Abbildung 47)*. Die radiästhetische Resonanz dieser Blitzlinien (Blitzgitter) ist identisch mit Wellenlängen, die uns offenbar geistig öffnen können (8,25 cm LA), weshalb nicht nur der Ort des Blitzeinschlages selbst, sondern auch Punkte auf den Blitzlinien für den Sakralbau gewählt wurden.

Abb. 47: Etruskisches »Blitzgrab«. Reste eines vom Blitz getroffenen Baumes galten als heilig und wurden rituell bestattet.

Leylinien und Drachenlinien

In den 1920er Jahren entdeckte ein englischer Kaufmann, *Alfred Watkins*, daß auf den britischen Inseln prähistorische Kultstätten wie Steinkreise, Menhire oder Ringwallanlagen ebenso wie Kreuzungen uralter Straßen und christliche Kirchen oft auf einer schnurgeraden Linie, einem sogenannten »Alignement«, lagen. Die Kirchen befanden sich sehr häufig in Ortschaften, die mit dem Suffix »-ley« endeten wie z. B. »Hinckley«, »Camberley« oder »Crawley«. Deshalb nannte er diese gerade Ausrichtung schlicht »Leys«. »Ley« bedeutet soviel wie »Licht(ung)« oder »Brache« und ähnelt damit Ortschaften in Deutschland, die z. B. mit »-rode« oder »rade« enden und auf Rodungen verweisen.

Um dem Geheimnis dieser Benennung auf die Spur zu kommen, muß man sich zunächst fragen, wie eine Benennung überhaupt vor sich geht. Psychologisch einleuchtend ist, daß man Dinge nach ihrer Außergewöhnlichkeit benennt, um sie von anderen gleichartigen Dingen unterscheiden zu können: »Der Berg, mit dem Großen Felsen« oder schlichter »Felsenberg«; »Der grüne See« (nicht etwa der blau wirkende)... usw. Darum mußten zur Zeit der Benennung dieser Ortschaften Lichtungen oder Rodungsinseln eher die Ausnahme gewesen sein. Dies weist darauf hin, daß die Ortschaften eher frühe Siedelungen darstellten. Im Altsächsischen bezeichnet »leia« oft einen Felsen (siehe z. B. auch »Loreley«). Felsen sind natürlicherweise von Bewuchs frei, sonst würde man sie nicht als solche wahrnehmen, sie sind »licht«, »offen«. Eine Theorie sieht daher die »-ley«-Orte als Orte an, an denen es natürlicherweise waldfrei war, die Wege zwischen diesen Ortschaften konnten dadurch leicht begangen werden, es waren sogenannte »Urwege«. So wird das Wort »Ley« (eigentlich »Weide«) in England manchmal als Slangausdruck für »Pfad« (im Sinne von »Feldweg«) verwendet.

Wo aber herrscht Waldfreiheit? An Orten, die zu naß oder zu felsig für den Bewuchs sind. Diese Orte hätten sich aber wiederum nicht für die Besiedelung geeignet, denn man brauchte fruchtbaren Boden für die Landwirtschaft. Dies könnte die Theorie erklären, daß die Linie der Ausrichtung selbst, das Alignement, den Bewuchs hemmt, ohne die Umgebung negativ zu beeinflussen, oder indem sie diese sogar fördert. Radiästheten bemerken jedenfalls, daß auf den von Watkins bezeichneten »Leys« ihre Rute heftig ausschlug: Die energetischen Leylines waren entdeckt.

Einschränkend muß man hier bemerken, daß der Begriff »Leyline« in der Geomantie ganz und gar nicht einheitlich verwendet wird. Oft werden völlig verschiedene radiästhetische Strukturen als »Leys« bezeichnet, die nur ihre Geradlinigkeit gemeinsam haben. Der hier beschriebene Ley-Begriff bezieht sich darum auf eine Übereinkunft verschiedener Geomanten wie *Marko Pogačnik, Johanna Markl, Hans-Jörg Müller,* meiner Wenigkeit u. a.: Das energetische Phänomen der Leyline ist ein im wesentlichen ätherisches Phänomen, das über einige Kilometer, manchmal über viele Hundert Kilometer kartographisch betrachtet geradlinig verläuft, in der Detailbetrachtung aber durchaus leicht ondulieren kann. Der Kernbereich der Leyline ist röhrenförmig, wobei starke Ätherverwirbelungen im Außenbereich hinzukommen können. Im ätherischen Feld des Kerns werden häufig geistige Informationen mit transportiert, die in den auf dieser Linie stehenden Kirchen als wiederkehrende Symbole oder Themen auftreten können. Am bekanntesten ist wohl die von Jens M. Möller beschriebene »Grals-Linie«, die Europa in Ost-West-Richtung durchquert und an der sich Orte aufreihen, die auf die eine oder andere Weise mit dem Gralsmythos verbunden sind wie z. B. die Kirche in der kleinen Ortschaft Wolframs-Eschenbach, aus dem auch der berühmte deutsche Dichter des Parzivals stammen soll.

Bezogen auf die Sakralarchitektur stellen Leylines großräumige Phänomene dar, die verschiedene Kultstätten energetisch ebenso wie geistig-seelisch miteinander verbinden, so wie verschiedene Akupunkturpunkte auf einem Meridian. Der Vergleich mit der Kundalini im Rückenmarkskanal ist in der Tat sehr treffend. Drückt doch auch dieser einen Linienbezug von hoher energetischer Kraft aus, der Geist zu transportieren und zu transformieren versteht. Insofern könnte man Leylines als »Kundalinikanäle« des Erdorganismus bezeichnen.

Drachenlinien verlaufen ebenfalls geradlinig. Historisch könnte man sie genauso als »Leys« bezeichnen. So nennt *Marko Pogačnik* diese Phänomene auch »geistige Leylines«. Der Begriff »Drachenlinie« stammt von der Geomantin *Johanna Markl.* Im Gegensatz zu den eben beschriebenen »Leylines« besitzen Drachenlinien kaum eine ätherische Komponente. Sie sind sehr stark auf der »Urkraftebene der Erde«, also dem geistigen Urraum der Erde angesiedelt. Wir sind daran gewöhnt, der physischen Erde den geistigen Kosmos entgegenzusetzen, aber auch die Erde besitzt in sich einen geistigen Raum. Vergleicht man Leylines mit dem Kundalinikanal, so wären Drachenlinien wohl so etwas wie geistige Verbindungen, wie Assoziationen, die im geistigen Raum untereinander verbunden sind. Obgleich beide geomantische Phänomene sehr nah beieinanderliegen, könnte man die Leyline eher als den Kraftaspekt (oder roten Aspekt), die Drachenlinie dagegen eher als Geistaspekt (oder weißen Aspekt) bezeichnen. Gerade an weiblichen Heiligtümern kommen meinen Forschungen nach häufig beide Aspekte zusammen, oft kreuzen sich hier Drachenlinie und Leyline. So kommt es in den Tempelanlagen von Hagar Qim und Mnajdra auf Malta zu einer Kreuzung von Ley- und Drachenlinie. Es spielen vitalenergetisch-körperliche (Ley) und erdkosmisch-geistige Systeme (Drachenlinie) zusammen und durchdringen sich. Aber auch in Kirchen wie der bereits einmal erwähnten Marienwallfahrtskirche in München-Thalkirchen oder auch der Münchner Frauenkirche (ebenfalls eine Marien-Wall-fahrts-Stätte) begegnen sich Kraft- und Geistaspekt der Erde in Form einer Ley- und einer Drachenlinie.

Einstrahlpunkte

Während Drachenlinien und Leylines horizontal verlaufende Phänomene sind, stellen die sogenannten Einstrahlpunkte kosmische Energiesäulen dar. Sie entsprechen auf energetischer Ebene der axis mundi, der Weltenachse. Auch ihre Struktur ist grundsätzlich ätherisch. Ein Mantel aus Äther baut eine Art stehende Röhre auf, durch die geistige Informationen in den Erdorganismus eindringen. Mit ihnen sind daher am sakralen Ort insbesondere Plätze

Abb. 48: Das Himmelsloch in der Münchner Frauenkirche. Genau hier befindet sich ein Einstrahlpunkt mit solarer Qualität!

verbunden, die eine starke geistige Verbindung aufweisen. In vielen kleineren Kirchen und Kapellen ist es der Altar selbst. In größeren Kathedralen können Einstrahlpunkte auch an ganz anderen Orten im Bau Berücksichtigung gefunden haben. In den sogenannten Himmelslöchern im Gewölbe gotischer Kathedralen finden sich sehr häufig Einstrahlpunkte. So ist zum Beispiel ein Einstrahlpunkt von solarer Qualität im Himmelsloch der Frauenkirche (München) zu finden, das als Sonne ausgestaltet ist *(Abbildung 48)*.

Der geistige Fokus

Im heiligen Raum geht es darum, das Wesensinnere des Menschen mit dem Wesenhaften des Universums zu verbinden und so Erfahrungsräume zu öffnen. Dieses Wesenhafte mag von den einen Gott, Engel oder Genius genannt werden, andere Kulturen bezeichnen es als Geist oder gar Daimon (im Sinne Homers). Der heilige Raum ist ein Resonanzkorpus für geistige Kräfte. Diese sind im geistigen Raum, in der Paradieswelt, in der Ideenwelt Platons angesiedelt. An bestimmten Orten verbinden sie sich jedoch mit der Erde, um hier wirken zu können. Sie setzen einen Fokus (»Brennpunkt«) auf einen Ort, so als würden sie ihn mit einem Auge betrachten und »scharfstellen«. Analog dazu werden in der Bibel (Ezekiel 1, 16-18) Engel mit Rädern verglichen, die über und über mit Augen versehen sind: *Die Räder waren anzuschauen wie ein Türkis und waren alle vier gleich, und sie waren so gemacht, daß ein Rad im andern war. Nach allen vier Seiten konnten sie gehen; sie brauchten sich im Gehen nicht umzuwenden. Und sie hatten Felgen, und ich sah, ihre Felgen waren voller Augen ringsum bei allen vier Rädern...* Die vielen Augen zeigen die Möglichkeit der Engel, auf der Erde unendlich viele Fokuspunkte zu setzen

Abb. 49: Die »Engelsgattung« der Seraphime trägt unzählige Augen auf den Flügeln, Symbole für verschiedene Aufmerksamkeitsbrennpunkte in der physischen Realität.

Abb. 50: Das Himmelsloch in der Michaelskirche (München) faßt den Fokus eines Engels.

und sich so an verschiedenen Orten zu verankern. Die Engelsgestalten der Seraphim dagegen tragen diese Augen auf ihren Flügeln *(Abbildung 49)*.

Ein geistiger Fokus ähnelt zunächst einem Einstrahlpunkt. Auch hierbei handelt es sich strukturell um eine vertikale ätherische Energiesäule. Unterschiede werden in der Strukturierung des Äthers offenbar, was aber hier zu weit führen würde. Es muß genügen: Ein Engelsfokus z.B. kann äußerlich durch eine starke Präsenz von Luft-Äther (nach den vier Elementen) wahrgenommen werden. Ein Beispiel für einen Kirchenbau, der Engel thematisiert, ist die Michaelskirche in der Münchner Innenstadt. Ein großes Himmelsloch umringt mit zahllosen

Engeln ist im Gewölbe im Zentrum der Kirche zu erkennen. Genau an dieser Stelle, und somit für jedermann erlebbar, befindet sich der Fokus eines Engels *(Abbildung 50).*

Elemente des Sakralbaus und geomantische Phänomene

Die wichtigsten geomantischen Phänomene haben wir nun kennengelernt, wenngleich es natürlich noch unzählige mehr gibt. Betrachten wir uns nun umgekehrt die Elemente des christlichen Sakralbaues und ihre Bezüge zu den Phänomenen. Es muß dabei jedoch betont werden, daß diese Verbindung nicht zwingend immer so vorhanden sein muß, vielmehr handelt es sich um Erfahrungswerte, die vielleicht den einen oder anderen Leser dazu anregen mögen, einmal in einer nahen Kirche an diesen Stellen nach den entsprechenden Phänomenen radiästhetisch zu suchen oder ihnen nachzuspüren.

Das Allerheiligste: Chor und Vierung

Der Chor (v. griechisch: choros = Tanzplatz, Reigen, Reigentänzer) bezeichnet in der sakralen Architektur den Altarraum in Kirchen. Ursprünglich war der Chor ein für den Sänger nahe dem Altar bestimmter Platz. In altchristlicher Zeit war der Chor kaum ausgestaltet, erst später tritt er als selbständiger Teil des heiligen Raumes hervor und wird durch die Chorschranke, den Lettner (siehe unten), vom übrigen Kirchenraum abgetrennt. Insbesondere in der Romanik wird er über der Krypta erhöht, wovon sich die Bezeichnung »Hochchor« ableitet.

Unter einer Vierung wird im Kirchenbau der Raum bezeichnet, der beim Zusammentreffen des Haupt- und Querschiffes einer Kirche entsteht. Die Vierung trennt in diesen Kirchen mit kreuzförmigem Grundriß den Chor vom Langhaus. In Kirchen mit kurzem Chor kann bei Kloster-, Stifts- und Domkirchen hier auch das Chorgestühl untergebracht sein. In den großen Kirchenbauten der Romanik wurde über der Vierung gerne eine Kuppel (Vierungskuppel) oder ein Turm (Vierungsturm, *siehe Abbildung 29*) errichtet. Die Baupläne der gotischen Kathedralen sahen ebenfalls manchmal eine Kuppel vor, die allerdings selten ausgeführt wurden. Realisiert wurde diese Kuppel am Dom in Passau, die in der Zeit des

Barock umgestaltet wurde. Sehr häufig findet man bei gotischen Kirchenbauten einen Dachreiter über der Vierung.

Vierung und Chor können daher als die zentralen Orte, die Orte der Mitte, bezeichnet werden. Auch geomantisch weisen sie eine starke Konzentration (= lat: »Den gleichen Mittelpunkt habend; zur Mitte führend«) verschiedenster Phänomene auf: Typisch sind hier Wasseraderkreuzungen. Diese können, wie z. B. in Chartres *(Abbildung 51)*, auch als künstliche Kanäle hier zusammengeführt werden. Aber auch Wasseradermäander (ebenfalls in Chartres) fokussieren die Kraft auf das Allerheiligste. Als Gegenpol zu diesen tellurischen Kräften findet man an diesen Plätzen oft die eher kosmischen Einstrahlpunkte und natürlich (!) einen geistigen Fokus.

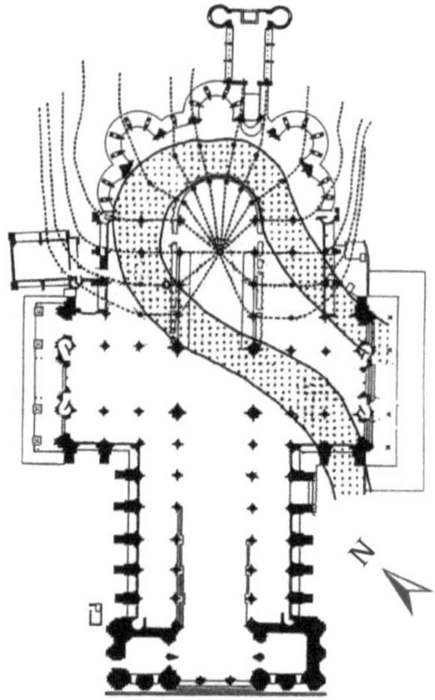

Abb. 51: Wasserführung unter der Kathedrale von Chartres. Im Chorbereich werden mehrere künstliche Kanäle zusammengeführt. Hier befindet sich auch der Brennpunkt eines Wasseradermäanders.

Die Achse

Die Längsachse der Kirche wird auch als Längsschiff bezeichnet. Die Bezeichnung ist eine Übersetzung des griechischen Wortes »Naos«, welches sowohl »Wohnort der Götter« als auch – in der Schreibweise »Naus« – Schiff bedeutete. Während Saalkirchen einschiffig sind, bestehen Hallenkirchen aus mehreren – meist gleichhohen – Räumen, die jedoch unterschiedliche Breiten haben können. Im Zentrum der Kirchenachse finden sich neben den Qualitäten bestimmter Sternenkonstellationen (siehe weiter unten das Kapitel über Sternenräume), vor allem lineare Phänomene. Dies können tiefliegende und darum kaum mäandrierende Wasseradern sein, die den ganzen Kirchenbau anregen,

Abb. 52: Fensterrosette der Johanneskirche in Schwäbisch Gmünd. Genau hier verläuft eine Leyline.

oder auch geologische Verwerfungen wie im Falle vieler irischer Klosterkirchen aus der Gotik. Aber auch Drachenlinien und Leylines findet man nicht selten im Zentrum der Kirchenachse verlaufend. In solchen Fällen ist oft die Fensterrosette im Westen der Kirche in Höhe und Radius auf die ätherische Röhre der Leyline abgestimmt wie z.B. im Dom von Limburg/Lahn oder der St. Johanneskirche in Schwäbisch Gmünd. *(Abbildung 52)*

Die Kanzel

Die Kanzel ist ein erhöhter Ort in Kirchen, Synagogen und Moscheen, von dem aus der Geistliche die Predigt hält. Das Wort stammt von lat. *cancelli* »Gitter, Schranken«. In der Frühzeit des Christentums war ein Predigtort, der Ambo, Teil der Schranken zwischen Klerikerraum und Kirchenschiff. Je größer die Kirchen wurden und je mehr Bedeutung man der Predigt zumaß, desto höher wurden die Kanzeln und desto kunstvoller wurden sie ausgestaltet. Aus akustischen Gründen wurden sie oft in die Mitte des Kirchenschiffs gezogen und mit einem Schalldeckel versehen. Nach der Reformation wuchs die Bedeutung der Predigt, in vielen Kirchen wurden daraufhin aufwendige Kanzeln angeschafft.

Geomantisch findet man Kanzeln oft auf Blitzlinien situiert. Die Qualität dieser Linien entspricht einer starken geistigen Anregung (siehe »Gedankenblitz«). Da man hier stark inspiriert ist, werden diese Linien in der Radiästhesie auch als »Beredtsamkeitslinien« bezeichnet. Bereits ein kurzer Aufenthalt auf ihnen führt offenbar zu einer starken Synchronisation von linker und rechter Gehirnhälfte. Intuitives und Analytisches kommen in Resonanz und lassen so rhetorische Höhenflüge zu.

Der Lettner

Der Lettner (von lat.: *lectorium*, Lesepult, Kanzel) ist eine steinerne oder hölzerne Barriere, die in vielen alten Kathedralen, Kloster- und Stiftskirchen den Altarraum vom restlichen Kirchenschiff abtrennt. Liturgiegeschichtlich spielen für das Entstehen von Lettnern zwei Entwicklungen eine Rolle: Die Aufteilung der christlichen Gemeinde in Geistliche und Laien, die besonders im Vollzug des Gottesdienstes sichtbar wurde, und die Trennung von Weltkirche und klösterlicher Kirche. Die Funktion des Lettners *(Abbildung 53)* war demzufolge hauptsächlich die heilige Grenze. Er hatte die Funktion, das Sanktuar (siehe unten) eindeutig zu definieren. Energetisch finden wir häufig zum Kirchenschiff quer verlaufende Phänomene wie Wasseradern oder geologische Verwerfungen. Diese bauen eine energetische Schwelle auf und unterstützen dadurch die energetische Grenzbildung.

Säulen

Säulen dienen äußerlich-funktionell natürlich der Statik. Wie wir aber bereits gesehen haben, haben sie sich mythologisch auch aus dem Symbolbild des heiligen Baumes entwickelt. Da Säulen für die Statik unverzichtbar sind, stehen sie auch energetisch in starkem Kontakt mit dem Gesamtkörper des heiligen Raumes. In Einzelfällen wurden sie auf Gitternetzkreuzungspunkte gesetzt, um dem Raum innere Stabilität zu geben (Globalgitterkreuzung) oder mit »Lebenskraft« aufzuladen (Currygitterkreuzung). Viel häufiger aber wurden in Säulen Reliquienstücke eingelegt, um diese Resonanz in den heiligen Raum zu tragen (siehe Kapitel »Numen reliquarum«).

Abb. 53: Lettner (Chorschranke) im Dom von Meißen

Zentralbauten

Ein Zentralbau ist ein Bauwerk, dessen Hauptachsen gleich lang sind, im Unterschied zu einem Längsbau, etwa einer Basilika. Mögliche Grundrisse eines Zentralbaus sind kreisförmig (z.B. Rotunde), oval, quadratisch, kreuzförmig oder oktogonal. Typische Zentralbauten im

Christentum sind Taufkirchen (Baptisterien) oder Beinhäuser (Karner). In beiden Fällen geht es um eine starke Verbindung von Geist und Materie. In der Totenkapelle löst sich der Geist vom Körper, in der Taufkapelle kommt der Heilige Geist über den Täufling. Darum sind diese Kirchenformen in der Regel oktogonal (achteckig). Wie beschrieben, symbolisiert die Acht zweimal die Vier, also zwei Welten, die geistige und die physische. Die Verbindung dieser Welten ist nur über die heilige Mitte möglich. Darum besitzen Zentralbauten eine starke Mittenfokussierung. Die geomantischen Phänomene sind im wesentlichen im Zentrum zu finden. Dies können Wasseraderkreuzungen sein, aber vor allem auch Blind Springs in Verbindung mit Einstrahlpunkten oder einem geistigen Fokus *(siehe Abbildung 45)*.

Der Turm

Der Turm symbolisiert die axis mundi, daher verwundert es nicht, daß in Türmen häufig Einstrahlpunkte zu finden sind. Insbesondere Chorturmkirchen, also Kirchen mit Ostturm, bei denen sich der Chor unmittelbar im Turm befindet wie z. B. die Michaelskirche auf dem Michaelsberg bei Cleebronn oder die romanische Nikolauskirche in München-Freimann sind hier zu nennen. Hier verbindet sich die Turmsymbolik als axis mundi mit der Altarfunktion des Allerheiligsten, so daß vor allem Vertikalphänomene als geistige Anbindung Anwendung fanden.

Im umgekehrten Fall, also bei Kirchen mit Westturm, übernimmt der Turm oft die Funktion eines westlichen Vorbaus. Dieser wird »Paradies« genannt. Die Kirche als mythologischen Lebensweg hatten wir schon kennengelernt: Der Mensch, aus dem Paradiese (Westen) kommend, schreitet Christus, dem Erlöser im Osten entgegen. Im Paradies finden sich ebenfalls sehr häufig Einstrahlpunkte oder Engelsfokusse. Sie symbolisieren die Urverbindung des Menschen im Geistigen. Beispiele hierfür sind die Michaelskirche in Schwäbisch Hall mit Michaelssäule *(Abbildung 54)* oder auch das Freiburger Münster.

Das Portal

Das Portal, vor allem natürlich das Hauptportal, bildet die Verbindung von innen und außen. Da der heilige Raum ein Sanktuar ist (siehe das

Abb. 54: Die Michaelssäule im Westturm der Kirche in Schwäbisch Hall wurde für Gerichtsverhandlungen genutzt und hat keinerlei statische Funktion. Sie überhöht noch einmal symbolisch die Funktion des Turmes als Geist und Materie verbindende Architektur.

kommende Kapitel), kommt ihm die paradoxe Funktion von Trennung und Verbindung zu. All das, was nicht mit in den heiligen Raum gelangen soll, muß herausgefiltert werden. Zeitgleich muß die heilige Grenze, das Sanktuar, aufrechterhalten bleiben. Portale stehen daher oft auf anregenden Zonen. Durch ihre Formensprache (konvexe und konkave Wölbungen) führen sie die zirkulierende Kraft in der Mauer weiter *(Abbildung 55)*, »kämmen« aber auch energetisch aus dem Leib der Kirchenbesucher bestimmte »Informationen« mit heraus. Typisches Beispiel ist die Porta Sancta am Petersdom in Rom, deren Durchschreiten alle Sünden entfernen soll. Traditionell verläßt man jedoch den Kirchenbau durch das gleiche Tor, durch das man ihn betreten hat, und nimmt auf dem Rückweg seinen »Rucksack« wieder mit. Ausnahmen hierzu bilden besondere Rituale bei Hochzeiten (man kehrt nicht mehr durchs alte zurück und nutzt eine andere Tür) oder bei den sogenannten Leonhardi-Durchritten.*

Abb. 55: Portal einer irischen Kirchenruine. Spitze Dreiecksformen »durchkämmen« beim Durchschreiten den Leib des Menschen.

* Leonhardi-Durchritte: Es gibt das Brauchtum, daß zu St. Leonhard (u. a. Schutzpatron für Pferde und Reiter), Pferde durch eine St. Leonhards-Kirche hindurchreiten. Diese Kirchen haben dann meist unmittelbar vor dem Altar/Chorbereich südlich und nördlich je eine große Tür. Die Pferde werden durch die Kirche am Altar vorbeigeritten und dabei gesegnet.

Das Sanktuar

Der heilige Raum unterscheidet sich vom profanen Raum. Im heiligen Raum gelten andere Gesetze, andere Verhaltensvorschriften, andere Kleidungsregeln u.v.m. Der heilige Raum besitzt seine eigene Wirklichkeit, in der vor allem die Symbolik einer Handlung maßgeblich ist. Während es im profanen Raum vielleicht »ungemütlich«, höchstens aber unhöflich ist, einen Hut zu tragen, kommt dies im heiligen Raum der Kirche einer symbolischen Mißachtung Gottes gleich, andersherum ist das Bedecken des Hauptes in einer jüdischen Synagoge ein symbolischer Akt der Demut und des Respekts. In der mosaischen Religion war (und ist) das Innerste des Tempels so heilig, daß nur der Priester bestimmte Bereiche betreten oder bestimmte Gegenstände berühren durfte (bzw. darf). Auch unterscheidet sich der heilige Raum durch eine stufenweise Intensivierung des Heiligkeitsgrades. Während der allgemeine Tempelraum heilig ist und bestimmte Verhaltensvorschriften gelten, sind spezielle Bereiche sozusagen »hochheilig«. Jeder dieser stufenweisen, meist auch äußerlich visuell begrenzten Bereiche mußte durch einen separaten Weiheakt sakralisiert werden, um den ihm zugeordneten Raum vom weniger heiligen Raum abzugrenzen und zu unterscheiden.

Solche besonderen heiligen Räume im Sakralraum werden im engeren Sinne als »Sanktuar« bezeichnet. Das Wort leitet sich ab vom lateinischen »Sanctus« und beutet »geheiligt, unantastbar, ehrwürdig«, es ist das »Allerheiligste«. In der ägyptischen Tempelarchitektur z. B. war das Sanktuar (oder Sanctuarium) ein Schrein, in dem das Kultbild aufbewahrt wurde, wobei in größeren Tempeln durchaus auch mehrere Sanktuare möglich waren. Die ägyptische Bezeichnung für diesen Bereich lautet übersetzt in etwa »Hohe Stätte« oder »Hoher Sitz«. In der Erweiterung des Sanktuarbegriffes wurde dann aber auch der Raum, der den Schrein enthielt, als Sanktuar bezeichnet, bis hin zur Benennung des ganzen Tempel als Sanktuar, also »geheiligter Raum« gegenüber dem profanen Außenraum.

Der heilige Raum wird erst durch seine Abgrenzung von der umgebenden Landschaft erschaffen. Erst die Grenze trennt das Heilige vom

Profanen. Daher kommt der Grenzbildung im Akt der Erschaffung heiliger Räume ein buchstäblich fundamentaler Stellenwert zu. Die rituelle Grenzziehung oder auch die zyklische Grenzerneuerung und Grenz(neu)weihe, sind Rituale, die sich über Jahrtausende in ähnlicher Form erhalten haben. Im ägyptischen Sedfest erneuerte der König seinen Herrschaftsanspruch. Dazu wurde rituell die Welt neu in Besitz genommen. Der König steckte die *Upuaut*-Standarte in das Feld. Sie war das Symbol der Weltenmitte und der axis mundi. Diese Standarte wurde sodann vom König viermal, entsprechend den vier Haupthimmelsrichtungen der Welt, umrundet. Dies kam der Neugeburt des Königtums gleich. Der heilige Herrschaftsraum war erneuert. Im etruskischen Ritus der Stadtgründung zog man mit einem Pflug, der von einem schwarzen und einem weißen Rind gezogen wurde, eine Furche dort in die Erde, wo später die Stadtmauern hinkommen sollten. An den zukünftigen Stadttoren wurde der Pflug kurz angehoben und getragen. Die geistige Stadt wurde auf diese Weise »in die Erde gegraben«. Diesen Ritus pflegten wohl auch Romulus und Remus bei der legendären Stadtgründung Roms. Doch Remus mißachtete die heilige Grenze und wurde deshalb von Romulus erschlagen. Der geheiligte Raum der Stadt blieb jedoch: Das *Pomerium* in Rom war eine sakralrechtliche Grenze, die der Linie der Servianischen Mauern folgte.

Dennoch war die heilige Grenze nicht mit der physischen Mauer identisch. Vielmehr wurde die heilige Linie separat durch weiße Steine (*cippi*) markiert, die wiederum als heilig galten. Alles, was mit Krieg verbunden war, mußte außerhalb des Pomeriums verbleiben. Deshalb lag der Tempel der Kriegsgöttin Bellona und das Campus Martius, das Marsfeld, außerhalb dieses geheiligten Bereiches der Stadt Rom. Auch durften keine Toten innerhalb dieses geheiligten Bezirks bestattet werden. Ähnlich lagen auch in der mittelalterlichen Stadt die Friedhöfe zunächst außerhalb der Stadtmauern.

Im indischen Ritus des Vastu wurde das Sanktuar durch eine ganze Reihe ritueller Akte vorbereitet: Nachdem der Baugrund geomantisch begutachtet worden und der korrekte astrologische Zeitpunkt bestimmt worden war, wurde durch den »indischen Kreis« (siehe Kapitel über *Das Ortsmaß*) die Ost-West-Achse festgelegt und die äußere Linie des Vastu-

Purusha-Mandalas aufgetragen. »Mandala« bedeutet eigentlich nichts anderes als »der heilige Kreis«. Durch das Auftragen des Mandalas war die heilige Grenze definiert. Erst jetzt wurde das Baugelände eingeebnet. Der Priester-Architekt opferte Reis und weiße Blumen. Nach einer rituellen Waschung wurden die Ost-West-Achse und die heilige Grenze mit einem Pflug in die Erde gegraben. Sodann pflügte eine Gruppe Shudras (eine indische Kaste) das ganze Gelände und säte verschiedene Getreidearten aus. Wenn das Korn reif war, wurden heilige Kühe auf den Bauplatz gelassen, die es abfraßen. Nach zwei Nächten ist das Gelände *durch das Abweiden des Viehs gereinigt, geweiht durch den Atem der Kühe und das Gebrüll der Ochsen, geheiligt durch den Speichel aus den Mäulern der Kälber, gewaschen durch ihren Urin, beschmiert mit ihrem Kot und wiedergekäutem Futter und gezeichnet durch ihre Hufe*. Nun wird das ganze Vastu-Purusha-Mandala aufgezeichnet und vor Baubeginn Teilbereiche noch einmal von Geistern gereinigt.

Auch der zeremoniellen Erneuerung der heiligen Grenze kommt in den verschiedensten Kulturen eine hohe Bedeutung zu. Bei uns sind dies z.B. die rituellen Flurumgänge, die in der Regel zu Christi Himmelfahrt oder Fronleichnam gepflegt werden. So gibt es in Königsberg in Bayern alle zwanzig Jahre den rituellen Flurumgang. Unter Führung der Feldgeschworenen und Märker werden die Flurgrenzen der Stadt zu den Nachbargemeinden, eine rund 24 km lange Strecke, abgelaufen. Der erste Grenzstein hat die Inschrift »H - F - D - K - A - W - S - U - D - F - G - Z - L - H«. Dies bedeutet nichts anderes als: »Hier Fangen Die Königsberger An, Wenn Sie Um Die Flur Gehen, Zur Linken Hand.« Beim Umgang kommt es zum rituellen »Stauchen«: Ein Junge oder ein Mädchen wird dreimal hochgehoben und mehr oder weniger sanft auf den Stein »gestaucht«, anschließend werden sie dreimal am Ohr um den Stein geführt. Bei den eher kirchlichen Flurumgängen kam es im 15. Jahrhundert zur Verbindung des Umgangs, etwa mit der Fronleichnamsprozession. An vier Stationsaltären wird Halt gemacht und es werden Fürbitten gesprochen. Der sakramentale Segen wird in die vier Himmelsrichtungen gesprochen, gefolgt von einem fünften Segen zum Abschluß. So sind z.B. für das Hochstift Paderborn fünf Stationsaltäre belegt. Die Flurumgänge gehen mit großer Wahrscheinlichkeit auf germanische Rechtsbräuche zurück, wonach ein Grundeigentümer einmal im Jahr seinen Besitz umschreiten mußte, um den Besitzanspruch zu erneuern (siehe das ägyptische Sed-Fest). Schon im Mittelalter floß bei diesen Umgängen reichlich Alkohol, so daß man die heutigen profanen (alkoholreichen) Vatertags-Umzüge zu Christi Himmelfahrt getrost in direkter Linie zu diesen Bräuchen sehen darf.

Die gebaute Umhegung

Wie am Beispiel des römischen Pomariums gezeigt, lagen der rituelle Schutzkreis des Sanktuars und der physische Schutzkreis der Mauer nahe beieinander. Üblicherweise wurde die Mauer auf dem Sanktuarkreis errichtet. Eine großräumige Öffnung einer Kirchenmauer zum Zwecke einer Bauerweiterung oder einer Renovierung bedarf daher bis heute einer Neuweihe. In stark katholischen Gegenden bedarf es zuvor oft einer rituellen Entweihung, die von einer Neuweihe nach der Bauphase abgeschlossen wird. Bautechnisch erreichte man eine Zirkulation der »Segenskräfte« im Mauerwerk durch die Technik der polarisierten Steine.

Natursteine haben eine natürliche Polarisation, sie bewegen ätherische Kräfte in einer bevorzugten Richtung durch den Steinquader. Dies bedeutet, daß eine Seite eines behauenen Steines anziehend auf bestimmte Segenskräfte wirkt (»Yin«), die gegenüberliegende Seite dagegen diese Kräfte abstößt (»Yang«). Legt man nun die abstoßende Seite eines Steines an die anziehende des anderen Steines, so entsteht ganz ähnlich wie bei einem Stabmagneten, ein »Durchflußprinzip«. Am Ende hat man, energetisch gesehen, nicht viele »Magneten«, sondern einen einzigen langen. Ähnlich wird im Sakralbau mit einem technisch funktionierenden Sanktuarbereich ein einheitlicher geschlossener Baukörper erschaffen, der deutlich das (heilige) Innen vom (profanen) Außen trennt. Wie bei einem Hurrikan, in dem sich im Außenbereich die Luftströmungen beständig in eine Richtung bewegen und so einen undurchdringbaren Kreis erschaffen, während das Innere windstill und ruhig ist, erschafft die geomantische Technik der *Sanktuarumhegung* einen starken energetischen Flußbereich im Mauerwerk, der einen stillen Innenbereich des Kultbaus bewirkt.

Heutige Restaurierungen können unter Umständen diese Energieverhältnisse stören, wenn großflächig Steine entfernt und anschließend »falsch« eingesetzt werden. Die korrekte Steinpolarisation kann radiästhetisch überprüft werden. Funktionierende Sanktuare älterer (vor allem romanischer, aber z.T. auch gotischer) Kirchen haben eine Schwingungslänge, die mit Hilfe der Grifflängenradiästhesie erfaßt werden kann. Das Mauerwerk emittiert eine Wellenlänge von 5,5 cm LA (= Lecherantennen-Einstellwert), dies entspricht auf einer Gabelrute einem Grifflängenabstand von etwa 19,25 cm ab Rutenspitze. Aber auch weitere Griff- bzw. Wellenlängen sind möglich:

Übersicht 1: Lecherantennen-Einstellwerte (LA) und Grifflängen auf der Gabelrute für Sanktuar- und Segenskräfte in den Außenmauern sakraler Bauten.

Lecherantennen-Einstellwert	Grifflänge
1,3 LA	4,55 cm
2,3 LA	8,05 cm
3,5 LA	12,25 cm
5,5 LA	19,25 cm
5,85 LA	20,5 cm
8,4 LA	29,4 cm

Die korrekte Polarität eines Steines überprüft man am besten mit der Hand:

Legen Sie den Stein vor sich hin. Verbinden Sie sich innerlich mit dem heiligen Raum, also z.B. dem Kirchenraum, zu dem dieser Stein gehört. Haben Sie eine klare Vorstellung von der Kraft, so lassen Sie einen Arm locker hängen. Achten Sie darauf, daß der Arm ganz frei und leicht im Ellenbogengelenk pendeln kann. Nun halten Sie die Hand über den Stein und beobachten Sie – ohne es willentlich zu beeinflussen – in welche Richtung die Hand einen Bewegungsimpuls erhält. Zieht sie nach links oder rechts? Die Seite des Steines, von der sich die Hand (wenn sie mittig über dem Stein hängt) wegbewegt, ist die Yinseite, die Seite des Steines, auf die sich die Hand von der Mitte des Steines aus zubewegt, ist seine Yangseite. Drehen Sie nun den Stein und testen Sie erneut. Testen Sie auf diese Weise die Lage heraus, die die Segenskraft optimal bewegt.

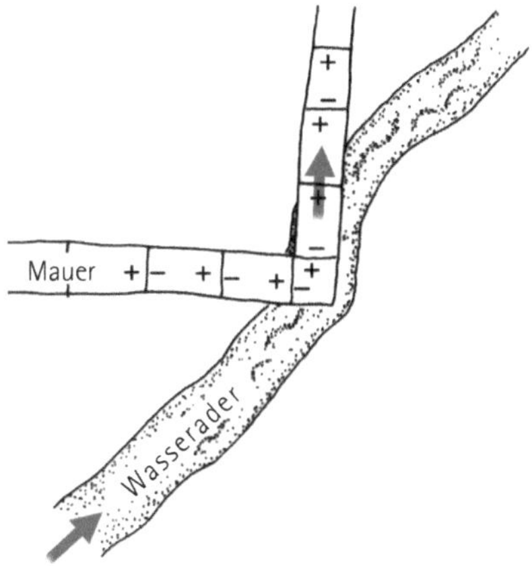

Abb. 56: Schwingkreis im Mauerwerk. Die Energie einer tangential anschneidenden Wasserader wird im Mauerwerk weitergeführt.

Häufig wurden die Mauern auch so gesetzt, daß diese von einem geomantischen Phänomen, wie z. B. einer Wasserader, angeschnitten wurden. Auf diese Weise wurde das Mauerwerk angeregt und in Schwingung versetzt, wobei die Fließrichtung der Ader zugleich die energetische Bewegungsrichtung im Stein mit unterstützt *(Abbildung 56)*.

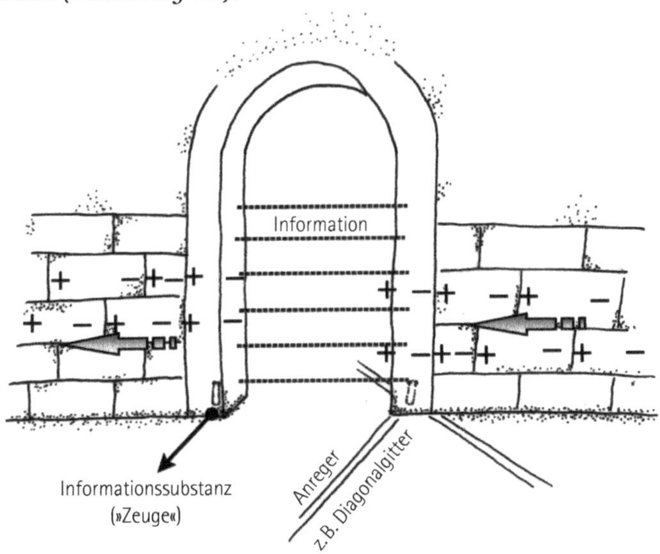

Abb. 57: Durch anregende Zonen und Informationssubstanzen (sogenannte »Zeugen«) im Portalbereich wird das Sanktuar energetisch geschlossen gehalten.

Ein Problem ist technisch noch zu bewältigen: Wenn wir einen durchgehenden Kreis haben, wie gelangen wir dann in den heiligen Raum hinein? Oder umgekehrt, wenn wir eine Tür haben, wie gewährleistet man weiterhin das ungehinderte Strömen der Segenskräfte? Auch im etruskischen Ritus wurde der Pflug an den Orten der Stadttore angehoben. In vielen Bauten wird die Tür energetisch über die Türschwelle überbrückt, in manchen werden umlaufende Bänder um die Tür geführt, um die Verbindung des Mauerwerks aufrechtzuerhalten. Oftmals wurden aber auch die seitlichen Türpfosten so gesetzt, daß sie der vorgegebenen Polarisation im Mauerwerk entsprachen. In dem man die Steinsäulen auf anregende Zonen setzte und sie seitlich vor dem Setzen anschlug, wurde gewährleistet, daß die Kraft überspringen konnte. Bei funktionierenden Sanktuarbereichen ist dies als eine deutliche energetische Schwelle beim Durchschreiten des Portals spürbar *(Abbildung 57)*.

Die rituelle Umhegung

In meinen Augen kam der rituellen Umhegung sogar ein noch viel höherer Stellenwert zu als der gebauten Umhegung. Der zeremoniell-spirituelle Bewußtseinsakt erst erschuf eine starke energetische Schwelle und trennte das Heilige vom Profanen. Eine äußerlich sichtbare Kuriosität solcher rituellen Umhegungen stellen die sogenannten Kettenkirchen dar. Kettenkirchen sind vor allem im Alpenraum anzutreffen und fast ausnahmslos dem Heiligen Leonhard geweiht. Bei einer sogenannten Kettenkirche ist die rituelle Umhegung durch die Umwickelung der Kirche mit einer eisernen Kette *(Abbildung 58)*

Abb. 58: St. Leonhard-Kettenkirche in Gannacker (Raum Dingolfing)

symbolisch sichtbar gemacht. St. Leonhard-Kettenkirchen findet man z.B. in Grafing, Lavantatal (Kärnten), Michelfeld (Baden-Würtemberg), Ganacker, Kollmann (Südtirol) oder Pasenbach (Kreis Dachau bei München). Theologisch wird die doch sehr an Volksmagie erinnernde Kette damit begründet, daß der Heilige Leonhard, dem die Kirchen geweiht sind, Schutzpatron der Gefangenen und Angeketteten ist, weil er der Legende nach die Freilassung von unschuldig Gefangenen des Merowingerkönigs Chlodwig bewirkte und somit als »Kettenlöser« galt.

Wahrscheinlicher ist jedoch eine volkstümliche Deutung in Frankreich, wo der St. Leonhardskult seinen Ursprung hat. Dort wurde der Name des Heiligen »Lienard« verstanden als Herleitung von »lien« (Band) bzw. »lier« (binden). Letztendlich aber ist der Brauch des Umkettens ein alter Bindezauber. Er soll Kräfte am Ort halten und verhindern, daß ungewollte Kräfte eindringen, die von Gott gegebene Kraft sollte an die Kirche gebunden werden, wobei die Symbolik des Eisens als geisterabwehrendes Metall sicher nicht unberücksichtigt bleiben darf.

Die rituelle Weihe der Kirche ist ebenso mit dem Umschreiten verbunden: Der Weihbischof umschreitet den Kirchbau und besprengt ihn dabei mit Weihwasser. Wieder am Portal angelangt, klopft er mit dem Bischofsstab an das Portal und ruft: »Aperite!« (»Öffne!«). Diese Handlung gibt sehr treffend den Aufbau des energetischen Schutzkreises und die rituelle Öffnung des Eingangs wieder.

Beim Aufbau eines Medizinrades (wobei es verschiedene Traditionen gibt) werden 36 Steine als Kreis mit Kreuz gelegt. Der erste Stein ist der »Schöpferstein« und liegt im Zentrum. Er manifestiert die heilige Mitte und die Anbindung an den Schöpfer (axis mundi). In einem ersten kleineren Kreis darum herum liegen Steine für »Mutter Erde«, »Vater Sonne«, »Großmutter Mond« und verschiedene Totem-Clans. Sodann werden vier Steine in die Kardinalrichtungen im äußeren großen Kreis gelegt. Anschließend wird der große Kreis durch 12 Steine geschlossen. Zum Abschluß wird die Mitte durch gelegte Steine mit den Kardinalrichtungen verbunden. Die Steine werden dabei nicht »radiästhetisch« ausgerichtet. Allein die geistige Präsenz des Ritualleiters bewirkt den Aufbau des Energiefeldes mit Hilfe der Steine. Wie beim »Familienstellen« nach Bernd Hellinger steht jeder Stein stellvertretend für ein archetypisches geistiges Prinzip. Der Kreis des Medizinrades ist daher eine Veräußerlichung des inneren Zustandes des Ritualleiters, der diese Prinzipien in sich trägt und sich mit ihnen verbindet. Die innere Ausrichtung bewirkt eine äußere Ausrichtung der Steine. Ab dem Moment des Niederlegens eines Steines wird dieser zur manifestierten physischen Gestalt des jeweiligen geistigen Prinzips. Grundsätzlich ist dies der gleiche Vorgang wie beim oben beschriebenen Ritual des Auftragens des Vastu-Purusha-Mandalas in der indischen Geomantie. Das Sanktuar wird durch das Umschreiten und die geistige Präsenz erschaffen, Heiliges vom Profanen getrennt.

Wie stark diese Wirkweise ist, kann man durch einen einfachen Selbstversuch leicht nachvollziehen: Legen Sie ein leeres Blatt Papier vor sich auf den Tisch. Schließen Sie die Augen und bewegen Sie Ihre Hand in wenigen Zentimeter Abstand über das Papier. Wie fühlt es sich an? Verbinden Sie sich nun mit Ihrer eigenen Mitte. Verweilen Sie geistig dort, bis sie das Gefühl haben, ganz bei sich angekommen zu sein. Nun nehmen Sie einen Stift und malen Sie – immer noch mit ihrer eigenen Mitte verbunden – einen Kreis auf das vor Ihnen liegende Papier. Spüren Sie erneut nach, indem Sie die Hand über den Kreis halten. Können Sie eine Grenze zwischen innen und außen wahrnehmen? Wie fühlt sich die Mitte des Kreises an?

Nur durch die geistige Präsenz im Malprozeß wird der einfache Kreis zu einem »heiligen Kreis«, zu einem Sanktuar. Ebenso wird durch das Zeichnen eines umgebenden Kreises in der Ritualmagie ein Sanktuar als Schutzzone geschaffen. Die Absicht der das Ritual durchführenden Person bewirkt, daß der Kreidekreis zu einem magischen Schutzkreis wird. Das Prinzip bleibt das gleiche.

Eine solche Schaffung einer heiligen Grenze, einer solchen »geheiligten Zone«, ist fundamentale Voraussetzung für die Schaffung eines heiligen Raumes. Deshalb wird man in allen Kulturen ähnliche Rituale zur Vorbereitung eines physischen Tempels oder einer anderen Kultstätte finden.

Der göttliche Hauch: Das Numen reliquiarum

Das Numen (lat. numen) ist eine Art Kraft, Macht oder göttlicher Hauch und damit den Begriffen Mana (Polynesien) oder Pneuma (Griechenland) verwandt. In der römischen Religion bezeichnete der Begriff das Wirken einer Gottheit (eigentlich »Nicken«, weil man steinerne Götterstandbilder »nicken« zu sehen glaubte und dies als Ausdruck innewohnender göttlicher Kraft verstand). Der Theologe Rudolf Otto benutzte den Begriff »Numen« für die Anwesenheit des »gestaltlos Göttlichen«. So wird der Begriff in der Religionswissenschaft allgemein als eine Macht oder Kraft verstanden, die auf die Natur und den Menschen einwirkt und von Geistern, Dämonen oder Göttern herrührt.

Eine Reliquie (lat. reliquiae = Überbleibsel) ist ein Objekt religiöser Verehrung. Ein Gegenstand wird eben deshalb zu einem solchen Objekt, weil ihm göttliche Kraft (Numen) anhaftet. Reliquien im engeren Sinne finden sich im Christentum ebenso wie im Buddhismus oder der japanischen Shinto-Religion. Im erweiterten Sinne verehren auch Naturreligionen Objekte mit großer Kraft (Mana), die hier allerdings je nach Ausprägung eher als Fetisch oder Totem bezeichnet werden. Das *Numen reliquiarum* ist somit die göttliche Kraft, die Macht, die den Reliquien anhaftet. Im Christentum, vor allem natürlich im Katholizismus und in der Orthodoxie, ist die Reliquienverehrung eine der ältesten Formen religiösen Brauchtums und bereits ab dem 2. Jahrhundert belegbar. Dies ist insofern bemerkenswert, da im vorchristlichen Europa Teile von Verstorbenen eher als unrein galten. Im Protestantismus dagegen wird die Reliquienverehrung größtenteils abgelehnt, oft sogar als »Zauber« verunglimpft.

Man unterscheidet theologisch drei verschiedene Klassen von Reliquien. Reliquien erster Klasse sind Köperteile einer als heilig verehrten Person, also Knochen, Haare, Fingernägel usw. So werden z. B. auch im Buddhismus häufig »Zähne des Buddha« verehrt, die ihren Platz in einer Stupa finden. Reliquien zweiter Klasse sind Berührungsreliquien, also Gegenstände, die der Heilige berührt haben soll, wodurch er seine

Kraft (Numen) auf das Objekt übertrug. Wir erkennen daran, daß das Numen als eine Kraft verstanden wird, die von einem Objekt zum nächsten bzw. von einer Person zu einer anderen »fließen« kann. In der Bibel (Markus 5, 25 - 31) wird Jesus von einer großen Menge umringt. Eine Frau, die unter Blutfluß litt, wollte ihn berühren, um Heilung zu erfahren: *Wenn ich nur seine Kleider berühren könnte, so würde ich gesund. Und sogleich versiegte die Quelle ihres Blutes, und sie fühlte an ihrem Leibe, daß sie von ihrer Plage geheilt war. Und Jesus spürte sogleich an sich selbst, daß eine Kraft von ihm ausgegangen war und wandte sich an die Menge um und fragte: Wer hat meine Kleider berührt?* Reliquien dritter Klasse schließlich sind mittelbare Berührungsreliquien, also Gegenstände, die Reliquien erster Klasse berührt haben. So wurden kleine Stoffetzen auf die Knochen eines Heiligen aufgelegt, dort eine Zeit lang liegengelassen und auf ein Heiligenbildchen geklebt. Solche Heiligenbilder mit Stofftüchlein werden noch heute an Wallfahrtsorten als Devotionalien verkauft. In Altötting z. B. kann man auch aus einem Hahn Wasser zapfen. Es handelt sich dabei um Leitungswasser, das über eine Reliquie des »Bruder Konrad« fließt, der hier große Verehrung erfährt.

Wichtiger als die vielen Wunder, die an die Geschichten mancher Reliquien geknüpft sind, ist für unser Thema des heiligen Raumes, daß hier die heilige Kraft, das Numen, offenbar als eine Art »Katalysator« verstanden wird, der den heiligen Raum »zur Schwingung anregt«. Der Brauch früherer Jahrhunderte, Kirchen über den Gräbern großer Heiliger zu errichten, wie z. B. den Petersdom in Rom über dem Grab des Petrus (wir hatten dies bereits auch als einen Mythos der Mitte und axis mundi kennengelernt), wird noch heute insofern fortgeführt, als daß in den Altären unserer Kirchen kleine Reliquien eingelassen werden. Damit soll der innere Zusammenhang zwischen der »Gemeinschaft der Heiligen« im Paradies mit der noch nicht vollendeten Kirche im Physischen unterstrichen werden. Es geht also um den Aufbau einer axis mundi. Man erkennt solche Einlassungen an Steinaltären an kleinen quadratischen »Schlußsteinen«, die mit einem Weihekreuz versehen sind.

Die Kraft des Göttlichen, das Numen, das Mana, wird über die Reliquie an den Ort des neuen Kirchenbaus getragen, um dort den Raum zum heiligen Raum werden zu lassen. Wie anders sollte man die Funktion umschreiben, als die eines Katalysators? Die Reliquie induziert einen Kraftstrom aus dem geistigen Raum in den physischen, indem sie den physischen Raum berührt und dadurch ihre Kraft überträgt. Was die heilige Person zu Lebzeiten leistete – die Verbindung des Kosmos mit der Erde – wird nun von einem Körperteil, oder einem Teil der von diesem berührt wurde, weiter geleistet.

Daher muß man die Niederlegung einer Reliquie – oder allgemeiner eines »Kraftobjekts«, denn im Schamanismus können auch andere Objekte mit Mana, der Kraft eines Geistes oder Totemtieres geladen sein – als eine »sakrale Technik« verstanden werden, die die »Heiligwerdung« eines Raumes sozusagen auslöst. Wird ein solches Objekt in ein vorbereitetes Sanktuar hineingetragen, so beginnt der Raum sozusagen in der Resonanz des Objekts zu schwingen. Durch Zeremonien, Gebete und Gesänge, also die Kraft der Zuwendung und spirituellen Aufmerksamkeit, wird dieser Prozeß unterstützt und beschleunigt. Zudem bewirkt die Reliquie eine innere thematische Ausrichtung des Baus. In Übereinstimmung mit der Ausrichtung der Kirchenachse (siehe Kapitel »Ausrichtung im Christentum«) erfährt der Raum durch den Archetyp, den der Heilige vertritt, dem die Reliquie gehörte, sozusagen eine spezifische Färbung.

Von Wetzsteinen und Kratzrillen

Eine Sonderstellung im Bezug auf das Numen eines heiligen Gegenstandes nehmen die sogenannten Wetzsteine oder Kratzrillen ein. Wetzsteine sind in der Regel halbkugelförmige oder länglich spitzovale Ausschabungen in Sand- oder Kalkstein *(Abbildung 59)*. Meist sind sie an sakralen Gebäuden zu finden. Durch manchmal über Jahre hinweg anhaltendes Schaben am Stein sind solche Spuren entstanden. Dieses Verhalten ist scheinbar viele Tausend Jahre alt. Ein Sandsteinlöwe aus Karnak, der auf 3000 bis 2600 vor Chr. datiert wird, besitzt am Rücken solche Nutzungsspuren. Im Museum in Luxor ist als Objektbeschreibung zu lesen, daß diese Wetzspuren von Pilgern stammen, die den Amuntempel besuchten und an dieser Figur »Sand für heilige Zwecke« entnommen haben. Auch in Assuan (ehem. Philae) sind die ägyptischen Götterdarstellungen mit Wetzspuren übersät, ebenso in Edfu. Doch der Brauch, seine Spuren an den heiligen Stätten zu hinterlassen, reicht bis weit in unsere Zeit. An vielen Kirchen in Europa findet man derartige Wetzspuren. In Quedlinburg, der mir bekannten Stätte mit den wohl meisten Wetzsteinen überhaupt, findet man solche Kratzrillen sogar an einem Anbau einer Kirche, der nachweislich vom Anfang des 20. Jahrhunderts stammt. Damit hätten wir eine rund 5000jährige Kultkontinuität.

Abb. 59: Wetzsteine entstehen durch die wiederholte Entnahme von Gesteinsmehl, das schützende und heilende Wirkung haben soll.

Wie nun und vor allem warum sind solche Wetzsteine entstanden? Dazu gibt es mehrere Theorien, und jede kann mit Belegen aufwarten:

Die erste Theorie ist die der »Entschärfersteine«. Symbolisch entschärften waffentragende Personen z.B. Ihre Schwerter am heiligen Bau. Ritter, die zum Beispiel auf einen heiligen Kreuzzug gingen, hätten ihre Waffen bei der letzten Andacht dabeigehabt, um sie weihen zu lassen. Da es aber untersagt gewesen sei, Waffen im heiligen Raum zu tragen, seien sie zuvor symbolisch entschärft worden. Eine ähnliche Theorie besagt, die Ritter hätten ihre Schwerter gerade durch das Wetzen am heiligen Bau geweiht. Das Numen der Kirche sei sozusagen auf die Waffe übertragen worden, ähnlich einer Berührungsreliquie.

Eine weitere Theorie sieht sakrales Brauchtum als Ursache für die Entstehung der Schleifspuren. In Wolframs-Eschenbach (jener Ort, aus dem der berühmte Autor der Gralslegende, Wolfram von Eschenbach, stammt) ist belegt, daß der dortige Pfarrer das Osterfeuer entzündete, indem er mit Zunder an den Stellen der Wetzspuren rieb. Das so geweihte Feuer sei dann ins Kircheninnere getragen worden.

Eine letzte Theorie schließlich sieht volksmedizinisches Brauchtum als Ursache. Menschen hätten durch Auskratzen am Mauerwerk der Kirchen Gesteinsmehl gewonnen, das sie zu medizinischen Zwecken einsetzten. Dies ist u. a. im Quedlinburg belegt. Hier soll ein Bader im 17. Jahrhundert solches Gesteinsmehl zu Salben verarbeitet haben und u. a. »gegen das böse Ding an der Brust«, möglicherweise eine Art Furunkel, verschrieben haben. Gleich welcher Theorie man anhängen mag, oder ob gar alle ein wenig zutreffend sind, die Grundannahme ist dieselbe: Der sakrale Bau an sich, ob nun ägyptischer Tempel oder christliche Kirche, hat sich mit dem Numen der heiligen Handlungen und des Ortes aufgeladen, so daß das Gesteinsmehl (bei Sandstein ist dies vor allem Quarz!) nun ähnlich einer Reliquie selbst eine heilige und heilende Funktion ausübt.

Dem widerspricht zunächst scheinbar, daß derartige Wetzsteine auch an profanen Bauten zu finden sind; so z. B. in Weikersheim am ehemaligen Rathaus, in Mühldorf/Inn oder in Rosheim am Stadttor, in Quedlinburg an der Burgmauer, dem Rathaus, der Stadtmauer und zahllosen sonstigen Mauern. Hier kann uns die Radiästhesie weiterhelfen. Oftmals finden sich die Wetzspuren nämlich nicht in bis zu zwei Metern Höhe, wo der Nutzer des Gesteinsmehls leicht hinreichen würde, sondern in vielen Metern Höhe, die eine Leiter oder ein Gerüst notwendig gemacht haben. Radiästhetische Untersuchungen haben gezeigt, daß an den Orten, die zur Entnahme des Gesteinsmehl gewählt wurden, häufig geomantische Phänomene (vor allem z. B. Leylines oder Großraumgitter) nachweisbar sind. Gerade in den Zonen, die sich mehrere Meter über dem Boden befinden, liegen oft die Kernzentren der röhrenförmigen Ley-Linien! Auch Rathäuser oder Stadttore, die auf solchen Zonen gebaut wurden, luden daher zur Entnahme des Sandes ein. Auch hier folgte man der Ansicht, das Gestein habe sich durch die »Kraft des Ortes« oder die »Kraft der heiligen Linie« aufgeladen und habe damit ähnliche Kräfte wie eine Reliquie erhalten. In Quedlinburg zeigten erste Untersuchungen, daß ein Großteil der Wetzspuren, die in der Stadt zu finden sind, sich tatsächlich entlang gerader Alignements befinden.

Durch die sakrale Kraft des Ortes wird der Baukörper selbst geheiligt und erhält reliquienähnliche Eigenschaften. Der Tempel wird zur

»Berührungsreliquie«. Ähnliche Brauchtümer sind die Entnahme von heiliger Erde in oder nahe bei Tempeln wie sie in Erding bei München oder in Clonmacnoise/Irland belegt sind. In Clonmacnoise wurde, da durch die beständige Erdentnahme in einer Ecke einer Kapelle der Bau instabil zu werden drohte, Erde nachgeschüttet, die nach kurzer Zeit (wiederum wie bei einer Berührungsreliquie) zur Entnahme freigegeben wurde. Die geweihte Erde wurde meist auf Felder ausgebracht, um den Acker zu segnen und reiche Ernte zu bescheren.

Die numinose Stelle

Die numinose Stelle ist ein Bereich im heiligen Raum, dem ein besonderes Numen, eine besondere Heiligkeit anhaftet. Diese Stellen weisen eine gewisse Merk-Würdigkeit auf. Nicht jede Kirche besitzt eine solche Stelle, und schon gar nicht folgen sie einem einheitlichen Prinzip, was ihre Plazierung, ihre innewohnenden Kräfte oder geomantischen Phänomene angeht. Es sind Stellen, die oft im Sakralraum gar nicht im Zentrum des Geschehens liegen, sondern erst auf den zweiten oder gar dritten Blick entdeckt werden können. Dennoch haben sich die Erbauer oft große Mühe gegeben die Besonderheit dieses Ortes hervorzuheben. Anstelle einer Beschreibung, was *die* numinose Stelle beinhaltet, möchte ich hier lieber einige Beispiele bringen, um gerade die Verschiedenartigkeit dieser Stellen in verschiedenen Bauten hervorzuheben.

Die Zisterzienserabtei Kloster Maulbronn gilt als die am besten erhaltene mittelalterliche Klosteranlage nördlich der Alpen. Hier sind alle Stilrichtungen und Entwicklungsstufen von der Romanik bis zur Spätgotik vertreten. Die Gründungslegende verweist auf eine klassische Tierdivination: Auf der Suche nach einem Siedlungsplatz beluden die Mönche ein Maultier mit einem Geldsack, gaben ihm einen Segensspruch und einen Rutenhieb mit auf den Weg und ließen es dann lostrotten. An jenem Platz, an dem heute der Eselsbrunnen steht, blieb das Maultier stehen und stillte an einer Quelle seinen Durst. Die Mönche

Abb. 60: Die Säule im Herrenrefektorium des Klosters Maulbronn ist mit einer merkwürdigen Rinne versehen.

sahen darin ein Zeichen des Himmels und beschlossen, an dieser Stelle ihr Kloster zu errichten. Der Esel ist heute noch am Brunnen stehend im Wappen von Maulbronn zu sehen.

Eine typische numinose Stelle im Kloster finden wir im sogenannten Herrenrefektorium: Die mittlere Säule weist eine merkwürdige Einkerbung auf, die in die Basis ausläuft *(Abbildung 60).* Um diese Kerbe rankt sich die Geschichte vom Namen des Elfinger Weins: Die Mönche durften zu ihren Mahlzeiten nur ganz wenig Wein trinken und tauchten dazu ihre Finger in die Rinne, in die aus einem aufgehängten Weinschlauch der Wein rann, um den Wein danach von den Fingern abzuschlecken. Einer der Mönche seufzte eines Tages angesichts des guten Tropfens in der Rinne »Ach, wenn ich doch nur elf Finger hätte!« Daher trägt der Elfinger Wein seinen Namen.

Wie immer bei Legenden enthalten sie ebenso viel Erfundenes wie Wahres. Die Klosterregel sah sehr wohl den Genuß des Weines bei den Mahlzeiten vor, und Elfingen ist ein ehemaliges Dorf westlich des Klosters, das die Zisterzienser entsiedelten und in die Grangie »Elfinger Hof« umwandelten. Dennoch wirkt die Rinne in der Säule tatsächlich wie ein bewußt gestaltetes Fließgerinne. Eine mögliche Erklärung hierfür könnte folgende sein: Die Säule trägt nicht nur, wie im Kapitel *Elemente des Sakralbaus und geomantische Phänomene* beschrieben, das Gewicht des Gewölbes, zugleich wirkt sie wie ein Resonator oder eine Antenne. In der Tat findet man radiästhetisch hier einige Wellenlängen, die für »guten Wein« bezeichnend sein könnten, wie z. B. die Wellenlänge für »Lebenskraft« (6,9 cm LA). Freilich heißt dies nicht, daß das Gerinne zum Zwecke der Weinaufbesserung genutzt wurde. Möglich wäre es auch, daß man einfach Wasser hindurchfließen ließ, das sich dabei wie bei einer »Berührungsreliquie« mit bestimmten Wellenlängen auflud, um es dann zur Heilung oder als Weihwasser zu nutzen.

Abb. 61: Kreisritzung im Altarbereich der Klosterkirche von Maulbronn

Eine andere bescheidene Merkwürdigkeit ist ein geritzter Kreis im Steinbelag des Fußbodens vor dem Altar der Klosterkirche *(Abbildung 61)*. Man kennt solche Aufrisse als Konstruktionshilfen der Baumeister aus anderen Kirchen. Doch niemals wurden dafür Stellen gewählt, die in so unmittelbarer Nähe zum Allerheiligsten zu finden sind. Die Steinplatten zeigen deutlich, daß der Kreis hier entstanden ist, denn er greift auf zwei nebeneinanderliegende Platten über. An dieser Stelle befindet sich ein Einstrahlpunkt, auf den möglicherweise ein Baumeister hinweisen wollte, der aber ansonsten im Gesamtensemble des Baus nicht berücksichtigt wurde.

Abb. 62: Grab Christ in der Krypta von Denkendorf

Offensichtlicher ist das Grab Christi in der Krypta der Klosterkirche von Denkendorf *(Abbildung 62)*. Die Anlegung eines »Grabes Christi« an sich ist nichts Ungewöhnliches. Es gibt viele Beispiele solcher Nachbildungen des heiligen Grabes in Jerusalem. 1291 brach die Kreuzfahrerherrschaft in Palästina endgültig unter dem Druck der Moslems zusammen. Von da an mehrten sich Nachbildungen des heiligen Grabes in europäischen Kirchen, um einen Ersatz für die reale Wallfahrt nach Jerusalem zu schaffen. Etwas ungewöhnlicher ist, daß hier in Denkendorf das Grab leer dargestellt ist. Es symbolisiert das Grab des auferstandenen Christus. Das Stift der Chorherren vom Heiligen Grab in Denkendorf geht auf einen Edlen Bertholdus zurück, der nach 1128 dem Kapitel vom Heiligen Grab die Denkendorfer Pelagiuskirche stiftete. Bedeutende Reliquien aus dem Heiligen Land, sowohl Splitter vom Heiligen Grab als auch ein Span vom Kreuzesholz, kamen schon in der Gründungsphase der Propstei nach Denkendorf.

Die Bedeutung des leeren Grabes geht also weit über eine reine Symbolik hinaus. Neben einem speziellen Gitternetz (Rautengitter, auch »Christusgitter« genannt), das sich hier kreuzt, ist das Loch im Boden die Fassung eines Fokuspunktes. So bleibt der »Auferstandene« sozusagen ätherisch präsent. Die Krypta wurde dafür erbaut. An dem leeren Grab feierten die Ordensbrüder wie am Heiligen Grab in Jerusalem den Tod und die Auferstehung Jesu. Durch dieses Grab wurde die Krypta zum geistigen Mittelpunkt des ganzen Klosters.

Die Zisterzienserabtei Kloster Schöntal in der Hohenlohe wurde 1153 als Filialkloster des Klosters Maulbronn gegründet. Unter Abt Benedikt Knittel (Abt von 1683 bis 1732) erlebte das Kloster eine Blüte. Unter ihm wurde die von Leonhard Dientzenhofer geplante Barockkirche erbaut, in welcher auch der berühmte Götz von Berlichingen begraben ist. Betritt man die Kirche, so schreitet man zunächst unter einer Empore hindurch. Doch diese enthält eine Öffnung. An einer bestimmten Stelle gelangt der Blick nach oben bis zum Gewölbe der Kirchendecke und trifft dort auf das Auge Gottes. Nur genau aus dieser Perspektive kann man es entdecken. Es blickt auf alle das Kirchenschiff betretenden Besucher herab. Genau an dieser Stelle durchdringt ein Einstrahlpunkt den Kirchenbau und wird von der Öffnung in der Empore gefaßt und gehalten.

Eine wunderbare numinose Stelle weist die ehemalige Klosterkirche (St. Peter und Paul) in Andlau im Elsaß auf. Das Kloster wurde um 880 n. Chr. durch Richardis, die Gemahlin Karls III., dem Dicken, gegründet. Sie gab dem Kloster den Namen »Eleon« und verwies damit auf »Eleona«, den »Ölberg« in Jerusalem. Der Legende nach war es wiederum ein Tier, diesmal eine Bärin, die die Stelle wies, an der das Kloster gegründet werden sollte. Richardis, mit der Bärin als Attribut, steht damit in einer Reihe mit anderen »Bärenheiligen« wie dem Heiligen Korbinian, dem iroschottischen St. Kolumban, ja selbst der heiligen Odilia, deren Kloster unweit von Andlau zu finden ist. Denn auch Odilia schlief, wie es heißt, auf einem Bärenfell. Die Bärin als Begleittier der Heiligen (und »Totemtier« der Merowinger) verweist auf die alte keltische Bärengöttin. Der Bär, der sich jeden Winter in die Erde zurückzieht und jedes Frühjahr neu erwacht, gleicht der Kraft der Erde selbst. So ist die Bärin, die die Stelle des Klosters wies, mehr als irgendein Tier, sie symbolisiert die Erdkraft schlechthin.

Abb. 63 Das numinose Loch im Boden vor der Bärin in der Krypta von Andlau. Hier soll eine Bärin im Boden gescharrt und so den Bauplatz gewiesen haben.

In der Krypta von Andlau nun sieht man eine steinerne Bärin, die ein schlichtes Loch im Boden bewacht *(Abbildung 63)*. Es sei, so die Legende, die Stelle, an der die Bärin im Boden gegraben hätte, um den Klosterort zu bezeichnen. Das Loch ist heute mit einem hölzernen Deckel bedeckt, der aber von jedermann geöffnet werden kann. Viele Menschen schreiben dieser Stelle noch heute heilende Eigenschaften zu. Es ist der Ort, an dem sich die Kraft des Landes fokussiert, ein Portal zu den Kräften der Erde, zur Bärengöttin selbst. Im Bereich des Loches taucht man ganz in die Kraft dieses Fokus ein. Verständlich, daß ihm heilende Kräfte nachgesagt werden.

Ein letztes Beispiel kommt aus Irland. In der Provinz Munster, in der Umgebung von Ennis liegt Dysert O'Dea, wo eine Kirche, ein typisch irischer Rundturm und ein Hochkreuz stehen. Auf der Ostseite des

Abb. 64: Das Loch der segnenden Hand im Hochkreuz von Dysert O'Dea (Irland) wurde lange Zeit zu Heilzwecken genutzt.

Hochkreuzes aus dem 12. Jahrhundert ist unter dem vollständig bekleideten Christus der Bischof St. Tola mit Krummstab abgebildet *(Abbildung 64)*. Dort, wo seine rechte Hand wäre, ist ein Loch. Früher, so heißt es, sei hier seine segnende Hand verankert gewesen. Das Loch ist gerade groß genug für einen Kinderkopf. In der Tat war es lange Zeit Brauch (und ist es vielleicht noch heute), daß Eltern das Gesicht ihres kranken Kindes vor dieses Loch gehalten haben, um es zu heilen. Genau an der Stelle des merkwürdigen Loches kreuzt eine röhrenförmige Ätherlinie den Standort des Kreuzes. Hebt man die Hand vor das Loch, so kann man einen deutlichen Temperaturunterschied wahrnehmen. Die einst segnende Hand des Heiligen Tola »verströmt« ätherische Heilkräfte.

So unterschiedlich diese Beispiele sein mögen, so zeigen sie doch, daß auch außerhalb der architektonischen Betonungen des heiligen Raumes heilige Orte zu entdecken sind: an einer Empore, in einer Krypta, an einer Säule oder einem Hochkreuz in der Umgebung der eigentlichen Kirche. Auch wenn diese Stellen nicht ins Zentrum der Aufmerksamkeit gerückt wurden, waren sie doch wichtig genug, um symbolisch gefaßt und gestalterisch hervorgehoben zu werden, damit ein suchendes Auge sie zu finden vermag.

Die Orientierung

Unsere spirituelle Sinnsuche bedarf der Orientierung, wörtlich: »der Ostung«. Dieses Kapitel führt uns zu den Geheimnissen der Orientierung sakraler Bauten und die mit ihr verbundenen seelischen Ausrichtungen. Innere und äußere Ausrichtung gehören zusammen, der heilige Raum ist eine Brücke, die die Qualität der Himmelsrichtungen und ihrer geistig-seelischen Impulse erlebbar werden läßt.

Richtungsqualitäten

Die Interpretation von Richtungsqualitäten ist eine typische geomantische Kunstfertigkeit. Wir finden sie im chinesischen Feng Shui ebenso wie im indischen Vastu, der Disciplina Etrusca oder der christlichen Sakralarchitektur. Jede Himmelsrichtung hat ihre eigene seelische Wirksamkeit. Mit ihr verbunden sind in unserer seelischen Erfahrung unmittelbar auch Zeitqualitäten: Der Osten entspricht dem Morgen und der Qualität des Beginns und des Neuanfangs. Im Christentum versinnbildlicht er die erwartete Wiederkunft Christi, weshalb unsere Kirchen im wesentlichen geostet sind. Der Westen steht mit dem Sonnenuntergang am Abend in Beziehung. Er wirkt auf uns eher beruhigend. Der Süden zeigt den Sonnenhöchststand und versinnbildlicht damit Aktivität und Schaffenskraft. So wie die Sonne am höchsten Punkt steht, stehen wir für alle sichtbar auf einem Podest, in der Öffentlichkeit. Dies entspricht in der Astrologie dem MC, dem Medium Coeli. Der Norden dagegen ist die sonnenlose Nacht, das Zurückkehren in den unbewußten Schlaf, der innere Rückzug.

So lagen die Hauseingänge traditioneller chinesischer Häuser ursprünglich nie im Norden, da die Aktivität des Eingangs nicht dem Rückzug des Nordens entsprach. Ebenso finden sich die Eingänge keltischer Viereckschanzen niemals im Norden. Der Nordosten besitzt eine ambivalent interpretierte Richtungsqualität. In China entsprach er dem »Weg der Geister«. Der älteste erhaltene Kompaß hatte die Form eines Löffelchens, das auf eine Bronzetafel gesetzt wurde und mit seinem

Stiel nach Süden wies. Er stammt aus dem 1. Jahrhundert n. Chr. und wurde bei chinesischen Grabbeigaben gefunden. Die Bronzetafel war eine Art »seelische Landkarte« und sollte dem Verstorbenen den rechten Weg weisen. So trug der Nordosten die Bezeichnung »Geistertor«. Der Einsatz des Kompasses zu Navigationszwecken erfolgte erst viel später. Seine erste Nutzung war eine geomantische. Der Nutzer las aus den Magnetfeldlinien geistig-seelische Wirkungen ab! Im indischen Vastu dagegen entspricht der Nordosten einer spirituellen Richtungsqualität. Die bereits mehrfach erwähnte Vastu-Purusha-Figur weist optimalerweise mit dem Haupt nach Nordosten. Er gilt in der indischen Geomantie als spirituell rein, während das Feng Shui ihn eher kritisch beurteilt. Dennoch liegen beiden Wertungen ähnliche Urerfahrungen zugrunde, die wir alle so weit nördlich des Äquators machen können: Der Nordosten ist die Richtung, an der zur Sommersonnwende die Sonne aufgeht. Es ist eine Zeit des Umbruchs, ab diesem Zeitpunkt werden die Tage wieder kürzer, die Kraft des Körperlichen nimmt von nun an ab und die des Geistigen zu.

Im Indianischen finden die Richtungsqualitäten z. B. im Medizinrad Berücksichtigung. Der Nordosten entspricht hier z. B. dem Totem des Otters, der seelisch für den Zusammenhang von Individuum und Gemeinschaft steht.

Ein geomantisches System der Richtungsqualitäten ist das Raumhoroskop, das Sie detailliert erklärt im Buch *Das Haus als Spiegel der Seele* wiederfinden. Die Richtungsqualitäten entsprechen nicht nur Tageszeiten, sondern selbstverständlich auch Jahreszeiten. Der Norden entspricht dem Winter, der Osten dem Frühling, der Süden dem Sommer und der Westen dem Herbst. Die Kardinalpunkte werden von den beiden Sonnwenden und den beiden Tagundnachtgleichen bestimmt. Die Wintersonnwende am 22.12. mit dem tiefsten Sonnenstand kommt so genau auf dem Norden zu liegen, die Frühlings-Tag-und-Nacht-Gleiche am 21.3. auf dem Osten, die Sommersonnwende am 21.6. auf dem Süden und die Herbst-Tag-und-Nacht-Gleiche (22.9.) auf dem Westen. Diese Daten aber sind zugleich die astrologischen Beginne der Sternzeichen Steinbock, Widder, Krebs und Waage. So entfächert sich

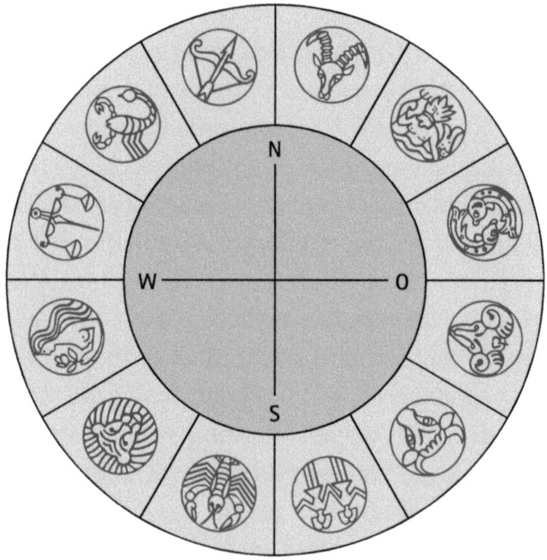

Abb. 65: Das Raumhoroskop: Richtungsqualitäten nach den astrologischen Tierkreisarchetypen

nun der Zodiak räumlich andersherum drehend als im Horoskop gewohnt, daher nenne ich das Schema auch gerne das »Raumhoroskop« *(Abbildung 65)*.

Den Osten hatten wir als »Sitz« der Spiritualität durch die Ostung der Kirchen bereits kennengelernt. Hier kommen nun die Fische und der Widder zu liegen. Die Fische stehen für die Überwindung des Stofflichen, für die Mystik, ja sogar die Erleuchtung. Die Anfangsbuchstaben des Titels »Jesus Christus, Gottes Sohn, unser Retter« ergeben auf griechisch das Wort »Fisch« (siehe auch Seite 125). So war der Fisch auch das Zeichen der frühen Christen, und die Fischesymbolik spielt im Neuen Testament eine herausragende Rolle. Es ist der spirituelle Aspekt des Ostens. Wir erfahren Christus als »wahren Gott«.

Den Aspekt der Inspiration und des Feuers erfahren wir dagegen etwas weiter gegen Südosten, im Widderzeichen. Hier lebt die Ostkraft des Neubeginns und des Erwachens. Hier erfahren wir »Christus als wahren Mensch«. Und so ist eine bekannte symbolische Darstellung Christi das Lamm (das »Agnus dei«, der junge Widder), wie wir es von Ostern, dem Frühlingsfest, her kennen.

Der Westen ist die Richtung der Jungfrau. Sie korrespondiert mit dem Erdelement des Westens, ihrer Nähe zur Materie und Ernte. Im Westen stehen oftmals in großen Kirchen wie z. B. dem Augsburger Dom, sogenannte Westaltäre, die in der Regel der Jungfrau Maria geweiht sind.

Aber auch die Waage bestimmt den Westen. Ihre planetare Herrscherin ist die Venus. Dies ist der zweite Aspekt des Westens: Die Schönheit und Ästhetik der Materie und seiner Lebensformen. So wie im Osten Christus als »wahrer Mensch und wahrer Gott« steht, steht im Westen die Frau als Maria die Jungfrau und Venus die Liebesgöttin. Aber wir finden im Westen der Kirchen auch die Michaelskapellen. Michael, der u. a. mit der Seelenwaage dargestellt wird – auch hierin offenbart sich die Waagequalität des Westens: Gerechtigkeit.

Im oben angesprochenen Nordosten schließlich steht der Wassermann, der für plötzliche Veränderungen steht (Uranusprinzip), der durch seine Exzentrik und Originalität den Wandel hervorruft und die Gemeinschaft, das Soziale damit bereichert. Im indianischen Medizinrad liegt hier der dem Wassermann durchaus entsprechende Otter (siehe oben). Die Ausrichtung des heiligen Raumes bestimmt die erlebbare Seelenqualität mit.

Sternenräume – Seelenräume

Die Rhythmen der Natur und ihre geistig-seelische Wirkung

Wir haben uns von den Kräften der Natur abgekoppelt. Mal ehrlich, wissen Sie ohne Blick in den Kalender, welche Mondphase gerade ist? Wie sehr wir uns von der Natur entfremdet haben, zeigt folgende Begebenheit: In einem Fernsehbericht über die »Sternenscheibe von Nebra« (auch »Himmelsscheibe von Nebra« genannt), einer Bronzescheibe, die auf etwa 1500 v. Chr. datiert wird und auf dem Mittelberg bei Nebra gefunden wurde, brachten Archäologen ihre Verwunderung zum Ausdruck: »Kann es wirklich sein, daß die Bronzescheibe den realen Sternenhimmel zeigt? Daß tatsächlich bestimmte ausgestaltete Winkelstellungen des Mondes stimmen?« Allein die Verwunderung darüber, daß ein bronzezeitliches Volk etwas von Sternenkunde verstanden haben könnte, zeigt, wie weit wir uns doch von der Natur entfernt haben. In einer Zeit, in der es kein Fernsehen, kein Radio oder Zeitungen gab, die unsere Aufmerksamkeit ablenkten, und in einer Zeit, in der es kein durch elektrische Beleuchtung an Straßen und Häusern verursachtes Streulicht gab, das die Sterne verblassen ließ, war es das natürlichste der Welt, nachts zu den Sternen emporzublicken. Sie dienten der Orientierung in Zeit und Raum, also dem Kalenderwesen und der Navigation, sie waren von Mythen erfüllt, und selbstverständlich kannten die Kelten, die Germanen, die Ägypter und Maya, ja selbst der Mensch der Bronze- oder gar der Jungsteinzeit den Sternenhimmel im Jahreslauf.

Heute feiern wir noch Weihnachten, aber die wenigsten wissen, daß nur wenige Tage davor Wintersonnwende ist. Die anderen Jahreszeitenfeste, die Sommersonnwende, die Äquinoktien (Tagundnachtgleichen) und die Zwischenfeste sind im Grunde verlorengegangen. Früher glaubte der Mensch, die Welt würde untergehen, wenn diese Feste nicht zelebriert würden, damit sich die Natur erneuern kann. Heute lachen wir über solchen Aberglauben. Doch die Forschungen von *Maria Thun*, *Stephan Schmidt* u. a. haben gezeigt, daß Pflanzen, die zu falschen Zeiten gesetzt werden, leichter erkranken und weniger resistent gegen Schädlingsbefall sind. Dabei genügen oft wenige Tage Unterschied in der Pflanzung oder Saat, um die Pflanzen auch in ihrem Aussehen zu verändern. Die jeweilige planetare Konstellation bewirkt dies. Umgekehrt scheinen sich z. B. Getreidepflanzen (so es sich nicht schon um unfruchtbare Hybriden handelt), wenn sie auf einem Acker sich selbst überlassen bleiben, wieder in ihre Urformen zurückzuverwandeln.

Der von der modernen Landwirtschaft durch Kunstdünger und Pestizide zerstörte Boden kann jedoch die Kräfte der Sterne und Planeten nicht mehr aufnehmen, so wie ein Schichtarbeiter sich mehr und mehr von den Rhythmen der Sonne abkoppelt... und schließlich erkrankt. Darum müssen landwirtschaftliche Betriebe, die vom anthroposophisch orientierten ökologischen Anbauverband Demeter anerkannt werden wollen, eine Übergangszeit einhalten, in der sich die Böden von der belastenden »konventionellen« Landwirtschaft erholen können. Auch die heute oft schon üblichen genmanipulierten Pflanzen koppeln Teile der Natur noch weiter von den natürlichen Rhythmen der Erde, der

Planeten und Sterne ab. Da der Mensch sich davon ernährt, geht diese Abkopplung letztendlich bis in die Zellen.

Der Mensch spielt, wie die Konstellationsforschung zeigt, bei diesen landwirtschaftlichen Rhythmen eine große Rolle. Die von Maria Thun durchgeführten Versuche zeigen eindeutig, daß z.B. Radieschen, die zu unterschiedlichen Konstellationen gesät wurden, völlig anders aussehen und andere Eigenschaften ihrer Struktur und ihres Geschmacks besitzen. Maria Thun schildert dabei aber auch eine seltsame Begebenheit. Ihre Sekretärin, die eigentlich nichts mit den Anbauversuchen zu tun hatte, bat einmal auch eine Versuchsreihe durchführen zu dürfen. Maria Thun willigte ein, doch, oh Wunder, die verschiedenen Beete zeigten keine Unterschiede! Augenscheinlich wirkt hier der Mensch als eine Art Resonator für die planetaren Kräfte. Ist dieser Resonator nicht richtig eingestimmt, passiert offensichtlich kaum etwas. Dies bedeutet aber, daß die Abkopplung der Menschen von der Natur auch für die Natur weitreichende Folgen hat. Werden dadurch nicht auch die Rhythmen der Erde blockiert, weil der Mensch sich ihnen entzieht? War die Angst unserer Ahnen, die Welt würde untergehen, wenn die Jahreszeitenfeste nicht gefeiert würden, so unberechtigt? Was geschieht denn zur Zeit mit der Natur und ihren Kräften, mit Pflanzen, Tieren und ganzen Ökosystemen? Spielt die Natur etwa nicht verrückt? Geht sie nicht unter?

Johannes Kepler schrieb: *Diese und unzählige Veränderungen und Phänomene, die in und auf der Erde vorgehen, sind so regelmäßig und abgemessen, daß man sie keiner blinden Ursache zuschreiben kann, und da die Planeten selbst nichts von Winkeln wissen, welche ihre Strahlen auf der Erde bilden, so muß die Erde eine Seele haben... Die Seele der Erde scheint eine Art von Flamme zu sein, daher die unterschiedliche Wärme. Ein gewisses Bild des Tierkreises und des ganzen Firmamentes ist von Gott in die Seele der Erde gedrückt... Daher die Sympathie zwischen der Erde und den Gestirnen, daher die regelmäßigen Naturwirkungen. Daß die Erde wirklich eine Seele habe, zeigt die Beobachtung der Witterung und der Aspekte, durch welche sie jedesmal hervorgebracht wird, am deutlichsten. Unter gewissen Aspekten und Konstellationen wird die Luft immer unruhig, gibt es derselben keine oder wenige, so bleibt sie ruhig.*

Warum war die Beobachtung der Sterne den Menschen stets so wichtig? Warum entwickelten sie die Astronomie, die Astrologie und die Sternenmythen? Sicherlich benötigten sie diese Beobachtungen, um ein vernünftiges Kalenderwesen entwickeln zu können. Dies war gerade nach der Seßhaftwerdung des Menschen in einer Region, die verschiedene Jahreszeiten kannte, seien es nun Feuchte- und Trockenphasen oder Kälte und Wärme, von unabdingbarer Wichtigkeit für den Garten- und Ackerbau und damit für die Ernährung des Menschen. Doch war dies sicherlich nicht der einzige Grund.

Mit den Körpern am Firmament sind bestimmte geistige Impulse verbunden, Einflüsse, die etwas im Menschen wecken konnten, die Brükken in geistige Räume schlugen oder geistig-seelische Portale öffnen konnten. Deshalb war die Berücksichtigung der Rhythmen und Zyklen von Erde, Sonne, Mond, der Planeten und ihres Verhältnisses zum Fixsternhimmel auch von so entscheidender Bedeutung für den Sakralbau. Im heiligen Raum wurden über gezielte bautechnische Maßnahmen und rituelle Akte Brücken zu geistig-seelischen Erfahrungsräumen geschlagen. Die Berücksichtigung von Zeitqualitäten ging dabei mit der Ausrichtung der Bauten Hand in Hand. Wir hatten die Ausrichtung ja schon als einen zentralen Akt der Weihung eines Bauwerks für eine bestimmte seelische Qualität im ersten Teil des Buchs kennengelernt. Beim Ritual des Pedjeshes in Ägypten blickte der Pharao oder Priester in Richtung Kleiner Bär bzw. Polarstern. Er richtete sich darauf aus, und durch diese innere Ausrichtung brachte er sich in Resonanz. Das Ritual des Schnurspannens glich dann gleichsam dem Setzen einer Saat, die in der Tempelachse aufkeimte und im fertigen Sakralbau erblühte.

Um diesen siderisch-geomantischen Akt verstehen zu können, müssen aber zunächst einige astronomische Grundlagen präsent sein.

Grundlagen zum Verständnis räumlicher Orientierung

Die Ekliptik

Die Erde umkreist die Sonne mit einer Umlaufzeit von 365,4 Tagen. Die Bahn, die die Erde dabei um die Sonne zieht, bzw. die Bahn, die die

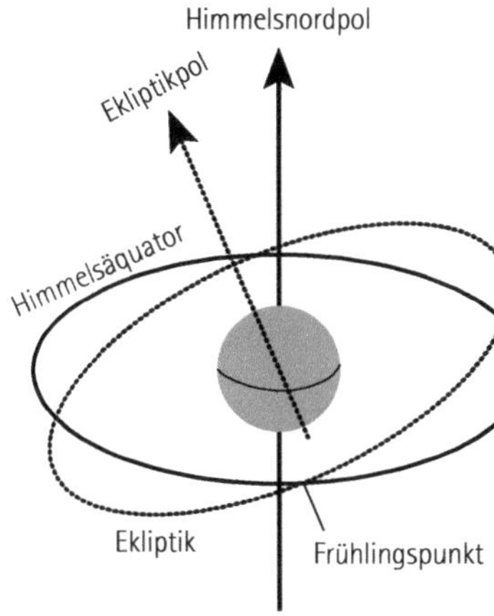

Abb. 66: Die Ekliptik

Sonne *scheinbar geozentrisch,* also von der Erde aus betrachtet, vor dem Hintergrund der Fixsterne des Tierkreises (Zodiak) zieht, wird Ekliptik genannt. Die Rotationsachse der Erde ist dabei nicht rechtwinklig zur Ekliptik, sondern leicht geneigt. Die dadurch hervorgerufene unterschiedliche Einstrahlung auf Nord- und Südhalbkugel ist die Ursache für die Jahreszeiten. So ergibt sich ein gedachtes Band der Tierkreiszeichen, vor denen sich die Sonne bewegt (Ekliptik). Verlängert man eine gedachte Scheibe, die die Erde auf Äquatorhöhe halbiert, in den Raum hinaus, so erhält man den sogenannten Himmelsäquator.

Dort, wo Himmelsäquator und Ekliptik sich schneiden, liegt der Frühlings- und Herbstpunkt. Sternenstellungen werden als Deklination (in Grad über und unter dem Himmelsäquator angegeben) und Rektaszension (Winkelabstand vom Frühlingspunkt) angegeben *(Abbildung 66).*

Die Präzession

Himmelsnordpol und Ekliptikpol sind in ihrer Beziehung zueinander nicht statisch. Die Erdachse taumelt sozusagen um den Ekliptikpol.

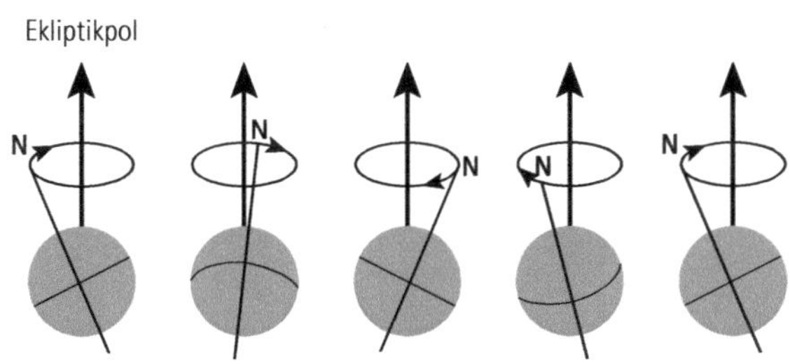

Abb. 67: Präzession: Die Erdachse kreist in rund 26000 Jahren einmal um den Ekliptikpol (= Platonisches Jahr).

Eine »Umkreisung« des Ekliptikpols dauert dabei etwa 25.920 Jahre und wird *Platonisches Jahr* genannt. Durch das Taumeln verschiebt sich ebenfalls der Frühlingspunkt im Tierkreis jeweils »rückwärts«. Diese Verschiebung wird *Präzession* genannt. So liegt heute der Frühlingspunkt (also der Sonnenstand zur Frühlings-Tagundnachtgleiche) in den Fischen und wandert allmählich in das Sternzeichen Wassermann (daher das vielbeschworene »Wassermannzeitalter«) *(Abbildung 67)*.

Der Tierkreis

Der Tierkreis ist sicherlich den meisten Menschen bekannt. Entlang der Ekliptik reihen sich die Sternbilder Widder, Stier, Zwillinge, Krebs, Löwe, Jungfrau, Waage, Skorpion, Schütze, Steinbock, Wassermann und Fische auf und werden im Jahreslauf optisch von der Sonne durchwandert. Ist man z. B. im Zeichen des »Wassermanns« geboren, so stand die Sonne zur Geburtszeit vor dem Sternbild des Wassermanns, weshalb es *nicht* sichtbar war. Wenn dies hier so beschrieben wird, werden die

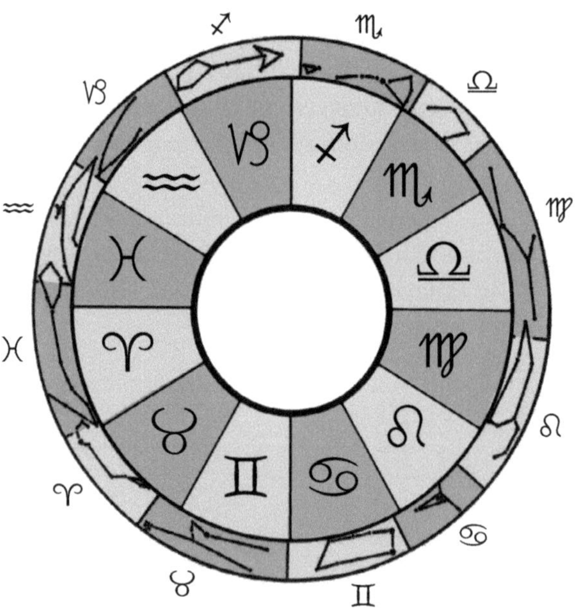

Abb. 68: Das Verhältnis von astrologischen Sternzeichen (innen) und astronomischen Sternbildern (außen) in heutiger Zeit.

meisten Leser ihr Horoskop im Kopf haben. Jedoch ist das astrologische Tierkreiszeichen vom astronomischen Sternbild zu unterscheiden. Die heute übliche Astrologie tut nämlich so, als stünde der Frühlingspunkt bei 0 Grad Widder. Wie oben bereits beschrieben, steht der Frühlingspunkt aber zur Zeit in den Fischen und wandert allmählich in den Wassermann. So sind die Sternbilder in etwa um ein Tierkreiszeichen in der Astrologie verschoben. Hinzu kommt, daß in der Astrologie davon ausgegangen wird, daß alle Tierkreiszeichen gleich groß sind. Sie werden im Horoskop mit jeweils 30 Grad angegeben. Astronomisch jedoch sind die Sternbilder ganz unterschiedlich groß, und die Sonne braucht unterschiedlich lange Zeit, um ein Sternbild zu durchwandern. Relativ große Sternbilder sind z. B. die Jungfrau oder die Fische, Waage oder Krebs dagegen nehmen nur wenig Raum im Band der Ekliptik ein *(Abbildung 68)*.

Dies ist auch ein Grund, warum sich die Datierungen für den Beginn des Wassermannzeitalters sehr unterscheiden. Zunächst einmal waren im Lauf der Jahrtausende die Sternbilder nicht immer gleich groß. Nicht, daß sich dort am Himmel etwas verändert hätte, nein, es ist vielmehr so, daß die Bilder am Firmament anders gedeutet wurden. Einige Sterne wurden hinzugenommen, andere für das gedachte Bild weggelassen. Dies beschreibt aber wiederum nur den Bereich, der von den einzelnen Sternen eingenommen wird. Die gedachten Bilder ragen oft über diese hinaus. Ein erster Schritt zur Definition der Größe der Sternbilder wurde auf dem ersten europäischen Astronomenkongreß 1798 unternommen. Die heute gültigen Größen der Sternbilder wurden 1928 definiert. Zu guter Letzt überlappen sich auch noch einige Sternbilder, z. B. eben auch die Sternbilder von Fische und Wassermann. Darum schwanken die Aussagen, wann nun das vielbeschworene »Wassermannzeitalter« anfängt, wann also der Frühlingspunkt der Sonne in den Wassermann wechseln wird, erheblich, je nach dem, welche Sternbildgröße angenommen wird und ob als Beginn der Eintritt in das Sternbild, die Berührung des ersten Sterns des Sternbildes oder das Verlassen des alten Sternbildes herangezogen wird. Doch selbst mit sehr gutem Willen wird das Wassermannzeitalter wohl nicht vor dem Jahr 2300 anbrechen!

Aufgangspunkte am Horizont
Durch die Schräglage der Erdachse auf der Ekliptik und den damit verbundenen unterschiedlichen Winkelstellungen der Erdachse zur Sonne, scheint die Sonne je nach Jahreszeit an unterschiedlichen Orten auf- oder unterzugehen. Zu den Äquinoktien (Tagundnachtgleichen) geht die Sonne exakt im Osten auf und im Westen unter. Im Winter verlagern sich die Auf- und Untergangspunkte nach Süden und im Sommer nach Norden *(Abbildungen 69 und 70)*. Ähnlich verhält es sich z. B. beim Mond. Von der Erde aus betrachtet, verändert sich die Bahn des Mondes in 18,6 Jahren beträchtlich. Zur großen Mondwende geht der Mond am Tag der Wintersonnwende an seinem nördlichsten Punkt auf, sechs Monate später weit im Süden. Zur kleinen Mondwende nach 9,3 Jahren liegen die Punkte, an denen der Mond aufgeht, zwar weiter im Osten, aber auch näher nebeneinander.

Auf der Basis der verschiedenen Rhythmen wurden nun die Kultstätten ausgerichtet. Sie peilen z. B. Aufgangspunkte von Sonne, Mond oder wichtigen Sternen am Horizont zu bestimmten Zeiten an und bilden meist mit der sie umgebenden Landschaft einen Gesamtkom-

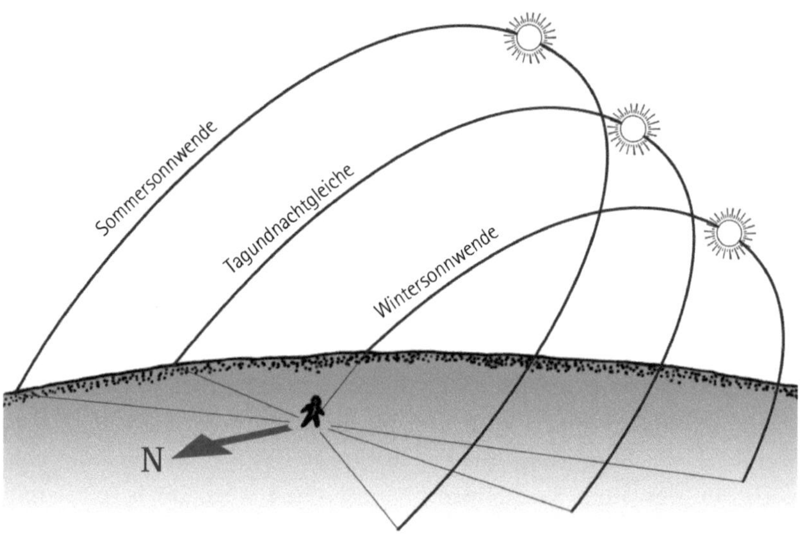

Abb. 69: Verschiebung der Sonnenauf- und -untergangspunkte im Jahreslauf

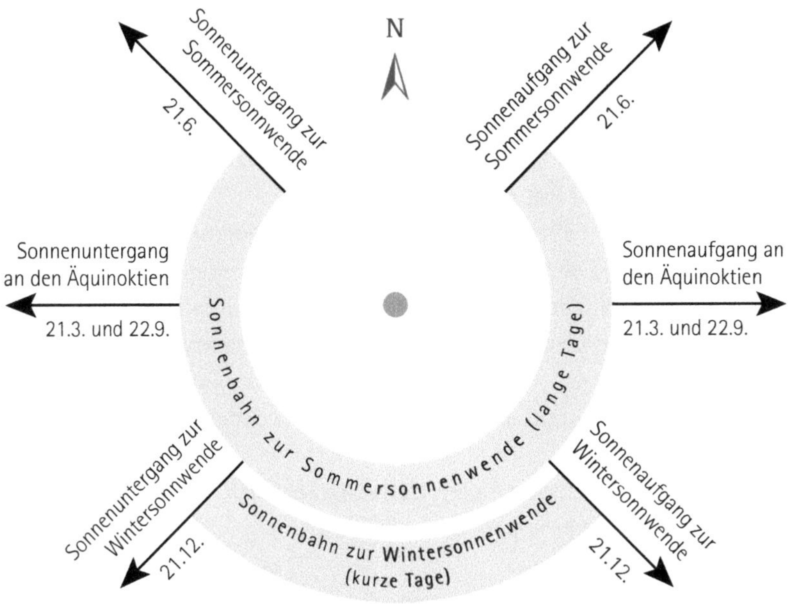

Abb. 70: Die Auf- und Untergangspunkte der Sonne am Horizont im Jahreslauf auf der Ebene.

plex, von dem die eigentliche Kultstätte eigentlich nur das Zentrum darstellt. Zum jeweiligen astronomischen Ereignis fällt dann das Licht des aufgehenden (oder untergehenden) Mondes, der Sonne oder eines Planeten durch eingeplante Öffnungen im Sakralbau. Dieser Lichtstrahl wird zu einer Leiter, über die die Kraft des Himmelskörpers auf die Erde und das Bauwerk einwirkt.

Wie schrieb Kepler doch gleich: *Ein gewisses Bild des Tierkreises und des ganzen Firmamentes ist von Gott in die Seele der Erde gedrückt.* Dieser Abdruck wird nun jedes Mal aktiviert, wenn sich die gleiche, respektive eine ähnliche, Konstellation ergibt und auf das Bauwerk einwirkt. Der zuvor gelegte Same erwacht und trägt Frucht. Das Bauwerk »klingt« im Sound des Planeten. Es ist *Hans Cousto* zu verdanken, daß durch die grandiose Idee der Oktavierung dieser Planetenklang heute hör- und sichtbar gemacht werden kann. Ja, die Wellenlänge dieses »Planetensounds« war vermutlich sogar ursächlich für die Wahl bestimmter Maßsysteme heiliger Bauten. Dazu aber später mehr.

Sonne, Mond, die Planeten und Sternbilder wurden nicht als tote Objekte am Himmel verstanden, sie hatten wie die Erde eine Seele, wie sie waren es Götter, die Kämpfe ausfochten, Liebschaften eingingen, Ränke schmiedeten, starben und wieder auferstanden...

Sternenmythen und Raumbezug

In den wenigsten Fällen sind wir uns dessen bewußt, wie sehr unsere religiösen Mythen durch das Geschehen am Himmel beeinflußt sind. Ja, da war mal was mit einem Stern, der drei Weisen den Weg zeigte, aber sonst hat das Christentum wohl kaum »astrale Mythen« vorzuweisen, oder?

Betrachten Sie einmal das christliche Glaubensbekenntnis:

Ich glaube an Gott, den Vater, den Allmächtigen,
den Schöpfer des Himmels und der Erde.
Und an Jesus Christus,
seinen eingeborenen Sohn, unsern Herrn,
empfangen durch den Heiligen Geist,
geboren von der Jungfrau Maria,
gelitten unter Pontius Pilatus,
gekreuzigt, gestorben und begraben,
hinabgestiegen in das Reich des Todes,
am dritten Tage auferstanden von den Toten,
aufgefahren in den Himmel;
er sitzt zur Rechten Gottes, des allmächtigen Vaters;
von dort wird er kommen,
zu richten die Lebenden und die Toten...

Christus stirbt und wird in ein Grab gelegt. Vor dieses Grab wurde nach jüdischer Tradition ein runder Stein gerollt. Nun stellen Sie sich die »strahlende Lichtgestalt« vor, als die Jesus gilt. Der Stein nimmt langsam immer mehr von diesem Licht weg, bis es ganz verschwunden ist. Drei Tage bleibt es verschwunden, dann ist Jesus auferstanden, und der Stein ist fortgerollt. Dieser religiöse Mythos beschreibt das Ereignis des »sterbenden Mondes«, dessen Licht mehr und mehr abnimmt und zur

Sichel wird, bis es gar nicht mehr zu sehen ist. Nun ist er *hinabgestiegen in das Reich des Todes.* Der Mythos wurde vermutlich aus matriarchaler Zeit übernommen, in der die Schwarze Göttin, die Göttin des Todes und der Wandlung, mit dem abnehmenden und natürlich auch mit dem »schwarzen« Mond assoziiert wurde. Nach drei Tagen ersteht das Licht des Mondes neu. Christus ist auferstanden!

So ist nicht nur das Begräbnis Christi, sondern sogar sein Lebensweg durch Sternenmythen vorgezeichnet. Das Sternbild der Jungfrau wurde in Griechenland als die Göttin Demeter verehrt, die ihre Tochter Kore betrauert und ihr bei der Auferstehung hilft. Ihre Attribute waren Ähre und Traube. Ist es nur ein Zufall, daß die Hauptsymboliken des Christentums Brot und Wein werden? Das Sternbild Jungfrau geht um Weihnachten um Mitternacht im Osten auf. In der Nacht heißt es, wurde Jesus geboren. Um Ostern dagegen, der Zeit der Kreuzigung und des Todes mit späterer Wiederauferstehung, geht das Sternbild Jungfrau morgens im Westen unter und der Frühlingsmond mit ihr. Ostern war das alte Frühlings-Mondfest! Die Jungfrau Maria übergibt ihrem Sohn mythologisch der Erde. Zu dieser Zeit steht die Sonne in den Fischen (Ichtys = Fisch ist ein Apronym für Jesus Christus und war das Symbol der frühen Christen.* Der Sonnenaufgang am Ostermorgen repräsentiert die Auferstehung.

Gehen wir noch ein wenig weiter zurück in unserer abendländischen Mythologie. Der Schöpfungsgeschichte nach überreichte Eva Adam einen Apfel vom Baum der Erkenntnis. Es war ein Apfel, der den Menschen Bewußtsein brachte. »Und sie erkannten, daß sie nackt waren.« Das Erkennen der Nacktheit setzt Selbstreflexion voraus. Eva überreichte Adam nicht etwa eine Kirsche oder gar eine Pflaume. Letztere hätte durch ihre erotische Symbolik dem Sündenfall nach christlicher Vorstellung doch sehr viel mehr entsprochen. Doch es war ein Apfel. Schneidet man einen Apfel quer durch, so zeigt er das Kerngehäuse. Die Kerne strahlen in Form eines Pentagramms aus der Mitte heraus. Das Pentagramm aber ist ein altes Symbol der Venus. Die Sonne-Venus-Konjunktionen (geozentrisch betrachtet) finden ziemlich genau in Fünfeckpunkten in der Ekliptik statt

* ICHTYS bedeutet Iesous (Jesus) Christos (Christus) Theou (Gottes) Hyios (Sohn) Soter (Retter/Erlöser)

(*Abbildung 71 a - b*). In acht Jahren wiederholt sich der Sonne-Venus-Konjunktionszyklus, wobei die Verschiebung etwa 1,5 Grad ausmacht. D.h., nach acht Jahren findet etwa am selben Punkt der Ekliptik eine gleichartige Sonne-Venus-Konjunktion statt. Die Venus malt sozusagen ein Pentagramm an den Himmel. Als Morgenstern galt Venus als *Lichtbringerin*. Sie strahlte am frühmorgendlichen Himmel, um danach die Sonne erscheinen zu lassen, sie »bringt« das Licht. Ihr lateinischer Name war darum *Luzifer* (Lichtträgerin). In der Mythologie ist es der Teufel Luzifer, der in Gestalt einer Schlange Eva dazu verführt, den Apfel vom Baum der Erkenntnis zu pflücken. Venus/Eva bringt Adam, was nichts anderes als »Mensch« bedeutet, die Erkenntnis. Wir werden noch sehen, wie häufig die kultische Ausrichtung auf die Venus auch in anderen Kulturen eine Rolle spielte. Das Licht der Venus wurde im Sumerischen der Göttin Inanna gleichgesetzt, der Urmutter, die den Menschen das Leben und die Bewußtheit schenkte.

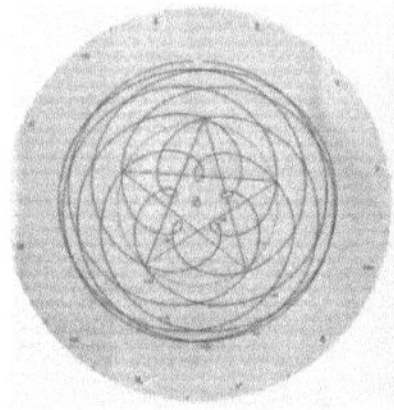

Abb. 71 a: Das »Kosmogramm« der Venus als Pentagramm entsteht durch die Sonne-Venus-Konjunktionen am Firmament.
71 b: Das Kerngehäuse des Apfels zeigt ein Pentagramm. Der Apfel ist eine »Venusfrucht«.

Doch was haben diese Mythen mit sakralen Bauten zu tun? Bedenken Sie noch einmal, daß der Mythos wirklicher ist als unsere Realität. Er beschreibt eine spirituelle Wahrheit, ein Ereignis, das in der Paradieswelt, in der »Traumzeit«, stattfand und jede Sekunde stattfindet, es ist die Beschreibung geistiger Wirklichkeiten.

In Ägypten wurde Osiris mit dem Sternbild des Orion gleichgesetzt und Isis mit Sirius. Die Hieroglyphe für Isis zeigt einen Stern über einem Dreieck, einer Pyramide. Im griechischen Mythos wird der Jäger Orion durch den Stachel eines Skorpions getötet. Wenn das Sternbild Skorpion am Nachthimmel aufgeht, geht Orion gerade unter (der Jäger stirbt durch den Stich des Skorpions). Dem Skorpion wurde im alten Ägypten Seth gleichgesetzt. Im Mythos tötet Seth Osiris, sowie ein

Skorpionstich Orion tötete. Auch die Maya kannten einen ähnlichen Mythos um das Sternbild Orion. Sie nannten diese Sternengruppe *Popol Vuh*, was übersetzt »Großer Vater« bedeutet. Popol Vuh wurde von den »Göttern des Jenseits« (= Skorpion) im Mayamythos getötet.

Für 70 Tage waren im alten Ägypten Orion und Sirius (Osiris und Isis) nicht am Himmel zu sehen. 70 Tage dauerte die Einbalsamierung und Trauerzeremonien für einen Pharao. Zur Sommersonnwende stiegen Orion und Sirius wieder auf. Hierbei handelte es sich um einen sogenannten *heliakischen Aufgang*. Hat die Erde auf ihrer Umlaufbahn um die Sonne den Ort erreicht, von dem aus die Sonne genau vor einem Stern oder Planeten steht (Konjunktion), so ist dieser natürlich nicht sichtbar. Einige Tage zuvor ist dieser Himmelskörper zum letzten Mal sichtbar, und zwar unmittelbar nach Sonnenuntergang für kurze Zeit am westlichen Horizont. Dies ist der *heliakische Untergang*. Umgekehrt beschreibt der *heliakische Aufgang* den ersten Tag nach der Konjunktion, an dem der Himmelskörper vor Sonnenaufgang am östlichen Horizont erscheint, um kurz darauf von der Sonne überstrahlt zu werden.

Nach 70 Tagen gingen Orion und Sirius (Osiris und Isis) am östlichen Horizont auf, um kurz darauf von der Sonne überstrahlt zu werden. Im

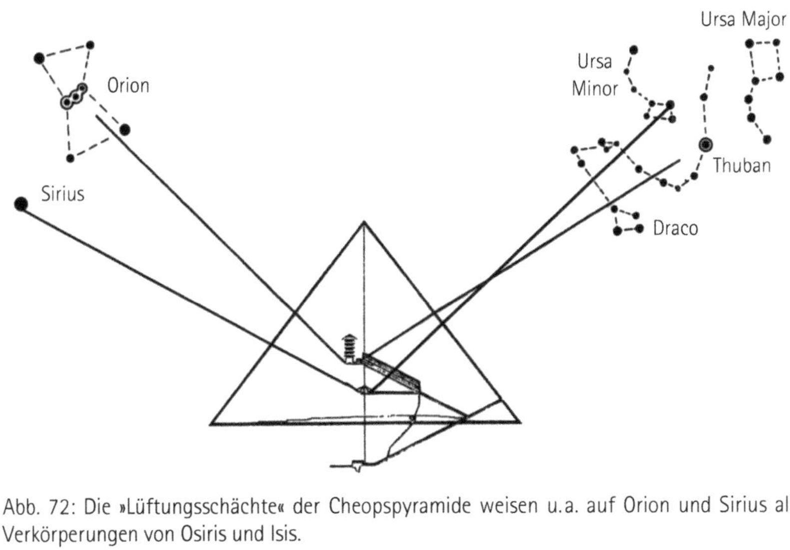

Abb. 72: Die »Lüftungsschächte« der Cheopspyramide weisen u.a. auf Orion und Sirius als Verkörperungen von Osiris und Isis.

Mythos zeugt Isis mit dem (eigentlich toten) Osiris das Kind Horus, das später mit der Sonne gleichgesetzt wurde (Orion und Sirius zeugen, d.h. »erschaffen« die Sonne). Nun begann zu dieser Zeit um die Sommersonnwende die Zeit der Nilüberschwemmungen und damit die Fruchtbarkeit für das Land!

Die Cheopspyramide ist so gebaut, daß zu ihrer Bauzeit (2600 v. Chr.) die von der Archäologie als »Luftschächte« titulierten Gänge im Osten der Pyramide genau auf Orion und Sirius zum Zeitpunkt ihres heliakischen Aufganges zur Sommersonnwende zeigten *(Abbildung 72)*.

Der ägyptische Mythos hat im übrigen das Christentum geprägt wie wohl kein anderer. Isis mit dem Knaben Horus auf dem Schoß wurde zu Maria und Christus *(Abbildung 73 a - b)*. So wie Osiris der geopferte Gott war, wurde Christus zum geopferten Gott. Zur Zeit Christi Geburt erschien Orion durch die Präzession (das Taumeln der Erdachse, siehe oben) nicht mehr am Morgen, sondern am Abend zur Wintersonnwende (Weihnachten) am Himmel. Darum feierten die frühen Christen am Abend, zu Sonnenuntergang, ihre Andachten.

Abb. 73 a: Die Darstellung der Isis beeinflußte massiv
Abb. 73 b: die Darstellung der christlichen Madonna (hier eine stillende Maria: »Maria lactans«).

Doch nicht nur der Bau der Großen Pyramide wurde durch den Isis/Osirismythos des Sternenhimmels beeinflußt, die drei Pyramiden Cheops, Chefren und Mykerinos stehen exakt so wie die drei Gürtelsterne im Orion *(Abbildung 74)*. Auch die Zawyet El-Aryan und die Abu Roasch-Pyramide sind Bestandteile des Sternbildes Orion auf Erden. Der Nil repräsentiert die Milchstraße, und die Rote Pyramide und die Knick-Pyramide symbolisieren die Sternengruppe der Hyaden. So wurde das Sternbild, wie Kepler schrieb, in die Seele und den Körper der Erde gedrückt, vielleicht nicht von Gott, aber doch von göttlich inspirierten Erbauern.

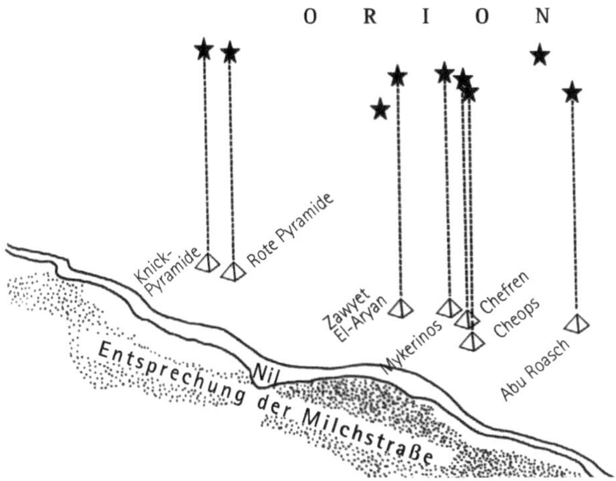

Abb. 74: Die Pyramiden bei Kairo bilden zusammen mit dem Nil einen »astralen Landschaftstempel« als Symbol des Sternbildes Orion und der Milchstraße.

Beispiele sakral-astraler Orientierungen

Ägypten ist kein Einzelfall. Im Gegenteil, es ist die Regel! Jede Ausrichtung eines heiligen Raumes, eines Tempels, einer Kirche, richtet sich nach bestimmten Richtungsqualitäten und der damit verbundenen religiösen Mythologie. Diese allerdings unterscheidet sich natürlich von Kultur zu Kultur, obgleich es andererseits immer wieder erstaunliche Ähnlichkeiten gibt, auch bei Kulturen, die zeitlich oder räumlich weit getrennt voneinander existierten. Das Grundprinzip der sakral-astralen Ausrichtung jedoch bleibt stets dasselbe, wie die folgenden Beispiele zeigen werden.

Malta

Die Tempel von Malta hatten wir bereits im ersten Teil des Buches als Beispiel der Verkörperung der Göttin in Gestalt des Tempels kennengelernt *(Abbildung 4)*. Auch wurde die Möglichkeit besprochen, die typischen maltesischen Doppeltempelstrukturen als in Verbindung stehend mit einer Göttin des Lebens und einer des Todes zu interpretieren. Historisch häufig belegt ist ein mythisch-göttliches Mutter-Tochter-Paar. So findet sich schon in der Tempelanlage von Catal Hüyük in der

Türkei ein gleiches Göttinnenpaar. Es wurden hier auch Figuren gefunden, bei denen die Körper miteinander verschmolzen waren, so daß die Zwei-Einheit symbolisch deutlich hervortritt. Ähnliche Doppelgöttinnen aus dem 5. vorchristlichen Jahrtausend wurden in Gomolava (ehem. Jugoslawien) gefunden. Am bekanntesten ist aber wohl der Demeter-Kore-Mythos. Eigentlich ist Demeter eine klassische dreifache Göttin, die als Jungfrau, Mutter und alte Frau auftritt und damit für die weiße, die rote und die schwarze Göttin steht. Als Demeter-Kore Zweieinheit repräsentiert Kore das Wandlungsprinzip. Als Persephone wird sie von Hades (im Herbst) geraubt und steigt im Frühjahr als Kore wieder zur Erde hinauf. Demeter-Kore könnte daher einen ähnlichen Mythos repräsentieren wie er einst auf Malta geherrscht haben mag. Dies drückt sich auch astronomisch aus.

Die Tempel besitzen, auch wenn es für manchen Archäologen noch nicht eindeutig genug belegt erscheint, eine astronomische Ausrichtung. Von 33 aufgezählten Tempeln weisen neun mit ihrem Eingang und ihrer Mittelachse nach Südosten, sieben nach Südwesten, drei exakt nach Osten, vier nach Süden, einer nach Westen und einer nach Norden (dessen Eingangssituation aber inzwischen sehr stark bezweifelt wird, da er zu schlecht erhalten ist). Bei acht Tempeln ist wegen des schlechten Erhaltungszustandes eine Tempelachse nicht mehr zu bestimmen. Dies bedeutet, daß alle eindeutigen Tempel Maltas sich zwischen Osten über Süden und Westen orientieren. Sie weisen nach Sonnenaufgang, Sonnenhöchststand und Sonnenuntergang und vertreten damit die drei Göttinnenprinzipien Jungfräulichkeit (weiß, Osten), Fruchtbarkeit (rot, Süden) und Tod/Wandlung (schwarz, Westen).

Am offensichtlichsten ist die astronomische Orientierung im Südtempel von Mnajdra *(Abbildung 75)*. Exakt zu den Tagundnachtgleichen fällt das Licht der aufgehenden Sonne für 10 - 15 Minuten durch den Eingang und die Tempelachse entlang bis in die »Kopfapsis«. Zur Wintersonnwende fällt der erste Sonnenstrahl auf einen aufrechten Stein, der mit einem horizontalen Stein eine Art Seitenaltar bildet und sich rechts von der Zentralachse befindet. Zur Sommersonnwende wird dagegen der linke Seitenaltar beleuchtet.

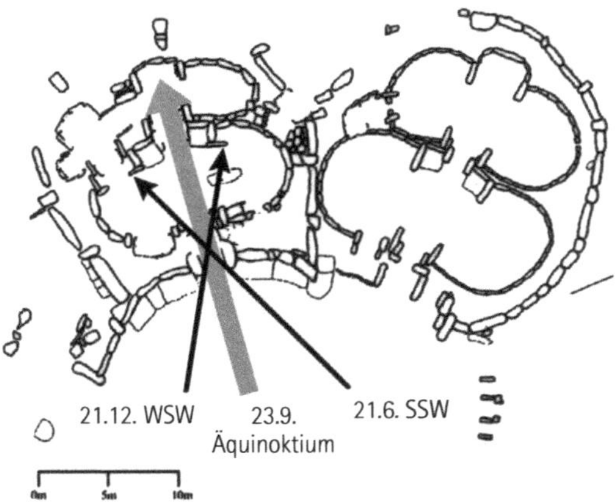

Abb. 75: Einfall der Sonnenstrahlen bei Sonnenaufgang in den Tempel von Mnaidra (Malta)

In Tarxien sind der erste und dritte Tempelteil so ausgerichtet, daß die Nachmittagssonne zur Wintersonnwende auf die linken Altäre fiel, um dann langsam auf den rechten Altar zu wandern und dort zu verlöschen. Die linke Seite offenbart sich als Lebens- die rechte als Todesprinzip, ganz so wie die im ersten Teil des Buches beschriebene Darstellung der »Doppelgöttin von Xaghra«!

Frank Ventura beschreibt in seinen Arbeiten eine Fülle weiterer astronomischer Bezüge der Tempel. So fällt z.B. am 21. Juni, zur Sommersonnwende, das Licht der aufgehenden Sonne durch ein als »Orakelloch« bezeichnete Öffnung des Tempels von Hagar Qim und wirft einen Lichtpunkt auf die gegenüberliegende Wand *(Abbildung 76)*.

Der deutsche Forscher *Klaus Albrecht* berechnete, daß – nimmt man ähnlich der Eingangssituation von New Grange in Irland, das später noch beschrieben werden wird, Oberlichter an, die einst über den Eingangstrilithen bestanden haben mögen – ein viel höherer Prozentsatz der Tempel eindeutig astronomische Ausrichtungen besitzt. Der Lichtstrahl der Sonne fällt durch die »Vagina« der Göttinengestalt des Tempels in ihre Gebärmutter und befruchtet sie, so daß sie die Fruchtbarkeit in die nahen agrarisch genutzten Täler hinein»gebären« kann. Da die Tempel auf Hügeln stehen, bestehen kaum Horizontüberhöhungen.

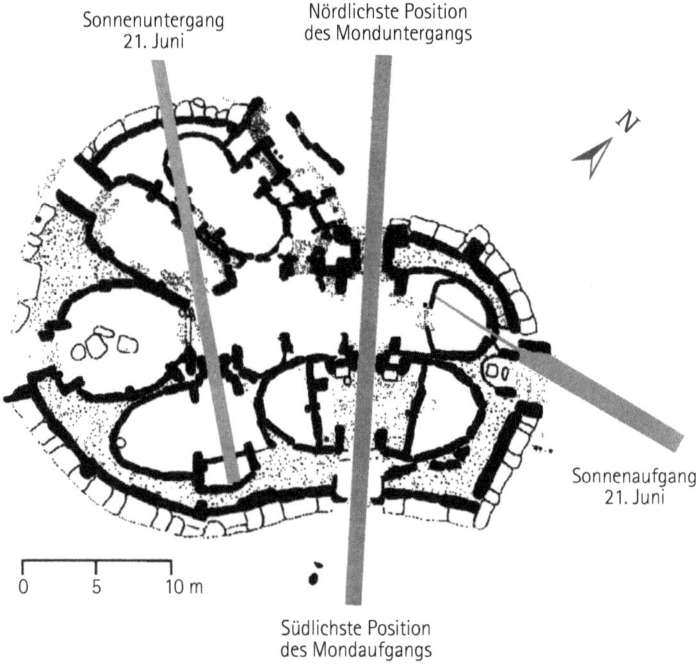

Abb. 76: Astronomische Ausrichtung des Tempels von Hagar Qim (Malta)

Wie Albrecht beschreibt, sind die Aufgangspunkte der Sonne am Horizont auch landschaftlich markiert. Bei den direkt an der Küste liegenden Tempeln, von denen die meisten im Süden oder Südosten der Inseln liegen (Borg-in-Nadur, Hagar Qim, Mnajdra) geht die Sonne an den »Marktagen« (Winter- bzw. Sommersonnwende, Tagundnachtgleichen) in der Regel am Schnittpunkt zwischen Meer und Land am Horizont auf. Bei anderen Tempelanlagen wie Ta Hagrat und Ggantija ist auffällig, daß die Tempelachsen auf Hügel am Horizont weisen, die den Namen »Nadur« tragen. »Nadur« ist ein arabisches Wort und bedeutet so viel wie »Wächter« oder »Beobachter«. Malta war durch seine Lage zwischen Afrika und Europa im Mittelmeer im Laufe seiner Geschichte von den verschiedensten Kulturen bevölkert. Der Tempelort »Borg-in-Nadur« heißt übersetzt soviel wie »Steine der Beobachtung«. Das Wappen des Ortes Nadur, auf den sich der Tempel von Ggantija orientiert,

Abb. 77: Hieroglyphe »Achet« (»Horizont«, 1. ägyptischer Monat). Sie zeigt ein stilisiertes »Sonnentor« - den Aufgang der Sonne in einer Landschaftskerbe.

zeigt so auch eine aufgehende Sonne. Wie *Klaus Albrecht* beschreibt, geht hier die Sonne zur Wintersonnwende zwischen zwei Hügeln auf der Hochebene von Natur auf, die eine Art »Sonnentor« bilden. Die Landschaftsmarke gleicht der ägyptischen Hieroglyphe »Achet« *(Abbildung 77)*, die wörtlich »Horizont« meint. In Ägypten begann der 1. Monat »Achet« zur Sommersonnwende. Ein solches Beobachtungssystem ist also nicht nur auf Malta beschränkt. Die Erde gebiert sozusagen an einem bestimmten Punkt (»Sonnentor«) die Sonne. Auch steht das arabische Wort »Nadur« ethymologisch in Zusammenhang mit dem astronomischen Begriff »Nadir« (Tiefpunkt). Eine im Tempel von Tal Qadi gefundene Steinplatte *(Abbildung 78)* mit Gravuren von Sternen und Mond und eine in Hagar Qim gefundene Steintafel mit einer Art Sonnenrad zeigen, daß diese Ausrichtungen wohl kaum zufällig sind und daß die Astronomiekenntnisse der Tempelkultur wohl weit über die Sonnenbeobachtung hinausgingen.

Abb. 78: Archäologischer Fund aus dem Tempel von Tal Qadi (Malta). Das Fragment zeigt Segmente mit Mond und Sternen.

Am Osttempel von Mnajdra befinden sich an der Schwelle zur »Kopfnische« des Tempels zwei Steine mit Reihen gebohrter Löcher. Auf dem östlichen Stein befindet sich eine Gruppe von Löchern, die der Sterngruppe der Plejaden ähnelt. Die Plejaden waren ein wichtiger Beobachtungsmarker, denn ihr heliakischer Aufgang bezeichnete den Frühjahresbeginn.

19 Tage nach den Plejaden geht nun vom Osttempel aus betrachtet Aldebaran (Sternzeichen Stier) auf. Entsprechend finden sich 19 Loch-

bohrungen im Stein. Zwischen 4000 und 1700 v. Chr., also während der Zeit der Tempelkultur, bezeichnete das Sternbild Stier den Frühlingspunkt. Die Plejaden bilden ungefähr 15 Grad nordwestlich von Aldebaran die Schulter des Stieres. Kulturübergreifend wird der Sternhaufen der Plejaden oft mit weiblichen Kräften assoziiert. In der griechischen Mythologie wurden sie »sieben Schwestern« genannt, und bei den Aborigines in Australien werden sie als junges Mädchen dargestellt. Da die Plejaden dem Skorpion gegenüberstehen, der kulturübergreifend oft mit dem Tod assoziiert ist (siehe Osiris und Seth-Mythos) »bewachen« die Plejaden sozusagen das Tor zur Unterwelt und gelten als Trägerinnen des Lichtes und die Verheißung der Wiedergeburt.

Weitere 13 Tage später folgt der heliakische Aufgang der Hyaden, entsprechend finden wir eine Reihe von 13 Bohrungen. Wieder handelt es sich um eine Sterngruppe, die mythologisch oft als Frauen gedeutet wird. Bei den römischen Bachus-Festen umtanzten Mädchen, die die Hyaden darstellten, einen blumengeschmückten Stier, der für das Sternzeichen Stier stand.

16 Tage später, entsprechend einer Reihe von 16 Bohrungen, geht Beteigeuze auf usw. So finden alle 9 Reihen von Lochbohrungen eine unmittelbare Entsprechung zu den heliakischen Aufgängen von Sternen oder Sterngruppen. Nicht nur die Sonne »befruchtet« die Erdgöttin, sondern der Kosmos, der Himmel als Ganzes. Das Kosmisch-Geistige führt zur Verkörperung. Tod und Leben, Geistiges und Stoffliches tanzen einen kosmischen Reigen. Dieses Zusammenspiel ist in der Konstruktion der Tempel erneut ablesbar und in eine heilige Geometrie und Harmonik gefaßt.

Stonehenge

Etwa eintausend Jahre nach den maltesischen Tempeln (2200 v. Chr.) wurden die Steine von Stonehenge in Wiltshire / England errichtet. Der die Anlage umschließende runde Erdwall wird für etwa 1000 Jahre älter gehalten. Doch die Anziehungskraft von Stonehenge reicht unvermindert bis in heutige Zeit. Noch heute ist es dem 1781 gegründeten »Ancient Order of Druids« gestattet, dort seine rituellen Feste zu feiern. Nachdem Sir Norman Lockyer bereits Anfang des 20. Jahrhunderts die ersten astronomischen Berechnungen zur Anlage von Stonehenge publiziert hatte, von denen sich leider einige als falsch erwiesen, wurden in den 1960er Jahren genauere Studien und Berechnungen vorgenommen. Astronomische Bezüge der Anlage gibt es so zahlreiche, daß Stonehenge bereits als »steinzeitlicher Computer« bezeichnet wurde. Dabei darf jedoch nicht vergessen werden, daß es wohl in der Kultanlage weniger um mentale Berechnungen als um authentische Beobachtung und seelische Erfahrung ging.

Vom Zentrum des Kreises aus kann man zwischen den Steinen aus dem zweiten Trilithenkreis hindurch und entlang des nordöstlichen Walls den Mondaufgang am Tag der Großen Mondwende anpeilen *(Abbildung 79)*. Über den sogenannten nahen »Abschlußstein« (auch Fersenstein, »Heelstone«, genannt) dagegen ist der Sonnenaufgang zur Sommersonnwende anpeilbar. Entlang des Walles gibt es im Nordwesten

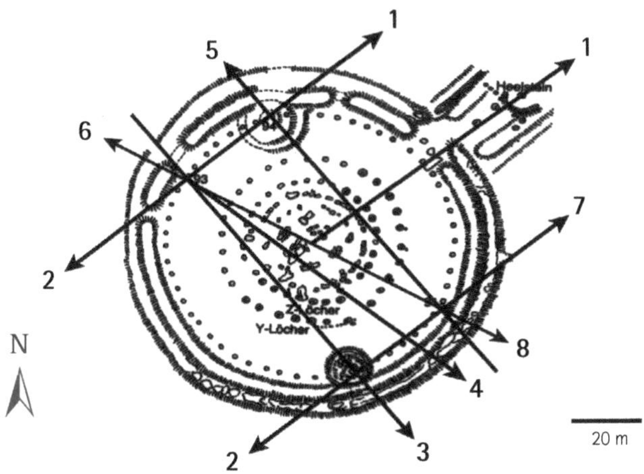

Abb. 79: Astronomische Ausrichtung von Stonehenge
1 Sonnenaufgang am Tag der Sommersonnwende
2 Sonnenuntergang am Tag der Wintersonnwende
3 Mondaufgang am Tag der Sommersonnwende, kleine Mondwende
4 Sonnenaufgang am Tag der Wintersonnwende
5 Monduntergang am Tag der Wintersonnwende, große Mondwende
6 Monduntergang am Tag der Wintersonnwende, kleine Mondwende
7 Mondaufgang am Tag der Wintersonnwende, große Mondwende
8 Mondaufgang am Tag der Sommersonnwende, große Mondwende

und Südosten der Anlage vier sogenannte »Stationssteine«. Peilt man an ihnen entlang, so kann man am Horizont den Mondaufgang und -untergang am Tag der kleinen und großen Mondwende, den Sonnenauf- und -untergang zur Wintersonnwende und den Sonnenuntergang zur Sommersonnwende beobachten. Zudem fand man bei archäologischen Untersuchungen zahlreiche Löcher, die die Anlage entlang des Walls einst umgaben. Vermutlich rührten sie von Holzpfosten her, die hier eingesteckt wurden. So konnte die Position des Mondes während eines vollständigen Zyklus von 18,6 Jahren, dem sogenannten metonischen Zyklus, bestimmt werden. Stonehenge könnte weiterhin unter anderem dazu benutzt worden sein, die Frühlings- und Herbst-Tagundnachtgleiche und damit insgesamt die wichtigen jahreszeitlichen Wendepunkte vorauszusagen bzw. dort mitzuerleben.

Heute wird angenommen, daß Stonehenge ursprünglich eine Art Mondheiligtum und auf die Mondachsen ausgerichtet war. Diese wurde aber scheinbar später durch Hinzufügung weiterer Steine um 4 Grad verändert, um so auch die Sonne kultisch mit einzubeziehen.

Eine Interpretation der Anlage geht davon aus, daß Stonehenge ein Versuch war, die allgemeinen Holzstrukturen, die zu der Zeit auf dem Salisbury Plain üblich waren und zum Beispiel in Durrington Walls nachgewiesen wurden, in dauerhaften Stein zu übertragen. Die Archäologen *Ramilisonina* und *Pearson* beziehen sich dabei auf kulturübergreifende ethnographische Studien, wonach Holz ein Symbol des Lebens (siehe der Baum als Symbol des Lebens) und Stein ein Symbol des Todes (siehe der Stein als Symbol der Ewigkeit) war. Folgt man dieser Interpretation, so wäre Stonehenge Teil einer langen rituellen Begräbnisprozessionsstraße, die im Osten zu Sonnenaufgang bei Durrington Walls und Woodhenge begann und über den Fluß Avon als Symbol des Unterweltflusses oder der Milchstraße – ähnlich wie in Ägypten der Nil – entlang der sogenannten »Avenue« bei Sonnenuntergang Stonehenge erreichte. Eine symbolische Reise vom Leben zum Tod. Wie in Malta wären Leben und Tod zeitgleich präsent und damit auch die Verheißung der Wiederauferstehung.

Newgrange

Gegenüber Stonehenge ist das neolithische Bauwerk Newgrange in Irland, nördlich von Dublin, wesentlich einfacher gehalten. Es wurde etwa in der Zeit des ersten Stonehenge und der maltesischen Tempel erbaut (3200 v. Chr) und gehört mit zu den ältesten überdachten steinernen Bauwerken der Welt. Das Gebiet um Newgrange, das auch die Sakralbauwerke Knowth und Dowth enthält, ist unter dem Namen »Brugh na Boinne« bekannt. Dies bedeutet entweder »Palast am Boyne« (Boyne ist der nahe Fluß) oder sogar »Gebärmutter der leuchtenden Kuh«. Der Sage nach lebten hier die »Herren des Lichtes«. Newgrange als »Gebärmutter« zu bezeichnen ist dabei ungleich treffender. Der perfekt gestaltete runde Hügel ist elf Meter hoch, hat einen Durchmesser von 90 Metern und wird am Rand von 97 Steinen begrenzt. Das Innere des Hügels birgt einen 19 Meter langen Gang, der sehr ähnlich den Tempeln von Malta in drei Apsiden endet. Die Steine vor und innerhalb des Bauwerkes sind über und über mit Steingravuren, hauptsächlich Spiral-

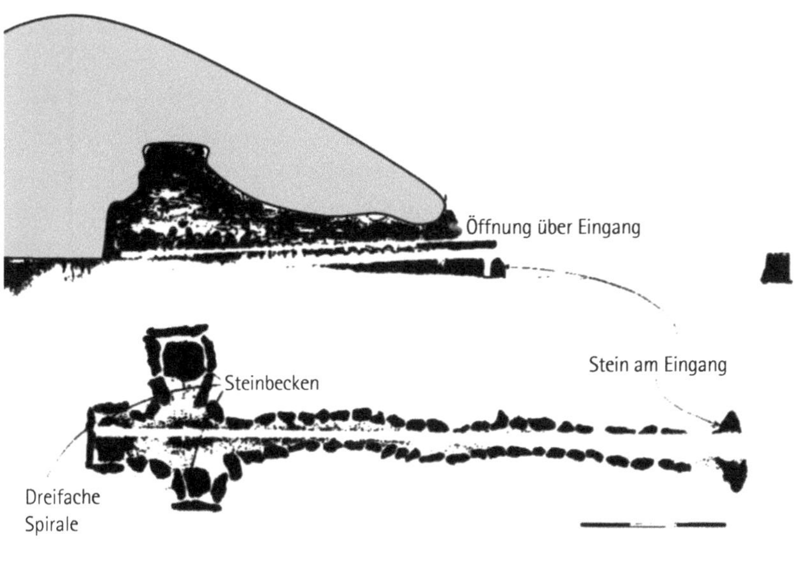

Abb. 80 a + b: Newgrange (Irland). Zur Wintersonnwende fällt das Licht der aufgehenden Sonne für wenige Minuten an das Ende eines gewundenen Ganges.

motiven, geschmückt. Über dem Eingang zu diesem sakralen Bauwerk, das meist als »Ganggrab« bezeichnet wird, obgleich ein Grab nicht belegt ist, befindet sich eine gerade einmal briefkastengroße Öffnung. Am Tag der Wintersonnwende fiel das Licht der aufgehenden Sonne durch diese Öffnung *(Abbildung 80a-b)* und durch den sich leicht windenden Gang bis ans Ende der Kammer, um dort für wenige Minuten (17 Minuten) eine Triskele, eine dreifache Spirale zu beleuchten. Neben dem Motiv des sich Ein- und Ausspiralisierens, das als Leben und Tod interpretiert werden kann, ist die Triskele, also die Dreifachspirale, auch ein Symbol der Dreifaltigkeit, die wir in den drei Göttinnen kennengelernt haben. Wegen der Präzession hat sich der Winkel zwischen Bauwerk und Sonne leicht verschoben, so daß heute leider der Lichtstrahl nicht mehr ganz bis zum Ende der rückwärtigen Kammer vordringt.

Das Licht der Sonne trifft zu dem Zeitpunkt, an dem sich die Natur ganz zurückgezogen hat, dem Zeitpunkt der längsten Nacht und größten Dunkelheit, bis in die »Tiefen der Erde« und erweckt den Samen des Lebens neu. Newgrange ist so eine wahre »Gebärmutter des Lichts«. Der Aufbau gleicht jenem der Tempel von Malta so verblüffend, daß es in der Tat schwerfällt, nicht von einer »weltumspannenden einheitlichen Kultur« auszugehen.

Cuzco

Das Wort »Cuzco« (auch »Cusco«, ursprünglich »Quaqu«) entstammt dem Quechua (Indianersprache) und bedeutet »Nabel der Welt«. Die alte Inkastadt im heutigen Peru, die 1440 vom Herrscher Pachacuti geplant wurde, stellt ein solch herausragendes Beispiel geomantisch-sakraler Planung dar, daß nicht versäumt werden darf, diese hier zu beschreiben. Schon die Gründungslegende läßt die zentralen Symbole erkennen, die wir in diesem Buch behandelt haben:

Einst wurde der Sonnengott Inti von Mitleid bewegt, als er sah, in welchem Unglück die Menschen lebten. Daraufhin erschuf er seine Kinder: Manco Cápac und Mama Ocllo. Er erhob sie aus dem Schaum des Titicacasees und brachte sie auf die Sonneninsel. Sie bekamen die Aufgabe, die Menschen zu zivilisieren und ein Imperium zu gründen. Er gab ihnen einen goldenen Stab mit, der an einem fruchtbaren Ort in der

Erde versinken würde. Dort sollten sie eine Siedlung errichten. Und so begaben sich die Geschwister auf eine lange Wanderung. Sie erreichten ein Tal, wo der Stab im Boden versank. Dort gründeten sie die Stadt Cuzco, welche die Hauptstadt ihres Reiches sein sollte. Manco Cápac lehrte die Menschen Ackerbau und Mama Ocllo die Kunst, Gewebe herzustellen...

Erkennen wir nicht in Cuzco ein ähnliches Sagenmotiv wie in Delphi? In Delphi war es der Sonnengott Apoll, der mit einer Lanze, die er in den Kopf der Erdschlange rammte, den Omphalos (= Nabel) begündete. Im alten Inkareich sind es die himmlischen Kinder des Sonnengottes Inti, die mit einem goldenen Stab (Symbol für den Strahl der Sonne und die axis mundi), den sie in der Erde versenken, den »Nabel« Cuzco begründen.

Die alte Stadt Cuzco wurde in Gestalt eines Jaguars angelegt *(Abbildung 81)*. Das Reich wurde *Tawantinsuy*u, »nach den vier Himmelsrichtungen«, aufgeteilt. Auch hierin erkennen wir die Symbolik der heiligen Mitte und die Ausrichtung in die Himmelsrichtungen wieder. Die Flüsse Huatanay und Tullumayo wurden kanalisiert und in der Stadt nach den Zwischenhimmelsrichtungen angelegt. Sie symbolisierten die Milchstraße, die auf ihrem zwölfstündigen Weg über den Nachthimmel das Firmament Nordwest-Südost zu teilen scheint. Im Zentrum der Stadt, dem Auge des Jaguars, lag der Sonnentempel Coricancha. Diese »Mitte der Mitte« richtete sich nach der Wintersonnwende (in Cuzco am 21. Juni!) aus. An diesem Tag saß der Inkaherrscher in einer speziellen Nische, die mit Gold ausgekleidet war. Fielen die Strahlen der Sonne auf ihn, so erstrahlte er wie der Sonnengott Inti selbst.

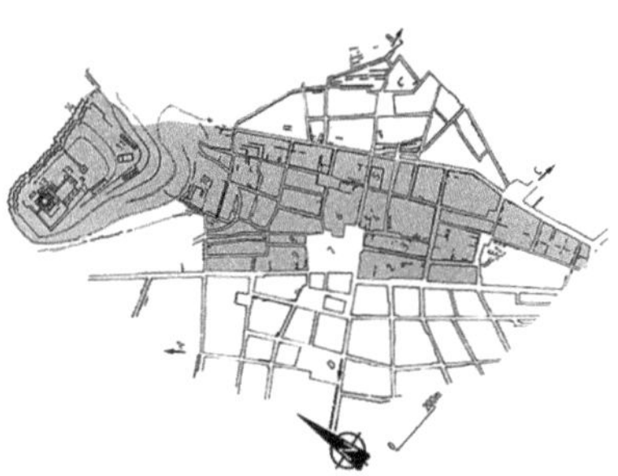

Abb. 81: Das alte Cuzco wurde als Abbild eines Jaguars gestaltet. Der Sonnentempel befindet sich im Kopfbereich (»Auge«).

Der Sonnentempel stand im Zentrum von 40 schnurgeraden »Bahnen«, sogenannten »Ceques«, die durch Heilige Berge und Kultstätten (huacas) markiert waren.

Jede dieser Ceques beherbergte zwischen 3 und 13 Huacas, insgesamt 328, genau so viele wie das Inka-Jahr Tage hatte. Die Ceques stehen dabei auch in Übereinstimmung mit den 40 Positionen der Konjunktionen von Jupiter und Saturn am Firmament. Saturn, der entfernteste mit bloßem Auge sichtbare Planet unseres Sonnensystems, und Jupiter, der mit Manco Cápac gleichgesetzt wurde, stehen alle 20 Jahre in einer Konjunktion. Jede Konjunktion weicht von der vorhergehenden immer leicht ab. Erst nach 40 Konjunktionen (nach 800 Jahren!) befinden sich beide Gestirne wieder in exakt der gleichen Konstellation zueinander. Jede Konjunktion, jede »Wiedervereinigung der himmlischen Geschwister«, aktivierte sozusagen die axis mundi, den »Goldenen Stab«. Die Zahl 40 war daher bei den Inka eine heilige Zahl; so führten ihre Priester bei ihrer Berechnung 40 Tänze auf und teilten ihre Stämme in 40 Einheiten auf, 40 Straßen führten von der Stadt Cuzco in alle Himmelsrichtungen. Raum und Zeit waren in Einklang gebracht.

Cichén Itza und Uxmal

Chichén Itza ist eine von den Mayas auf der Halbinsel Yucatán zwischen 600 und 830 n. Chr. erbaute heilige Stätte. Etwa um 1000 nach Christus wurde die Anlage von den Tolteken verändert und erweitert. Das mit einem spiralförmigen Aufgang im Inneren versehene Bauwerk »Caracol« *(Abbildung 82)* wurde so ausgerichtet, daß durch drei Öffnungen im Turm nicht nur der Sonnenuntergang zu den Äquinoktien zu beobachten ist, sondern vor allem auch der nördlichste und der südlichste Untergang der Venus im Jahreslauf. Die Venus spielte im kultischen Kalender der Mayas eine bedeutende Rolle. Sie wurde der gefiederten Schlange Kukulkan, die bei den Azteken »Quetzalcoatl« genannt wurde, gleichgesetzt. Die Maya erkannten das 584-Tage Intervall der Venus: Auf die 236 Tage Sichtbarkeit der Venus als Morgenstern folgen 90 Tage Unsichtbarkeit. Danach ist die Venus wieder 250 Tage als Abendstern zu beobachten, ehe sie wieder 8 Tage nicht zu sehen ist. Die Umlaufzeit der Venus dauert 225 Tage, die der Erde 365 Tage. Der Mayakalender beruht hauptsächlich auf drei Bezugssystemen: dem Sonnenjahr, dem Venusjahr und einem rituellen Jahr aus 260 Tagen.

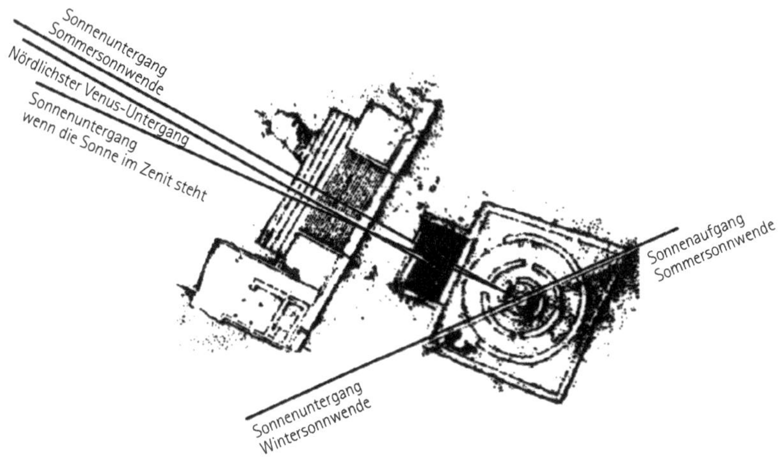

Abb. 82: Astronomische Ausrichtung des Caracol in Cichén Itza (Mexiko)

Die wohl wichtigste Gottheit der Mayas war die Venus, der Planet des Schicksals. Doch anders als bei den Griechen und Römern, war sie nicht weiblich und sanft, sondern männlich und unheilvoll. Wenn die Venus als Morgen- oder Abendstern sichtbar wurde, verschlossen viele Maya ihre Fenster, aus Angst vor schädlichen Strahlen. Viele Könige planten ihre Kriege nach dem Aufgang des Schicksalsplaneten oder gaben mit ihrem Wissen über die Venus an, um ihren Status als Regent zu sichern. Eine ebenfalls wichtige Gottheit war die Sonne (genannt Ahaw K'in). Auch sie war männlich und wurde als Licht- und Wärmespender sehr verehrt. Während der Morgendämmerung war der Gott jung, am Abend, bei Sonnenuntergang, war er alt geworden. Gemeinsam mit dem Mond bildet die Sonne die heldenhaften Zwillinge, die berühmtesten Charaktere der Maya-Mythologie. So verwundert die exakte Orientierung des »Schneckenhauses« Caracol nach der Sonne und der Venus kaum.

Ungefähr 700 Meter nordöstlich des Caracol-Observatoriums steht eine steinerne Stufenpyramide (El Castillo oder auch »Tempel des Kukultan«). Je 91 Stufen führen von jeder der 4 Seiten zum zentralen Plateau, 91 x 4 = 364. Mit der Stufe am obersten Plateau symbolisieren sie die 365 Tage des Sonnenjahres. Zu den Äquinoktien (Tagundnachtgleichen) kann man an der Pyramide ein ebenso faszinierendes wie symbolisches Schauspiel beobachten: Bei Sonnenuntergang wird von der Nordwestecke der Pyramide ein Schatten auf die Zeremonialstiege auf der Nordseite geworfen. Es bewegen sich so Dreiecke aus Licht und Schatten langsam die Ballustrade hinunter bis sie auf das Schlangenrelief des Kulukan am Boden fallen – ein symbolisches Lichtschauspiel der Bewegung der gefiederten Schlange.

Im Westen der Halbinsel von Yucatan liegt die sakrale Ruinenstadt Uxmal *(Abbildung 83)*. Auch sie ist ein Relikt der Mayakultur und erlangte zwischen 600 und 900 n. Chr. große Bedeutung. Auch hier ist die Orientierung zur Venus evident. Vom Haupttor des sogenannten »Palastes des Gouverneurs« aus führt eine Beobachtungslinie über eine zylindrische Stele zu einer weiteren Pyramide in einigen Kilometern Entfernung: der Pyramide »Nohpat«. Diese Beobachtungslinie markiert exakt den südlichsten Aufgangspunkt der Venus. Diese Peillinie ist durch die »weiße Straße«, einen heiligen Weg, deutlich gekennzeichnet. In einem Steinmosaik am »Palast des Gouverneurs« ist »Chac« (der Regengott) dargestellt, in dessen Augenlid das Maya-Zeichen für die Venus eingraviert wurde.

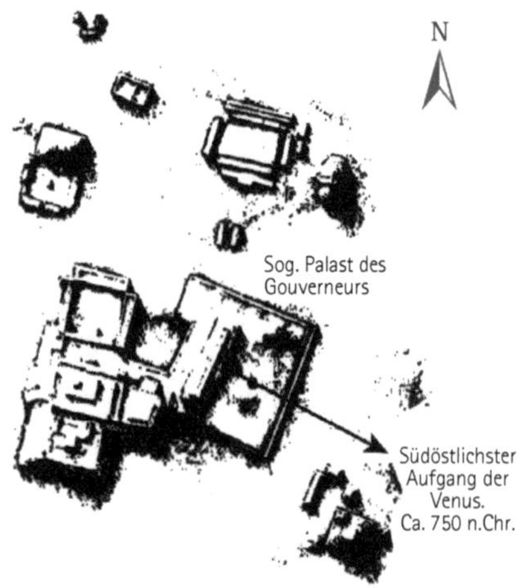

Abb. 83: Astronomische Ausrichtung von Uxmal (Mexiko)

Die Nazca-Ebene

Zwischen den Städten Palpa und Nazca in Südperu gibt es eine große Ebene aus hellem Sand, der mit oxidiertem schwarzem Gestein bedeckt ist. Auf ihr sind durch das Beiseiteschieben des dunklen Gesteins Bilder von Echsen, Vögeln, Spinnen, Walen, Menschen und Affen gestaltet worden, sogenannte »Scharrbilder«, die vollständig nur aus der Luft erfaßt werden können. Die Gesamtausdehnung des auf diese Weise gestalteten Gebietes beträgt 100 Quadratkilometer. Anhand archäologischer Vergleiche der Bilder in der Pampa mit Motiven auf Keramiken der Nazca-Periode wurde angenommen, daß diese sogenannten Geoglyphen während der Zeit der Nazca-Kultur entstanden sind, die zeitlich zwischen 200 v. Chr. und etwa 600 n. Chr. anzusiedeln ist. Heute weiß man, daß die ältesten Figuren bereits etwa zwischen 800 v. Chr. bis 200 v. Chr. in der Zeit der Paracas-Periode entstanden sind, wobei einige der z.T. auch schnurgerade verlaufenden Linien z.T. noch heute von der lokalen Bevölkerung rituell genutzt werden. Drei Gruppen von Zeichnungen kann man einordnen: Geometrische Formen wie Trapeze, Rechtecke, Dreiecke u. a. gerade Linien, die wenige Hundert Meter oder auch mehrere Kilometer lang sein können, und Figurenbilder. Die deutsche Mathematikerin Maria Reiche hat die Nazcaebene über viele Jahrzehnte erforscht und entdeckte in der Tat auch astronomische Bezüge. So sind einige der geraden Linien so ausgerichtet, daß sie v.a. auf wesentliche Sonnenaufgangspunkte am Horizont wie z. B. zur Sommersonnwende weisen. Daher vermutete Maria Reiche in den Scharrbildern ein Kalendersystem der Nazcaindianer. Wenngleich diese These einiges für sich hat, so konnten doch nicht alle Linien und Figuren auf diese Weise erklärt werden, und der spirituell-rituelle Bezug darf auf keinen Fall übersehen werden. Die sogenannte »Sommersonnwendlinie« z. B. weist ebenso auf den Venusuntergang exakt am 2. November 609, (um 20:04 Uhr). Die sogenannte »Kondorlinie« dagegen weist auf den Punkt am Horizont, wo der Jupiteruntergang am 22. Januar 206 (17:28 Uhr) stattfand. **Übersicht** 2 zeigt eine ganze Reihe von Übereinstimmungen der Nazca-Linien mit Sternenkonfigurationen. Diese Linien könnten daher die »Kraft der Planeten« eingefangen haben, um diese in das sakrale Gebiet einfließen zu lassen, ganz ähnlich wie die bereits beschriebenen geomantischen Gründungszeremonien (z. B. das Pedjeshes in Ägyten) dies taten. Der in vielen Kulturen gerade Süd- und Mittelamerikas so wichtige sakrale Bezug der Venus würde dafür sprechen. Eine aktuelle Diplomarbeit von *Gunnar Ströer* im Diplomstudiengang Vermessungswesen 2003 – 2008 an der Hochschule für Technik und Wirtschaft Dresden (FH) hatte die Erarbeitung eines Computerprogramms

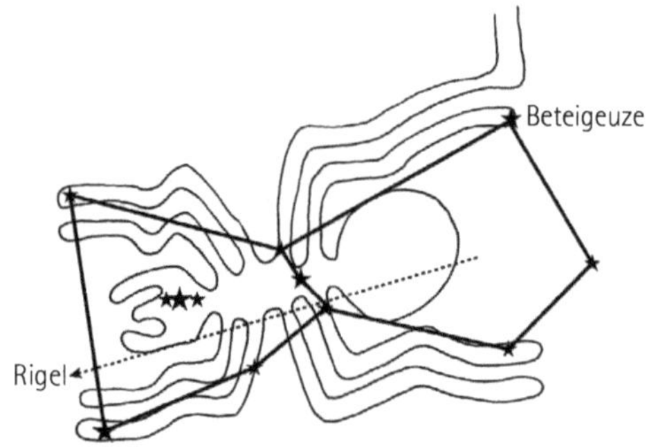

Abb. 84: Das Scharrbild der Spinne in der Ebene von Nazca (Peru) entspricht dem Sternbild Orion. Eine markierte Linie weist zum Stern Rigel am Horizont zur Entstehungszeit der Geo-glyphe.

zum Inhalt, mit dessen Hilfe Korrelationen zwischen Linien und Flächen in der Pampa und Positionen von Sternen, Planeten, Sonne und Mond zur Nazca-Zeit bestimmt und überprüft werden können.

Eine ganze Reihe von Tierbildern, sogenannter »Geoglyphen«, wird mit Sternbildern in Verbindung gebracht. So soll der »Affe« das Sternbild »Kleiner Bär« zeigen und der spiralförmig aufgewickelte Schwanz das Kreisen des Sternbildes um den Polarstern wiedergeben. Die Geoglyphe der »Spinne« (etwa 56 Meter groß) dagegen steht für das Sternbild Orion *(Abbildung 84)*. Die gekennzeichnete Linie durch die Spinne in Abbildung 84 zeigt zum Stern Rigel, dem hellsten im Sternbild des Orion. Das sogenannte Plejaden-Dreieck ist eine von Steinen freigeräumte Fläche von etwa 850 m x 80 m. Diese Fläche enthält einen großen Steinhaufen am westlichen und drei kleinere am östlichen Ende mit jeweils trichterförmigen Vertiefungen in der Mitte, in denen sich möglicherweise Holzpflöcke befanden, welche zur Peilung dienten (Visurlinien).

Die sogenannte Sirius-Linie befindet sich zwischen Nasca und Palpa; sie kreuzt die Panamerikana, ist etwa 3,7 km lang und wies um 222 n. Chr. in die Richtung des untergehenden Sternes Sirius, dem hellsten Stern am Firmament. Westlich der Panamerikana ist die Linie durch Baumaßnahmen (Tierfarm) völlig zerstört; Luftbilder von 1945 zeigen jedoch noch ihre ganze Ausdehnung.

Übersicht 2: Übereinstimmung von Linien mit hellen Sternen

Line_ID	FK5-No.	Name	Magnitude	Start	End
63	616	Antares	1.0	June, 16 A.C.	Oct., 32 A.C.
64	194	Rigel	0.1	Nov., 104 B.C.	March, 81 B.C.
66	509	Alkaid	1.9	Feb., 323 A.C.	Aug., 339 A.C.
67	468	Gacrux	1.8	June, 650 A.C.	March, 667 A.C.
67	481	Becrux (Mimosa)	1.3	March, 170 A.C.	June, 183 A.C.
67	518	Agena (Hadar)	0.6	April, 32 B.C.	April, 18 B.C.
70	54	Achernar	0.5	July, 114 B.C.	Aug., 99 B.C.
70	483	Alioth	1.8	July, 181 B.C.	Aug., 164 B.C.
75	194	Rigel	0.1	Oct., 700 A.C.	July, 734 A.C.
78	616	Antares	0.9	June, 179 A.C.	Nov., 199 A.C.
79	616	Antares	0.9	Aug., 37 A.C.	July, 56 A.C.
80	243	Murzim	1.9	Jan., 128 B.C.	May, 80 B.C.
70	616	Antares	0.9	April, 127 B.C.	Oct., 108 B.C.
81	616	Antares	0.9	April, 35 B.C.	Oct., 18 B.C.
82	243	Murzim	1.9	June, 134 B.C.	Nov., 86 B.C.
82	616	Antares	0.9	Aug., 124 B.C.	Aug., 105 B.C.
83	616	Antares	0.9	June, 225 A.C.	Oct., 243 A.C.

Spalte 1: Nummer der Linie (interne Bezeichnung der Linie)
Spalte 2: Nummer des Sterns im FK5
Spalte 3: Name des Sterns
Spalte 4: Helligkeit des Sterns
Spalte 5: Erstmaliges Auftauchen des Sterns am Horizont in Richtung der Linie
Spalte 6: Letztmaliges Auftauchen des Sterns am Horizont in Richtung der Linie

Quelle: archaeologie-online.de, Bernd Teichert

Diese wenigen Beispiele sollen genügen, um deutlich zu machen, wie sehr diese rituelle Landschaft der Nazcaebene von der Ausrichtung auf Sternenkräfte geprägt ist. Sie lassen die ganze Ebene zu einem wahren Landschaftstempel werden. Auch diese Art der Gestaltung ganzer Landschaften nach Sternbildern ist auf der Erde nicht ungewöhnlich, wie die nächsten Beispiele zeigen werden.

Astrale Landschaftstempel in Europa

Wie schrieb Johannes Kepler doch gleich? *Ein gewisses Bild des Tierkreises und des ganzen Firmamentes ist von Gott in die Seele der Erde gedrückt...* Beispiele dafür, daß auch der Mensch Sternbilder »in die

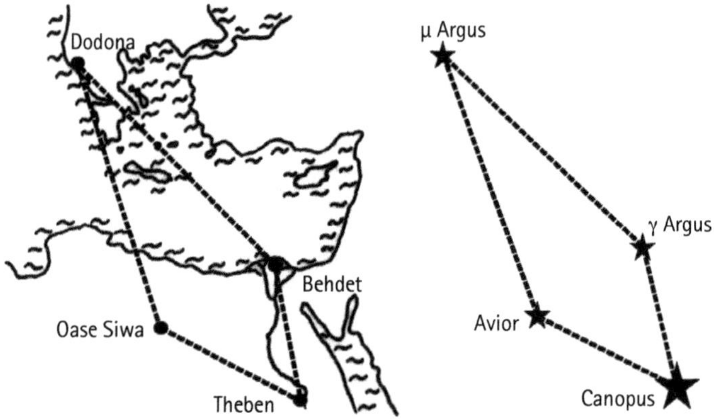

Abb. 85: Das alte Sternbild »Argo« (rechts) wird im Mittelmeer durch die Kultstätten von Theben, Behdet, Dodona und der Oase Siwa repräsentiert.

Erde drückt«, hatten wir schon aus Ägypten und zuletzt aus Peru kennengelernt. Doch auch Europa besitzt einige Beispiele solcher »astralen Landschaftstempelstrukturen«:

Die antiken Mysterienstätten Dodona, Behdet, Theben und die Oase Siwa (mit der Orakelstätte des Gottes Amun) z. B. bilden im östlichen Mittelmeerraum maßstäblich exakt das Sternbild Argo* mit den Sternen Mykron-Argus, Gamma Argus, Avior und Canopus (Alpha-Argus) nach *(Abbildung 85)*. Wie der »Zufall« es so will, spielt der Mythos von Jason und den Argonauten genau in diesem Gebiet. Jason war auf der Suche nach dem »Goldenen Vlies« (dem Fell) des Widders Chrysomeles. Ein Hinweis, der die Spekulation zuläßt, daß diese Sage aus der Anfangszeit des Widderzeitalters stammt, also aus jener Zeit, als der Frühlingspunkt der Sonne aus dem Stier in das Sternbild Widder wanderte. Astronomisch ist das Sternbild Widder relativ dunkel. In der Sage überstrahlt das Goldene Vlies jedoch sogar die Nacht, möglicherweise ein Symbol dafür, daß die Sonne in eben diesem Sternbild stand.

* Das ptolemäische Sternbild Argo, lat. Argo navis, ist heute nicht mehr gebräuchlich. Es setzte sich aus den heutigen Sternbildern Pupis, Carnia und Vela zusammen. Das Sternbild Argo war in Griechenland nicht vollständig zu sehen, in Nordafrika aber sehr wohl. Ein Hinweis darauf, daß die Sage von Jason und den Argonauten vermutlich dort ihren Ursprung hatte.

Dies war etwa ab 2100 vor Christus der Fall. Die frühesten Funde aus der Orakelstätte Dodona stammen von 2500 bis 2100 vor Christus, 2100 v. Chr. wird Theben Hauptstadt Ägyptens. In Siwa wurde erst im 6. Jahrhundert v. Chr. der Amuntempel errichtet, doch die Hinweise mehren sich, daß die Städte lange davor als Orakelstätte genutzt wurde. Behdet, der ältere Name der Stadt Edfu, in der um 237 v. Chr. der berühmte Horus-Tempel gegründet wurde, besaß ebenfalls Siedlung und Gräber aus dem Alten Reich, das bis ca. 2200 v. Chr. währte. Wir erkennen, daß die Stätten, die das Sternbild Argo nachbilden, tatsächlich etwa in der Zeit 2100 v. Chr. ihre gemeinsamen Wurzeln haben. So bildet die Sage von Jason, dem Schiff Argo und der Suche nach dem Goldenen Vlies des Widders den literarischen Bezug zu einem Landschaftstempel, der genau das Sternbild Argo auf die Erde bannt, gebildet aus Stätten, die zu Beginn des Widderzeitalters gegründet wurden.

Ein anderes, ungleich berühmteres Beispiel ist der »Zodiak von Glastonbury«. In einem Areal von 16 km Durchmesser rund um das Städtchen Glastonbury werden die 12 Tierkreiszeichen der Ekliptik durch Hecken, Wegeführungen und Feldgrenzen nachgebildet, so daß sie aus der Luft erkennbar werden *(Abbildung 86)*. 1580 wurde der Zodiak erstmals durch den Astrologen John Dee erwähnt, bekannt wurde er allerdings durch die Veröffentlichungen von Kathryn Maltwood im Jahr 1929. Glastonbury seinerseits besitzt einen starken mythologischen Bezug zur Artussage und zur Gralslegende, so werden in den 12 Tierkreiszeichen, die sich hier in einem Kreis aufreihen, gerne auch die »12 Ritter der Tafelrunde« gesehen. Wiederum entsprechen sich sprachliche Mythologie und die räumliche Struktur des »Landschaftstempels«.

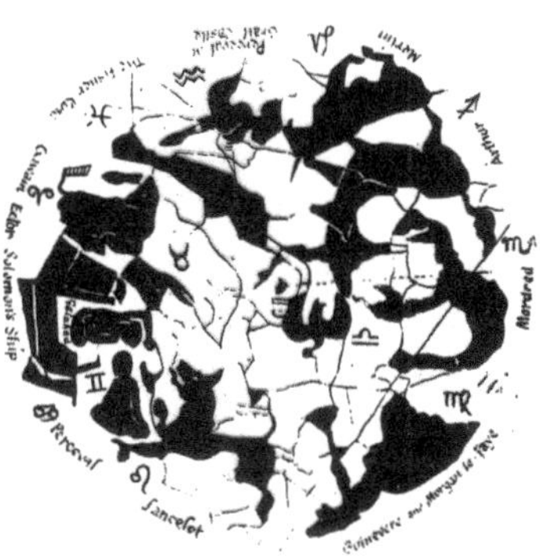

Abb. 86: Der Zodiak von Glastonbury. Alte Wege und Feldgrenzen zeigen aus der Luft betrachtet die zwölf Tierkreiszeichen, die auch als die »zwölf Ritter der Tafelrunde« interpretiert werden.

In Frankreich bilden die Kathedralen aus dem 12. und 13. Jahrhundert in Bayeux, Rouen, Amiens, Abbeville, Laon, Reims, Etampes, Paris, Evreux und Chartres in ihrem räumlichen Bezug zueinander das Sternbild Jungfrau nach *(Abbildung 87)*. Die Kathedralen sind alle der Jungfrau Maria geweiht; ein bemerkenswerter »Zufall«. Jede Marien-Kathedrale repräsentiert einen Stern und damit eine bestimmte geistig-seelische Qualität, für die sie steht und die in ihr erfahrbar wird. Der Stern Gamma Virginis (Porrima) wird dabei von der Kathedrale von Chartres eingenommen. Bei dem Stern handelt es sich um einen etwa 39 Lichtjahre entfernten Doppelstern, zwei Sonnen, die sich in 172 Jahren umkreisen. 172 farbenprächtige Kirchenfenster findet man in der Kathedrale. »Porrima«, der Name des Doppelsterns mit der Nummerierung »Gamma Virginis«, war der Name einer Geburts- und weissagenden Quellgöttin der Italiker. In Chartres wurde die Virgo paritura, die »Jungfrau, die gebären wird« verehrt, an einem Ort, an dem die Kelten eine heilige Quelle verehrten, deren Umfassungsmauern bei Grabungen gefunden wurden. Wiederum ein Zufall?

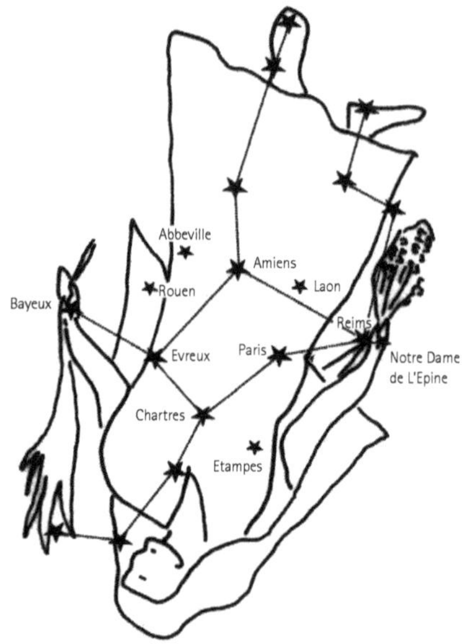

Abb. 87: Marienkathedralen aus dem 12. und 13. Jahrhundert in Frankreich bilden das Sternbild Jungfrau auf der Erde ab.

Das in die Erde geprägte Sternbild entspricht der Ortssymbolik. Chartres ist der Doppel-Stern Porrima.

Die Ausrichtung im Christentum

Chartres nimmt nicht nur im Landschaftsbezug eine Stelle ein, die eindeutig astronomische Bezüge besitzt, auch die Kathedrale selbst ist astronomisch ausgerichtet. Jeweils am 21. Juni, am Tag der Sommersonnwende, fällt bei Sonnenhöchststand durch ein kleines Loch im Fenster mit dem Abbild des Saint-Apollinaire (Westmauer des Querschiffs) ein Lichtstrahl auf einen Messingknopf, der im Boden des westlichen Seitenschiffs des Südquerschiffs eingelassen ist. Der Name des Heiligen Apollinaris bedeutet: »Der dem Apoll Geweihte«. Könnte es treffender sein, hier das Loch zu finden, durch das die Sonne am Tag ihrer stärksten Kraft in die Kirche scheint?

Das Aachener Münster (auch Aachener Dom) stellte einst das Zentrum des Deutschen Reiches dar. Der Ort, auf dem es gegründet wurde, war bereits eine Kultstätte der Kelten, Germanen und Römer und beherbergte mehrere Heilquellen. Im 8. Jahrhundert errichtete Karl der Große hier seinen Palast. Die achteckige Palastkapelle bildet das Zentrum des heutigen Aachener Münsters. Es ist ein wunderbares Beispiel astronomischer Orientierung. Wie in Chartres fällt am 21. Juni, der Sommersonnwende, das Licht der Sonne direkt auf eine goldene Kugel, die aus dem Gewölbe herabhängt. Wenn Karl der Große auf dem dort errichteten Thron saß, muß ihm an diesem Tage das Licht unmittelbar in das Gesicht geschienen haben. Zur Wintersonnwende dagegen erhellen die Sonnenstrahlen ein Mosaik, das Christus zwischen den griechischen Buchstaben Alpha und Omega (Anfang und Ende) zeigt. Zur Geburt Christi wird sein Abbild von der Sonne erhellt! Am 16. April aber, dem Geburtstag des Kaisers, fällt der Sonnenstrahl direkt auf den Thron selbst. Der Kaiser präsentiert sich damit selbst als Sonnenheros, ja setzt sich gar in eine Linie mit Christus: Am Tag der Sommersonnwende wird das Gesicht des Kaisers, des weltlichen Herrschers beschienen, am Tag der Wintersonnwende, das Gesicht von Christus, dem »geistigen Herrscher«. Am »Geburtstag« (Weihnachten) Christi, erhellt die Sonne ihn, am Geburtstag des Kaisers erhellt sie Karl den Großen. Die Symbolik vermittelt unmittelbar: »Ich bin der Herrscher von Gottes Gnaden! Ich regiere das Leben (Sommer), Christus regiert das Paradies (Wintersonnwende)«.

Schon liturgisch ist eine Ausrichtung christlicher Kirchen vorgegeben. Im alten ostkirchlichen Brauchtum war die Altarnische der Basilika nach Osten ausgerichtet, hin zur aufgehenden Sonne. Symbolisch bedeutete dies, wie bereits beschrieben, einerseits eine Ausrichtung zum heiligen Zentrum Jerusalem, andererseits – und das scheint mir die ausschlaggebende Symbolik zu sein – war die Sonne ein Symbol des Lichtes, des Bewußtseins und der Göttlichkeit, die mit ihrem Aufgang die Zukunft der Wiederkunft Christi und des »himmlischen Jerusalems« verheißt. So setzte sich im Frühmittelalter die Ostung der Kirchen zur aufgehenden Sonne auch bei römisch-christlichen Kirchen durch. Die Ostung der Kirche geschah ähnlich dem ägyptischen Ritus des »Pedjeshes«: Ein Pflock wurde in die Erde geschlagen und eine Schnur daran befestigt. Bei Sonnenaufgang wurde der Mittelpunkt der Sonnenscheibe angepeilt, die Schnur in diese Richtung gespannt und mit einem zweiten Pflock fixiert. Diese Vorgehensweise war lange Zeit übliche Praxis. Der Kompaß wurde erst viel später zur Ostung genutzt. Die Verwendung eines Kompasses mit Pinne, die zur Ausrichtung benötigt wird, ist schriftlich erst ab dem ausgehenden 12. Jahrhundert belegbar (Alexander Neckam: »De untensilibus«, 1187 bzw. Petrus Peregrinus de Maricourt: »Epistola de magnete«, 1269). Doch erst im 13. Jahrhundert wurde der Kompaß in Italien tatsächlich für Kirchenausrichtungen verwendet, nördlich der Alpen gar erst ab dem 15. Jahrhundert. Der kurpfälzische Hofbaumeister Lorenz Lechler beschreibt so 1518 in seinen Unterweisungen für seinen Sohn den Umgang mit dem Kompaß zum Zwecke eines neu zu errichtenden Chores bei einem bestehenden Kirchenbau:

So nimb ein Khumbast [Kompaß], setz den auf ein winkelmaß, vnd lass den magnad [Magnet, d. h. die Nadel, die hier offenbar wie in China nach Süden wies] auf die mitdaglinie [Mittaglinie = Süden] stehn, vnd nimb den die Zwerglinien [zwerg, bzw zwerch = quer], die gegen den [Sonnen-]aufgang stehn vnd schlag Pfel nach einer schnur...

Lorenz Lechler: »Unterweisungen und Lehrungen für seinen Sohn Moritz«,
Handschrift 1516, A. Reichensperger Hsg.
In: *Vermischte Schriften über christliche Kunst*, Leipzig 1856

Es scheint auch eine erst späte Idee gewesen zu sein, den Kompaß auf diese Art zu nutzen, wobei die Mißweisung (d. h. die Abweichung der

Kompaßnadel aufgrund abweichender Magnetfeldlinien) offenbar nicht berücksichtigt wurde. Wie gesagt, war die wichtigste Praxis bis weit ins 16. Jahrhundert hinein, die Orientierung nach der aufgehenden Sonne. Die Kirchenachse war so definiert. Nun geht jedoch die Sonne nicht an jedem Tag des Jahres an der gleichen Stelle am Horizont auf, sie verschiebt im Jahreslauf ihren Aufgangspunkt ab der Frühjahrstagundnachtgleiche mehr und mehr nach Norden, um zur Sommersonnwende ihr nördlichstes Extrem zu erreichen. Sodann kehrt sich die Bewegung um und wandert zurück nach exakt Ost, geht darüber hinaus, um zur Wintersonnwende sehr weit im Südosten aufzugehen und anschließend die Bewegung wieder umzudrehen. Die Verschiebung der Aufgangspunkte ist an den Tagundnachtgleichen am stärksten (täglich beinahe um ein Grad verschoben) und an den Sonnwenden am schwächsten. So ist zwischen dem 11. Juni und dem 2. Juli nahezu keine Verschiebung festzustellen.

Wegen dieser Verschiebung der Aufgangspunkte am Horizont sind die wenigsten Kirchen exakt geostet. Man nutzte diese Eigenschaft, um die Kirchenachse in der Raumzeit zu definieren. So wurde in der Regel der Punkt am Horizont gewählt, an dem die Sonne an dem Tage aufging, an dem der Kirchenpatron (Titularheiliger) seinen Festtag im Jahreskreis hatte, also z. B. bei einer St. Martinskirche der Aufgangspunkt am 11. November. Somit wurde die Zeitqualität mit im heiligen Raum »eingefangen«. Viele christliche Heilige tragen daher Attribute oder sind der Heiligenlegende nach mit Symbolen verbunden, die zugleich ihre Zeitqualität im Jahreslauf bzw. bestimmte astronomische Ereignisse ausdrücken. Johannes der Täufer etwa hat seinen Heiligentag am 24. Juni, drei Tage nach der Sommersonnwende. Da er der Legende nach enthauptet wurde, wird er oft mit dem Kopf auf einem Tablett dargestellt, wobei sein Haupt von seinem Haar strahlenförmig umgrenzt ist. Diese Darstellung hat einen deutlichen Symbolbezug zur Sonne mit ihren Strahlen, die zu dieser Zeit in ihrer stärksten Kraft ist, danach aber ihre Kraft verliert (= »Enthauptung«).

St. Johannes Nepumuk ist ein Heiliger, der oft auf Brücken dargestellt ist. Sein Attribut ist das Kreuz, sein Tag (Geburtstag) im Jahreslauf ist der 20. März, kurz vor der Tagundnachtgleiche. Seine Beziehung zu Brücken beruht auf der Heiligenlegende, wonach er in der Moldau ertränkt wurde. Sein Leichnam aber trieb trotz Gewichten an der Oberfläche und »strahlte wie die Sonne«. Die Brücke tritt uns damit in Verbindung mit der Heiligenlegende als ein Symbol der »Überbrückung« entgegen. Die Tagundnachtgleiche bildet eine »Brücke« zwischen der dunklen und der hellen Zeit des Jahres. Der Heilige selbst »strahlte wie die Sonne«, er ist die Sonne, die diese »Brücke« überschreitet.

Am 23. September, dem Tag der Herbst-Tagundnachtgleiche, ist der Gedenktag der heiligen Elisabeth. Sie ist die Mutter von Johannes dem Täufer, der exakt neun Monate später (Sommersonnwende, siehe oben) seinen Gedenktag hat. Oft wird sie im schwangeren Zustand abgebildet: Der »Lichtheros« Johannes ist im Mutterleib, d. h. »verborgen«, so wie ab diesem Tag die Sonne sich von Tag zu Tag mehr verbergen wird.

Dies sollen nur einige Beispiele für die astronomische Symbolik der Heiligen im Jahreslauf sein.

Die tatsächliche Ausrichtung von Kirchenbauten nach astronomischen Bezügen und ihre Verbindung zum Titularheiligen der Kirche, d. h. dem Schutzpatron, ist dabei alles andere als leicht belegbar. Viele Faktoren müssen Berücksichtigung finden:

Der natürliche Horizont: Bei der Forschung ist es notwendig, die Horizontüberhöhung durch die örtliche Topographie mit zu bedenken. Die Abweichung vom errechneten Sonnenaufgangspunkt zum tatsächlich zu beobachtenden Aufgangspunkt kann bei starkem Relief mehrere Grad betragen.

Der Patroziniumstag: Die Festtage der Heiligen sind leider alles andere als stabil. Oft wurden regional bzw. im Volksbrauchtum andere Feiertage genutzt (z. B. steht die Walpurgisnacht vor dem 1. Mai, das alte Beltanefest, offiziell in keinem Bezug zur Heiligen Walburga, die ihren Tag im christlichen Kalender am 25. Februar hat) oder es kam zu einer offiziellen Umlegung. Den Patronatstag des oben erwähnten heiligen Nepumuks feiert man heute meist am 16. Mai. Der Sonnenaufgangspunkt ist zwischen diesem Tag und seinem Geburtfest am 20. März um satte 31 Grad verschoben, natürliche Horizontüberhöhungen nicht eingerechnet.

Das Gründungsjahr: Das Gründungsjahr ist darum von entscheidender Bedeutung. Wann hatte der Heilige im Gründungsjahr (Baujahr) der Kirche seinen Tag im Jahreslauf? Doch wird dabei häufig übersehen, daß Papst Gregor XIII. 1582 einen neuen Kalender einführte. Der Gregorianische Kalender löste den Julianischen Kalender ab. Den Julianischen Kalender übernahm die Kirche zur Zeit des Konzils von Nizäa im Jahr 325. Er beruhte auf Julius Cäsar, der 46 v. Chr. einen Jahreskalender mit einer Länge von 365,25 Tagen einführte. Die wahre Länge eines Sonnenjahres (sogenanntes tropisches Jahr) ist jedoch 11 Minuten und 14 Sekunden kürzer, was im Laufe von 128 Jahren immerhin einen vollen Tag ausmacht. Als 1582 der Gregorianische Kalender eingeführt wurde, hatte dies gegenüber dem Konzil von Nizäa immerhin schon einen Unterschied von 10 Tagen ausgemacht! Natürlich waren aber die Patrozinien der Kirchengründungen vor 1582 auf den Julianischen Kalender berechnet. Bei einer z. B. um 814 gegründeten Kirche beträgt so der Unterschied zum heutigen Kalender immerhin 4 Tage, was zu einer Abweichung der Kirchenorientierung zum Sonnenaufgangspunkt am heutigen Patronatstag von bis zu 5 Grad führen kann.

Die Sonnwenden: Wie oben erwähnt, wandert die Sonne nicht gleichmäßig mit ihren Aufgangspunkten weiter. Um die Äquinoktien herum ist die Winkelverschiebung am stärksten, während sich die Aufgangspunkte zu den Sonnwenden kaum zu verändern scheinen. Dies bedeutet, daß die eben erwähnten zu berücksichtigenden Abweichungen um so gravierender sind, je näher der Gründungstag der Kirche am Datum der Tagundnachtgleichen liegt. Ist also die eben erwähnte hypothetisch 814 gegründete Kirche Johannes dem Täufer geweiht und auf den Sonnenaufgang ausgerichtet, so wird die Verschiebung zwischen Julianischem und Gregorianischen Kalender nicht ins Auge fallen, ist sie aber z. B. Maria von Ägypten (Gedenktag 2. April) geweiht, sind heute am Patronatstag mehrere Grad Abweichung der Kirchenachse vom Sonnenaufgangspunkt festzustellen.

Verschiedene Patrozinien: Oft besitzen Kirchen nicht nur ein, sondern mehrere Titularheilige. Offenbar ging man damit zu verschiedenen Zeiten unterschiedlich um. So gibt es Beispiele von Kirchen, die eindeutig auf den Sonnenaufgangspunkt am Tage eines der Heiligen ausgerichtet sind. Der zweite Heilige spielte offenbar eine untergeordnete Rolle oder kam erst in der bereits bestehenden Kirche hinzu.

Ganz anders ging man damit offenbar in anderen Fällen um: Wie die Arbeiten von *Rudolf Eckstein, Franziskus Büll* und *Dieter Hörnig* zeigen, war es durchaus auch Usus, eher mathematisch an die Kirchenausrichtung heranzugehen. Dabei wurden die Winkelabweichungen der Sonnenaufgangspunkte von exakt Ost an den Tagen der verschiedenen Titularheiligen einer zu gründenden Kirche offenbar addiert und die Kirche nach dem Winkelmaß ausgerichtet, ohne daß noch eine exakte Beobachtung eines Sonnenaufgangspunktes am Horizont möglich gewesen wäre. Die Richtung der Kirche ergibt sich hier also aus dem Schenkel der addierten Aufgangsweiten. Besonders eindrücklich belegen dies die Autoren anhand von frühmittelalterlichen königlichen Eigenkirchen, wie z. B. Pfalzkirchen, vom König gegründete Domkirchen, Königshofkirchen oder Reichsklosterkirchen. Die Reichsheiligen der Merowinger und Karolinger waren St. Martin und St. Dionysius. Sie haben ihren Patronatstag am 11. November bzw. 9. Oktober und damit verbundene Sonnenaufgangsweiten von - 29 Grad (Martin) und - 12 Grad (Dionysius). Bei einer vom Königshaus gestifteten Benediktiner-Klosterkirche, die selbst z. B. dem Heiligen Benedikt (Patronatstag 11. Juli, Sonnenaufgangsweite ca. + 34,5 Grad, d. h. bei ca. 55,5 Grad Azimut) geweiht war, wurde die Kirche nun nicht auf den Sonnenaufgang am 11. Juli ausgerichtet, sondern die Reichsheiligen wurden stets implizit mit eingerechnet. Eine solche Kirche hatte also eine Winkelabweichung von

	- 29 Grad	(Martin)
+	- 12 Grad	(Dionysius)
+	34, 5 Grad	(Benedikt)
=	- 6,5 Grad.	

Sie war also auf einen Azimut von 96,5 Grad (90 Grad [= exakt Ost] plus 6,5 Grad = 96,5 Grad) orientiert und wäre damit auf den theoretischen Sonnenaufgangspunkt um den 7. Oktober bzw. 10 März ausgerichtet gewesen. Die Autoren benennen folgende Kirchen als auf diese Weise berechnet: Aachener Dom, Kornelimünster, Walpurgiskapelle

(Nürnberg), Jakobskirche in Fürth, Schwabacher Stadtkirche, Weißenburger Martinskirche, Frankfurter Dom, Dom zu Speyer, Ruprechtskirche in Wien, neue Pfarrkirche in Altötting, Klosterkirchen in Benediktbeuren, Ottobeuren und Münsterschwarzach, die Michaelskirche in Bamberg, den Bamberger Dom u.v.a.

Eine dritte bekannte Umgangsmöglichkeit mit einem Zweitpatrozinium war der Achsenknick. Wir hatten den Achsenknick bereits als Symbol des »Corpus Christi« kennengelernt, als eine Andeutung des geneigten Hauptes des Erlösers am Kreuz. Hier nun erleben wir den Achsenknick, also die Veränderung der Bauflucht des Kirchenkörpers, als eine gezielte Methode der inneren Ausrichtung des Baues auf die Sonnen-Zeitqualität zweier Heiliger. Das Kirchenschiff zielte auf den Sonnenaufgangspunkt am Patronatstag des ersten, der Chor auf den Aufgangspunkt am Tage des zweiten Kirchenpatrons. Dies ist sowohl möglich bei Doppelpatrozinien als auch bei Patronatswechsel während der Bauphase. Ein Beispiel hierfür ist der Dom von Bautzen, der offenbar zunächst einem anderen Heiligen gewidmet werden sollte, um dann auf den Sonnenaufgang am 29. Juni (St. Petrus) ausgerichtet zu werden *(Abbildung 88 a - b)*. Natürlich gilt das gleiche für spätere Erweiterungen. Wurde die Kirche zum Julianischen Kalender, also vor 1582 gegründet, erfuhr aber im 17. Jahrhundert eine Erweiterung, so war der Patronatstag nach dem Gregorianischen Kalender auf einen anderen Tag des wahren (tropischen) Jahres gerückt, folglich ging die Sonne an anderer Stelle auf, und diese Verschiebung wurde im Erweiterungsbau »korrigiert«. Achsenknicke sind viel verbreiteter als man gemeinhin annimmt. Die meisten jedoch fallen dem unbedarften Beobachter nicht ins Auge. Beispiele für Achsenknicke sind u. a.: Der Dom in Bautzen, Pfarrkirche Spitz a.d. Donau (Niederösterreich), St. Michael Fürnitz bei Villach, Stiftskirche Gernrode (bei Quedlinburg), Ritterstiftskirche St. Peter zu Bad Wimpfen im Tal, um nur einige zu nennen.

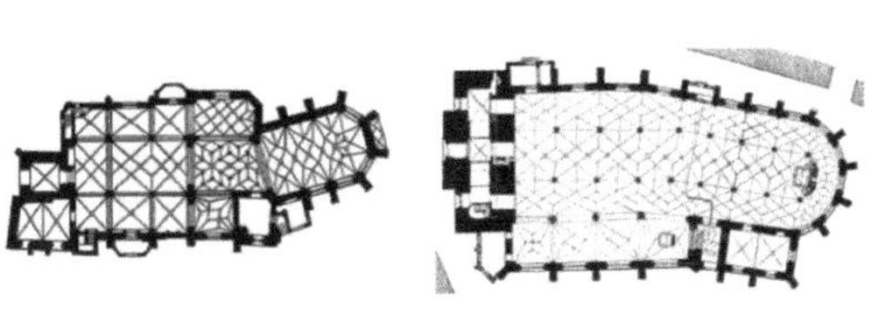

Abb. 88: Achsenknicke am Beispiel der Pfarrkirche in Spitz an der Donau (links) und des Doms von Bauzen (rechts)

Durch diese Techniken der Ausrichtung und Neuorientierung wurde die geistig-seelische Kraft der Sonne eingefangen, die zu jedem Tag im Jahr andere Aspekte besitzt. Wir erinnern uns: Die Sonne durchwandert im Jahreslauf z. B. alle Sternbilder, Erde, Sonne und das jeweilige Sternbild stehen sozusagen in einer Konjunktion. Da, wie wir u. a. im Beispiel des Landschaftstempels von Frankreich, der das Sternbild der Jungfrau durch Kathedralen abbildet, sahen, jeder Stern eine eigene geistig-seelische Qualität besitzt (Chartres = Porrima, die Geburts- und Quellgöttin), wandert die Sonne nicht nur monatlich von Sternbild zu Sternbild, sondern quasi täglich »von Stern zu Stern«.* Sie holt sozusagen an jedem Tag im Jahr eine andere Seelenqualität aus dem Kosmos herein und bringt sie in unser Bewußtsein, so wie die Sonne selbst ein Symbol für das Bewußtsein ist. Die Ausrichtung der Kirchen nach den Aufgangspunkten der Sonne am Patronatstag kann daher als eine Technik verstanden werden, die innere Seelenqualität des heiligen Raumes zu definieren und zu fixieren. Wollte man einen anderen Aspekt integrieren, mußte man eine Umweihung vornehmen und optimalerweise eine Erweiterung des Baues, der sich auf die neue Seelenqualität ausrichtete.

Heilige Geometrie: Die Proportionierung

Die Geometrie ist Grundlage der Formenbildung in der Pflanze, im Menschen, ja im ganzen Universum. Sehen Sie sich doch nur einmal eine Sonnenblume *(Abbildung 89)* an, wie sich die einzelnen Blüten – ja in der Tat besteht die ganze »Blume« wie bei allen »Korbblütern« aus unzähligen einzelnen Blüten! – in perfekten Spiralen aneinanderreihen, die nach der sogenannten Fibonaccireihe aufgebaut sind. Die Fibonacci-Reihe, benannt nach Leonardo Fibonacci, ist eine unendliche Folge von Zahlen, bei der sich die jeweils nachfolgende Zahl aus der Addition der beiden vorherigen Zahlen ergibt:

* Natürlich steht die Sonne nicht jeden Tag vor einem anderen Stern eines Sternbildes. Manche liegen sehr nahe beieinander, andere liegen mehrere Tage auseinander. Dennoch wandert die Sonne peu a peu von Seelenqualität zu Seelenqualität.

1 + 2 = 3
2 + 3 = 5
3 + 5 = 8
5 + 8 = 13
usw.

Graphisch ergibt dies eine Spirale. Nach demselben Prinzip bauen sich Spiralgalaxien auf und entwickeln sich Wirbelstürme. Welch bessere Möglichkeit hätte der Mensch, als diese heilige Geometrie in seinen heiligen Bauten zu nutzen, um diese zu Brücken zwischen Kosmos und Mensch, zwischen Innen und Außen werden zu lassen.

Abb. 89: Der Blütenstand der Sonnenblume ist harmonikal nach der Fibonaccireihe angeordnet.

Der römische Architekt Vitruv schrieb: *Ferner ist natürlicherweise der Mittelpunkt des Körpers der Nabel. Liegt nämlich ein Mensch mit gespreizten Armen und Beinen auf dem Rücken, und setzt man die Zirkelspitze an der Stelle des Nabels ein und schlägt einen Kreis, dann werden von dem Kreis die Fingerspitzen beider Hände und die Zehenspitzen berührt.* Wir kennen dieses Prinzip aus der berühmten Federzeichnung von Leonardo Da Vinci (»Der vitruvianische Mensch«) *(Abbildung 90).* Der Kreis, aus dem der Mensch u.a. proportional aufgebaut ist, – und damit greifen wir bereits zurück auf die Symbolik der Zahlen – symbolisiert die Einheit des Kosmos, die Eins. Es gibt kaum ein graphisches Symbol, daß dem

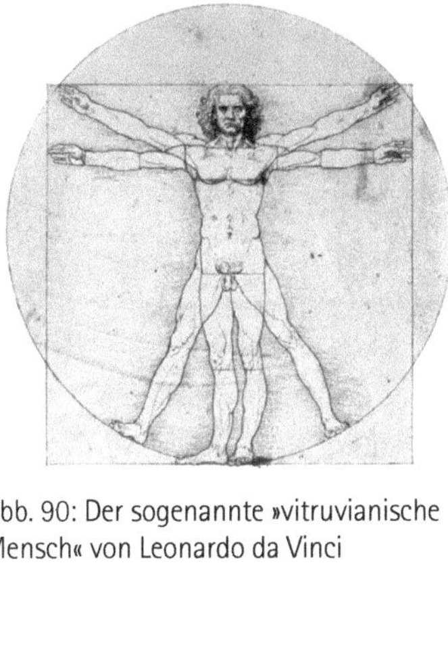

Abb. 90: Der sogenannte »vitruvianische Mensch« von Leonardo da Vinci

Göttlichen nähersteht. Zeichnet man mit unverstelltem Zirkel, also mit dem gleichen Radius, zwei Kreise, deren Mittelpunkte jeweils auf der Kreisbahn des anderen Kreises liegen (Zahl 2), so entsteht eine Fischblase, die *vesica piscis.* Sie ist das Symbol der Öffnung und der Geburt. Als heilige Yoni, als Vulva, ist sie das Portal der Inkarnation für den Menschen. Im Christentum wird sie zur *Mandorla,* in der eigentlich nur Maria oder Christus, in seltenen Fällen auch Gottvater, dargestellt werden. Die Mandorla ist ein Portal zwischen dem Paradies und der Objektwelt, der Alltagsrealität. Die Zahl 2 ist der Urgrund unseres physischen Seins. Wenn Geist und Materie zusammenkommen wie zwei Kreise, so entsteht das Leben.

Die Eins erschafft die Zwei, die Zwei erschafft die Drei und diese die zehntausend Dinge, heißt es bei Laotse. Die Überschneidung zweier Kreise (Zwei) erschafft die Drei: Verbindet man die beiden Kreismittelpunkte und zieht von dort aus jeweils eine Linie zu einem Schnittpunkt der Kreise, so entsteht ein gleichseitiges Dreieck, die Drei! *(Abbildung 91).* Vollzieht man noch einmal diesen Prozeß, so hat man zwei Dreiecke. Diese lassen sich von einem Rechteck umschreiben, das man zur Proportionierung eines Tempelbaues nutzen kann. Ein Vorgehen, das für die Proportionierung mittelalterlicher Kirchen gerne angewandt wurde, wie wir gleich noch sehen werden (»Ad triangulum«).

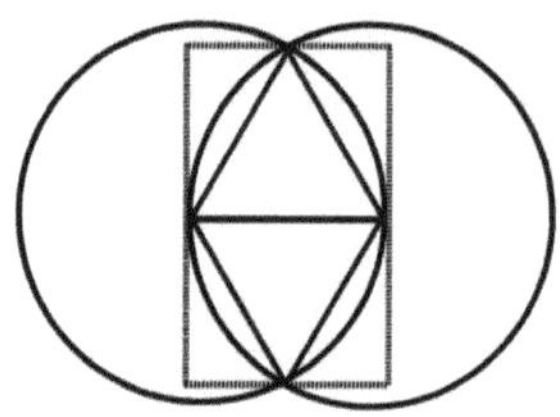

Abb. 91: Konstruktion eines Rechteckes aus zwei sich überschneidenden Kreisen (vesica piscis)

Im Mittelalter besaß man keine Theodolithen oder GPS-gestützte Vermessungssoftware. Man nutzte den Zirkel, der in größerer Version einfach eine gespannte Schnur war, die Gerade (ebenfalls eine gespannte Schnur) und den rechten Winkel. Dieser ließ sich nach dem Lehrsatz des Pythagoras auch aus einem Dreieck mit den Seitenverhältnissen 3 : 4 : 5 konstruieren. Dazu diente das Zwölfknotenseil, das auch Druidenseil genannt wurde. Eine Fülle von arithmetischen und geometrischen Zusammenhängen können aus diesem einfachen Seil, in das in gleichen Abständen 12 Knoten gemacht werden, erschlossen werden.

Mit ihm besaßen bereits die Baumeister der Antike ein Instrument, das genauso einfach wie nützlich war. Mit dem Druidenseil war man in der Lage, ein pythagoräisches Dreieck mit den Seitenlängen 3, 4 und 5 und damit auch die Winkel 90, 54 und 36 Grad, ein gleichseitiges Dreieck mit der Seitenlänge 4 und dem Winkel 60 Grad, sowie ein Quadrat von der Seitenlänge 3 zu konstruieren.

Der Lehrsatz des Pythagoras ist selbstverständlich ebenso von der Zahlensymbolik durchdrungen. Er besagt, daß ein Dreieck, das aus den Seitenverhältnissen 3 (Geist), 4 (Welt, Materie) und 5 (Mensch mit der Fähigkeit, sich geistiger Kräfte zu bedienen) besteht, einen rechten (= korrekten, richtigen, harmonischen) Winkel ergibt. Wenn Himmel, Erde und Mensch zusammenspielen, entsteht die Harmonie.

Die Pythagoräer entdeckten, daß musikalische Harmonien einfachen Zahlenverhältnissen entsprachen; gemessen aus der Länge einer Tonsaite wird eine Oktave bei Verdoppelung (bzw. im Verhältnis 1 : 2) einer Saite erzeugt, die Quinte entspricht dem Verhältnis 2 : 3 und die Quart 3 : 4. Die auf diese Weise produzierte Musik betrachtete man als »Sphärenmusik« der kosmischen Ordnung. Die Griechen und Römer übertrugen diese Ideen auf ihre Baukunst. Nach Vitruv setzt Harmonie die Wiederholung eines Moduls voraus, so daß alle Teile eines Gebäudes auf einfache Weise darauf reduziert werden konnten.

Nur mit Hilfe von Zirkel, gerader Linie und dem rechten Winkel konstruierte man auf Malta um 3600 v. Chr. die ersten freistehenden Steintempel, errichtete man die Pyramiden, die griechischen Tempel, und die romanischen und gotischen Kathedralen des Mittelalters. Zwei Grundproportionierungen waren dabei vorherrschend, die ebenso einfach wie symbolträchtig sind.

Das Quadrat steht für die Zahl Vier und damit für die Welt, für die Materie. Es ist eine sehr stabile Form. Ein Quadrat läßt sich einfach durch einen Kreisschlag konstruieren. Alles kommt aus dem Kreis, aus Gott! Zieht man eine gerade Linie durch den Kreismittelpunkt und eine zweite Linie rechtwinklig dazu, ebenfalls durch den Kreismittelpunkt, so hat man ein gleichschenkliges Kreuz. Verbindet man die Enden der Linien miteinander, so hat man ein Quadrat. *(Abbildung 92 a)* Auch das Quadrat ist im Körper des Menschen präsent, wie Vitruv schrieb:

Ebenso, wie sich am Körper ein Kreis ergibt, wird sich auch die Figur eines Quadrats an ihm finden. Wenn man nämlich von den Fußsohlen bis zum Scheitel Maß nimmt und wendet dieses Maß auf die ausgestreckten Hände an, so wird sich die gleiche Breite und Höhe ergeben, wie bei Flächen, die nach dem Winkelmaß quadratisch angelegt sind. (Abbildung 90) Der Mittelpunkt des Quadrates ist, wie die Zeichnung da Vincis zeigt, das Geschlecht. Der Dreh- und Angelpunkt der Physis, der Materie (4) ist die Sexualität. Sie ist das Portal, die Schöpferkraft des Physischen.

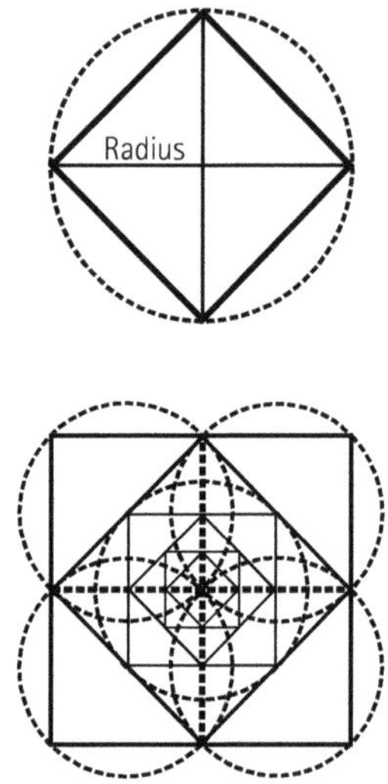

Abb. 92a: Die Konstruktion eines Quadrats ist auch nur mit Hilfe einer Schnur möglich.
92b: Ad Quadratum: Durch weitere Zirkelschläge kann das Quadrat harmonikal vergrößert werden.

Das einfachste Proportionierungsschema ist nun, Quadrate additiv aneinanderzusetzen. Auf diese Weise entsteht ein Raster, durch das man leicht eine Konstruktionsskizze auf eine Ebene übertragen kann. Die etwas ausgefeiltere Technik der Quadratur-Proportionierung *Ad Quadratum* ist folgende: Sticht man erneut mit unverstelltem Zirkel in die Ecken des Quadrates ein und vollzieht jeweils einen Zirkelschlag, so entstehen 4 Fischblasen (Vesica piscis), die sich im Mittelpunkt des Quadrates treffen. Verbindet man die äußeren Kreis-Schnittpunkte untereinander, so entsteht ein Quadrat, das das erste Quadrat umschreibt und dabei um 45 Grad verschwenkt ist *(Abbildung 92 b)*. Dies kann man unendlich fortsetzen, und das Quadrat wächst dabei immer

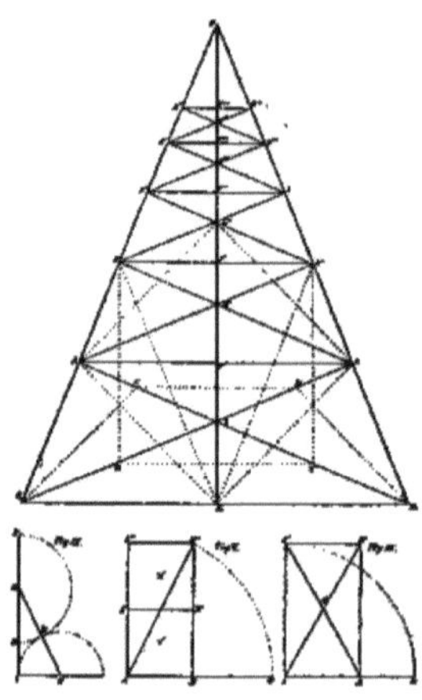

Abb. 93: Die sogenannte π:4-Triangulation aus einem alten Lehrbuch für Harmonik

mehr an. Proportionsschemata nach dem Prinzip »ad Quadratum« findet man z. B. in der Stiftskirche Königslutter oder der Klosterkirche zu Lippoldsberg.

Dem »ad Quadratum« zugrunde liegt das Weltliche, die Polarität in der Fläche. Sein Gegenstück in der Proportionierung ist das »ad Triangulum«, die Triangulation. Sehr stark vereinfacht kann man sagen, daß in der Romanik eher die Quadratur vorherrschend war, in der Gotik dagegen die Triangulation bevorzugt wurde. Obgleich es natürlich Beispiele für Triangulations-Proportionierungen in der Romanik und Mischproportionierungen in der Gotik gibt. Die Romanik war noch erdverhafteter. In der Romanik wurde die physische Wiederkunft Christi erwartet. Die Triangulation dagegen verwendet als Basiskonstrukt das Dreieck. Sie wendet sich damit dem Geistigen zu. Um 1400 gab es einen heftigen Streit um den Bau des Mailänder Domes. Die ortsansässigen lombardischen Baumeister waren offensichtlich mit der Realisierung des Baues überfordert. Deshalb zog man ausländische Baumeister aus Deutschland und Frankreich als Berater hinzu. Bei dem sich daraus entwickelnden Streit um die »Standfestigkeit« des zukünftigen Baues ging es aber um weit mehr als um Statik im heutigen Sinne. Vielmehr wurde immer wieder grundlegend über die beiden Proportionierungsmöglichkeiten »ad Quadratum« und »ad Triangulum« diskutiert. Es war ein Streit um die innere Resonanzfähigkeit des Sakralbaues. Sollte er sich stärker dem Physischen (Quadrat) oder dem Geistigen (Dreieck) zuwenden?

Bei der Triangulation waren zwei Methoden gebräuchlich. Die erste Methode beruhte auf dem gleichseitigen Dreieck, wie es sich aus der Überschneidung zweier Kreise ergibt (siehe oben) und die wir gleich noch näher betrachten werden. Die zweite Methode basiert auf einem langgestreckten Dreieck: Verschwenkt man zwei gleichgroße Quadrate um 45 Grad, so ergeben die beiden Basisecken des einen Quadrats mit der oberen Ecke des zweiten Quadrates ein langgestrecktes gleichschenkliges Dreieck, auf dem die sogenannte $\varpi : 4$ -Triangulation beruht. *(Abbildung 93)* Dieses Dreieck kam z. B. im Straßburger Münster zur Anwendung. Um nicht zu tief in das Thema der Proportionierung abzugleiten, möchte ich hier aber nur die Triangulation mit dem gleichseitigen Dreieck erläutern. Wie oben gezeigt, entsteht ein gleich-

Abb. 94: Durch die Spiegelung eines gleichseitigen Dreiecks kann ein Rechteck konstruiert werden, das auf der Symbolik der Drei (Geistigkeit) beruht. Auch diese Konstruktion kann durch die ausschließliche Verwendung einer Schnur durchgeführt werden.

seitiges Dreieck durch die Überschneidung zweier gleichgroßer Kreise. Spiegelt man ein solches Dreieck über seine Spitze (einfach, indem man zwei der Seitenlinien fortführt), so kann man einfach ein Rechteck bilden. Diese Triangulationsform war die bei weitem wichtigste Anwendung für die mittelalterliche Architektur. Es entsteht ein Rechteck, dem »das Dreieck innewohnt«, das Geistige. *(Abbildung 94)*

Durch einfache Zirkelschläge um die Eckpunkte der Dreiecke läßt sich ein Sechseck bilden. Verbindet man die Mittelpunkte der Basislinien der Dreiecke im Sechseck, schrumpft das Hexagramm proportional. Durch weitere Triangulationen läßt es sich aufblähen *(Abbildung 95b)*.

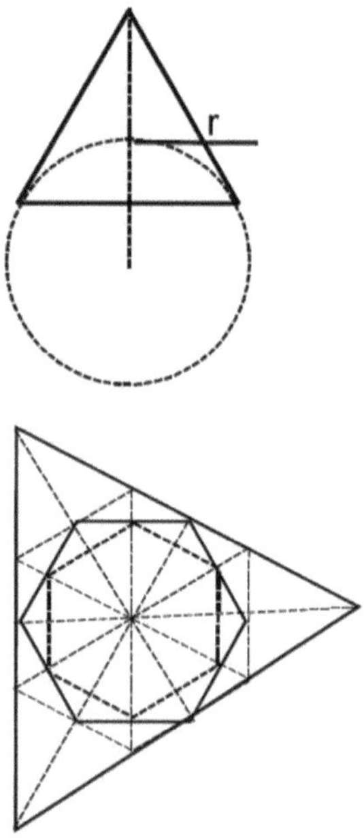

Abb. 95: Ad Triangulum: Ähnlich dem Konstruktionsschema »ad Quadratum« (Abbild 92 b) kann ein gleichseitiges Dreieck harmonikal vergrößert oder verkleinert werden.

Auf diese einfache, aber sehr effektive Weise können Grundrisse und Fassaden (Aufrisse) nach dem Prinzip der Triangulation oder Quadratur proportioniert werden. Mittelalterliche Erläuterungen zu diesen Techniken finden sich vor allem in M. Roritzers »Büchlein von der Fialen Gerechtigkeit« (Regensburg 1486) und »Des Meisters Lorenz Lacher (d.i. Lechler) Unterweisung« (Nürnberg 1516).

Obwohl zahlreiche Studien zur grundlegenden Proportionierung sakraler Bauten nach der Triangulation und Quadratur vorliegen, wird ihre Wichtigkeit für die mittelalterliche Baukunst in

Architekturkreisen bis heute angezweifelt. So ist z. B. in »Wikipedia« zum Thema »Proportion« zu lesen: »Lange Zeit hatte man angenommen, die herausragenden Bauten des Mittelalters beruhten auf einem geometrischen Proportionsschlüssel [...] Diese Annahme kann jedoch heute als widerlegt gelten, da es keinen einzigen gesicherten Nachweis über die Anwendung eines solchen Verfahrens, sowohl für die Romanik als auch für die Gotik gibt. Es ist im Gegenteil anzunehmen, daß mittelalterliche Architekten die Größenverhältnisse ihrer Bauten mittels der ganzzahligen Vervielfachung eines gegebenen Ortsmaßes bestimmt haben.« Ich muß hier nicht ausdrücklich betonen, daß ich dem vehement widerspreche, obgleich auch das Ortsmaß, wie wir gleich noch sehen werden, eine fundamentale Rolle spielt.

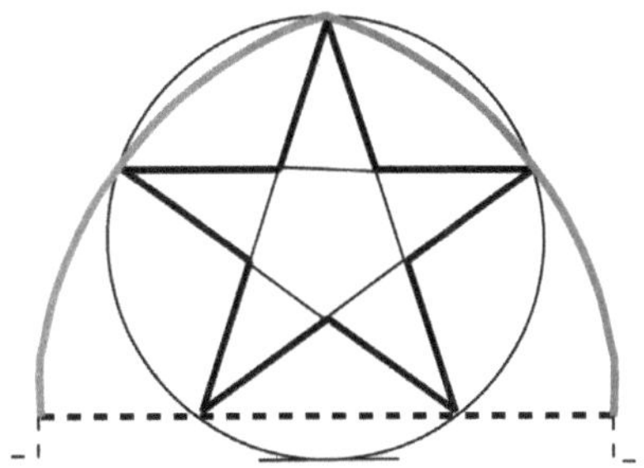

Abb. 96: Die Konstruktion eines gotischen Spitzbogens aus einem Pentagramm heraus

Neben der Triangulation und Quadratur spielten auch andere Konstruktionsschemata in der Baukunst heiliger Räume eine Rolle, wenngleich auch nicht eine so herausragende wie diese beiden grundlegenden Vorgehensweisen. Der gotische Bogen ist z. B. über dem Pentagramm, dem traditionellen Zeichen für die spirituellen Menschen konstruiert *(Abbildung 96)*. Auch die Megalithbauten der maltesischen Tempel sind offenbar auf der Grundlage des Pentagramms entstanden, wie meine Partnerin Sibylle Krähenbühl so hervorragend am Beispiel Ggantijas herausarbeiten konnte *(Abbildung 97)*.

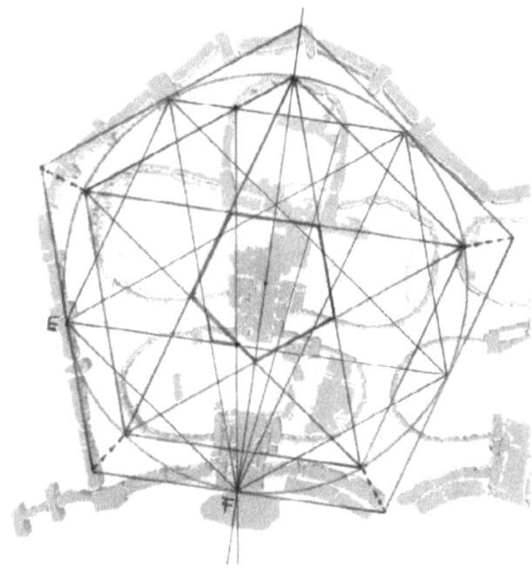

Abb. 97: Der Tempel von Ggantija (Gozo) beruht nach den Arbeiten von Sibylle Krähenbühl auf dem Pentagramm.

Grundsätzlich geht es aber in der Proportionierung heiliger Räume darum, über die Symbolik der Zahl und der ihr zugewiesenen Form den Raum resonanzbereit für bestimmte geistig-seelische Prinzipien zu machen. Ein Raum, der »ad Quadratum« konstruiert wurde, hat spürbar eine ganz andere Wirkung, als ein Raum »ad triangulum«. Die Proportion weiht sozusagen den Bau dem Wesen einer Zahl.

Das Ortsmaß

Die Proportion ist wie eine Melodie. Jede Symphonie bedarf jedoch eines Grundtones, oder noch deutlicher: Die Symphonie bedarf der Definition eines Grundtones. Heutige Instrumente sind z. B. auf den Kammerton a mit 440 Hz (etwa 78 cm Wellenlänge) gestimmt. Das war jedoch nicht immer so. In Deutschland lag er im 17. Jahrhundert bei 415 Hertz (82,6 cm Wellenlänge), im Italien des 17. Jahrhunderts bei 466 Hz (73,6 cm Wellenlänge) und im barocken Frankreich bei 392 Hz (87,5 cm). Deshalb klingen die Musikstücke alter Meister heute genaugenommen anders als zur Zeit ihrer Komposition.

Der Grundton der architektonischen Symphonie ist das Grundmaß. Unser Grundmaß in Europa ist heute das Meter (auf den britischen Inseln sind noch bis heute die alten angelsächsischen Maßsysteme in Gebrauch). Es wurde 1793 durch den französischen Nationalkonvent als der zehnmillionste Teil der Entfernung vom Pol zum Äquator definiert. 1983 wurde es neu definiert. Ein Meter ist nun die Strecke, die das Licht im Vakuum in einer Zeit von 1/299.792.458 Sekunden zurücklegt. Philosophisch gesprochen wurde mit der ersten Meter-Definition die Globalisierung eingeleitet (vom Regionalmaß zum weltumspannenden Universalmaß, abgeleitet aus globalen Distanzen), während wir uns heute auf das Licht beziehen und der »Erleuchtung« harren. Die ältesten Maßsysteme bezogen sich jedoch zunächst auf den Menschen und seine anatomischen Maßeinheiten (»Der Mensch ist das Maß aller Dinge«). Eines der gebräuchlichsten Maßsysteme war die historische Elle. Sie entsprach grob der Länge von Ellenbogen zur Fingerspitze des Mittelfingers. Jedoch war auch die Elle alles andere als einheitlich. Übersicht 3 zeigt eine Reihe von historischen Ellen.

Übersicht 3: Historische Maßsysteme: Die Elle

Deutschland:	
Bamberger Elle	67 cm
Badische Elle	60 cm
Bayrische Elle	83,3 cm
Braunschweiger Elle	57,07 cm
Bremer Elle	54,7 cm
Dresdner Elle	57,52 cm
Frankfurter Elle	54,73 cm
Freiburger Elle (Brsg.)	54 cm
Hamburger Elle (kurz)	57,31 cm
Hamburger Elle (lang)	68,77 cm
Leipziger Elle	57,15 cm
Oldenburger Elle	58,09 cm
Preußische Elle	66,68 cm
Rostocker Elle	57,54 cm
Wiener Tuchelle	77,6 cm
Wiener Leinenelle	89,6 cm

Schweiz:	
Zuger Elle	61,04 cm
Berner Elle	54,172 cm
Luzerner Elle	49,8 cm
Antike:	
Megalithische Elle (z.B. Bretagne)	82,9 cm
Nippur Elle (Sumer)	51,72 cm
Ammatu (Babylon)	49,5 cm
Königliche Elle (Ägypten)	52,5 cm
pechys (Griechenland)	46,2 cm
cubitum (Rom)	44,4 cm
Schwarze Elle (Arabien)	52 cm

Wie aus der Übersicht zu ersehen, unterschieden sich die Grundmaße ganz erheblich. Hinzu kommt, daß die angegebenen Maße sich zu bestimmten Zeiten auch änderten wie der Kammerton a. Wollte man als fahrender Kaufmann in einer Stadt Ware verkaufen, so war man verpflichtet, dafür die örtlichen Maße, das Ortsmaß, zu verwenden. Die gängigen Maße waren deshalb leicht zugänglich oft am Eingangsportal der Kirche oder dem Rathaus in Form von Eisenbändern angebracht *(Abbildung 98)*. Für unser Thema entscheidend ist, daß natürlich auch die Tempel und Kirchen dieses Ortsmaßsystem nutzten. Es sei daher die Frage in den Raum gestellt, ob diese Ortsmaße nicht auch in einem bestimmten Resonanzverhältnis zum Ort standen. In der Tat gibt es

Abb. 98: Die Braunschweiger Elle

hierfür mehrere Forschungsansätze, die vielversprechend klingen, ohne daß bisher ein einheitliches System der Ortsmaßentstehung belegbar wäre. Die Forschungen eines gewissen »H. R. K« aus der Freimaurerloge Nr. 79 (Rapperswil) z.B. finden einen Bezug der Chartrischen Elle mit 73,8 cm zur geographischen Lage der Kathedrale. Die Kathedrale von Chartres hat demnach eine Chorbreite von 20 Ellen und eine Chorlänge von 50 Ellen; das Kirschenschiff mißt 100 Ellen, das Querschiff 90 Ellen und das Hauptgewölbe in seiner Höhe 50 Ellen. Die Chartrische Elle von 73,8 cm zeigt sich als der einhundertausendste Teil der Entfernung des Kathedralenstandorts zum nächsten Meridian: 73,8 km!

Auch ein alter Maya-Mythos läßt eine Beziehung des Ortes zum verwendeten Maßsystem erkennen. Nach diesem gab es am Anfang nur den Himmel und den Urozean. Die Götter des Himmels und des Meeres beschlossen, Menschen zu erschaffen. Dazu schufen sie einen Ort, an dem diese Geschöpfe leben konnten. Also sprachen sie das Wort »Erde« aus, und sofort formte sich diese. Die Schöpfung wurde durch *vier Strecken, vier Ecken, vierfaches Abmessen, vier Pfosten, Halbieren der Schnur, Spannen der Schnur in den Himmel, auf die Erde, die vier Seiten, die vier Ecken* ausgedrückt. So vermaßen auch später weiterhin die Bauern ihr Ackerland und die Bauherren den Baugrund. Der Ort und der Kosmos sollten nach dem Willen der Götter über das Maß im Einklang sein.

Die geomantische Lehre des Vastu in Indien hat eine Vielzahl von Regeln entwickelt, um diesen Einklang von Mensch, Baukörper, Zeit und Ort zu erzeugen. Perfektion gilt als das Kennzeichen von Brahma. Das Wesen der Erscheinungswelt hingegen ist Unvollkommenheit. Diese spiegelt sich z.B. auf dem Gebiet der Mathematik, der Bruchrechnung, wider. Ganze Zahlen stehen mit der Vollkommenheit in Einklang, Ergebnisse, die nicht zu einem ganzzahligen Ergebnis führen, entsprechen der Unvollkommenheit unserer Welt. Es bleibt ein Rest. Dieser Rest ist das wichtigste Element der Maßverhältnisse beim Bauen. Durch verschiedenste Formeln wurde die Breite des Tempels und die Länge bestimmt, ferner der Stern, unter welchem der Tempel errichtet werden muß, die Himmelsrichtung, in die er weisen soll (siehe das Kapitel »Die Orientierung«!), der Wochentag, an dem der Bau begonnen werden soll, ja selbst die Kaste des Tempelstifters und das Alter, das der Tempel (energetisch) erreichen soll. Übersicht 4 gibt hierfür ein paar Beispiele.

Übersicht 4:
Maßentwicklung im indischen Tempelsystem nach Vastu

Der Rest aus einer Bruchrechnung (= Yoni, Vyaya, Rksha, Aya, Vara, Tithi) gibt Vorgaben für die Tempelmaße.

Ort und Ausrichtung:
Die Breite eines Tempels soll mit 3 multipliziert und dann durch 8 geteilt werden. Das Yoni (Rest) gibt die Himmelsrichtung an, nach der der Tempel ausgerichtet werden muß.

Breite x 3 : 8 = Yoni

Die Richtungen werden von Osten ausgehend im Uhrzeigersinn von 0 - 7 numeriert. Positiv sind ein Yoni von 0 (Osten) oder 4 (Westen), andere Richtungen verheißen u. U. Unglück.

Zeit:
Die Länge des Tempels steht mit der Zeitqualität in Beziehung

(Länge x 8) : (27 x Planet) = Rksha

Der Rksha bestimmt den Stern, unter dem der Tempel errichtet werden muß. Gleichzeitig muß auch das Tierkreiszeichen berücksichtigt werden (Länge x 8 : 12 = Aya). Aya sollte möglichst 0 sein.

Kaste:
Länge x Breite x 9 : 4 = Kaste des Stifters

Alter
Das energetische Alter des Tempels bestimmt sich durch die Formel:
Länge x Breite x 27 : 100 = Alter

Auch bei diesen Rechnungen im Vastu ist letztendlich das verwendete Ortsmaß entscheidend. Da nur die absoluten Werte, nicht aber das Maßsystem eine Rolle spielt, entscheidet gerade dieses über das Ergebnis der Rechnung. D. h. wird eine Länge z. B. in Metern gemessen, so ergibt sich selbstredend eine andere Zahl, als wenn diese in Yard gemessen werden würde. Zeit und Ort stehen ohnehin in einem untrennbaren Zusammenhang, auch wenn die Globalisierung uns vereinheitlichte

Greenwich-Zeiten und Sommerzeitverschiebungen beschert hat, die uns dieses Verhältnis oft vergessen lassen. Blickt man heute auf eine historische Sonnenuhr, ist man leicht der Meinung, diese sei wohl in den Jahrhunderten »kaputt« gegangen. Dem ist nicht so, sie zeigt die »wahre Ortszeit« an. Zu Mittag wahrer Ortszeit steht die Sonne in ihrem Zenit und genau im Süden. Die dazu genutzte Meßtechnik ist uralt.

Vom Gnomon und der Sonnenbarke

Der Gnomon ist ein ebenso einfaches wie geniales Instrument. »Gnomon« kommt aus dem Griechischen. Man versteht darunter ein »Objekt, das versteht, entscheidet oder interpretiert«. Im heutigen Sinne ist es ein Zeiger, im historisch philosophischen jedoch ein Erkenntniswerkzeug. Im einfachsten Sinne ist ein Gnomon ein gerader Stab, der in die Erde gesteckt wird und dadurch einen Schatten wirft. In seiner Fortsetzung entwickelte sich der Gnomon bis zum Obelisken. Eindeutig belegbar ist die Verwendung des Gnomons, des Licht- bzw. Schattenzeigers bis 1500 v. Chr. in Chaldäa/Ägypten. Auf einer babylonischen Tontafel von 2300 v. Chr. sind Schattenlängen eines Gnomons zu verschiedenen Zeiten angegeben. Doch neuere archäologische Hinweise legen die Vermutung nahe, daß Gnomon-ähnliche Instrumente bereits 12000 v. Chr. in Gebrauch waren!

Ein Schatten, der von einem Stab geworfen wird, verändert im Tagesverlauf mit dem Höhersteigen der Sonne seine Länge, bis er 12:00 Uhr Mittags wahrer Ortszeit am kürzesten ist und exakt nach Norden weist. Das gleiche geschieht im Jahreslauf. Die Schatten sind im Winter durch die tieferstehende Sonne länger als im Sommer.

In der Antike wurde der Gnomon zur Bestimmung der Nordrichtung, der Äquinoktien, der Sonnwenden, ja selbst zur Bestimmung der geographischen Breite verwendet. Die hierfür verwendete Methode wird »Indischer Kreis« genannt. Dieser Name bezieht sich auf die Nutzung der Methodik um 1100 n. Chr. in Indien, doch ähnliche Verfahren waren auch in Mesopotamien, China, ja selbst bei den Maya bekannt.

Wir wundern uns heute noch, wie exakt alte Bauten wie z.B. die Pyramiden nach den Himmelsrichtungen orientiert werden konnten,

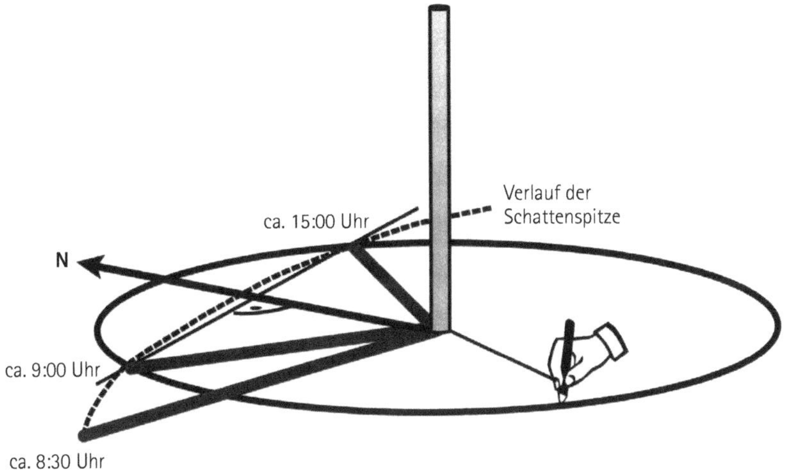

Abb. 99: Der Indische Kreis: Markiert man die Punkte, wo die Schattenspitze des Mittenstabes (Gnomon) den Kreis berührt, und verbindet man diese Punkte, so erhält man eine exakte Ost-West-Richtung und – rechtwinklig dazu – die Nordrichtung.

wo es doch noch keinen Kompaß gab. Diese Verwunderung ist ein Zeichen dafür, wie sehr wir uns von der Beobachtung der Natur abgewendet haben. Die Bestimmung der exakten Ost-West-Richtung und damit die Bestimmung der Nordrichtung ist jedoch innerhalb eines Tages möglich mit Hilfe des »indischen Kreises«. Bei diesem Verfahren macht man sich die Symmetrie des täglichen Sonnenlaufs zu Nutze. So wie die Sonne morgens aufsteigt, geht sie abends unter. Jeder vormittägliche Sonnenstand hat eine Entsprechung am Nachmittag: Ein gerader Stab, der Gnomon, wird auf einer geraden Ebene aufgestellt. Darum herum wird mit Hilfe einer Schnur ein Kreis gezogen, dessen Radius etwa 1 bis 2 Stunden nach Sonnenaufgang an der Länge des Stabschattens abgegriffen wird. Der Punkt, an dem der Schatten den Kreis berührt, wird markiert. Nun wandert der Schatten in den Kreis hinein und verkürzt sich bis Mittag mehr und mehr. Anschließend verlängert er sich wieder und wandert langsam gen Osten. Wenn der Schatten den Kreis ein zweites Mal berührt, wird auch dieser Schnittpunkt markiert. Die Verbindung der beiden Schnittpunkte von Schatten und Kreis ist die exakte Ost-West-Richtung. Die Linie von der Hälfte dieser Strecke zum Fuß des Stabes ist die exakte Nord-Süd-Linie. *(Abbildung 99).* Markiert man in bestimmten Zeitabständen das Ende des Schattenwurfs, so ergibt der Schattenbogen zusammen mit dem Kreisbogen im Sommerhalbjahr eine Sichel. Die Geomantin *Johanna Markel* vergleicht diese Form mit der Sonnenbarke, mit der in ägyptischer Vorstellung Re über den Himmel fuhr. Das Symbolbild geboren aus einer konkreten Ortserfahrung!

Viel wichtiger als die exakten Himmelsrichtungen waren für die frühen Kulturen die Kalendertage und der Lauf der Jahreszeit. Auch diese können am indischen Kreis leicht erkannt werden, weil zu den Äquinoktien der Schattenverlauf der Stabspitze zwischen West und Ost nahezu geradlinig ist.

Bei einer festen Stablänge des Gnomons variiert die Länge des Schattens nicht nur im Zeitverlauf, sondern auch mit Veränderung der geographischen Position. Dabei ergibt sich die Schattenlänge mathematisch aus der Stablänge geteilt durch den Tangens der Sonnenhöhe. Umgekehrt kann aus Schatten- und Stablänge die Sonnenhöhe und über diese die geographische Lage ermittelt werden.

Eine definierte Stablänge ergibt damit an einem bestimmten Ort zu einer bestimmten Zeit eine einheitliche Schattenlänge. Legt man für die Länge des Stabes jedermann zugängliche astronomische Längen wie z.B. die Abstände bestimmter Sterne zugrunde, so könnte die Schattenlänge des Gnomons in der Tat bestimmend für das Ortsmaß sein. Aus einer Zeit, die den Ort zu größter Resonanz anregt (siehe die Beispiele der Patronatsberechnungen) und der geographischen Position des Ortes ergäbe sich die Elle des Ortes! Dies würde die Verschiedenheit der Ortsmaße erklären. In Ansätzen mag dies bereits gelingen, doch die Bestätigung der Theorie bedarf noch weiterer Recherchen.

Omphalos und stehende Wellen

Die Länge des am Ort verwendeten Maßes ist der Grundton der architektonischen Symphonie.

Der Kammerton a des 17. Jahrhunderts in Deutschland entspricht – umgerechnet in Wellenlängen – der Megalithischen Elle, die heutige

Stimmung des Kammertons dagegen entspräche der historischen Wiener Elle.

Regt man eine träge Flüssigkeit mit einem Ton an, so entstehen Schwingungsbilder. Es entstehen stehende Wellen, die am Ort fixiert bleiben, solange der Ton anhält. Dieses Verfahren wird z. B. bei kymatischen Bildern oder chladnischen Klangfiguren angewandt. Auch die Grundschwingung eines Ortes erzeugt eine solche Resonanz. Diese Resonanz wird eben gerade dadurch verstärkt, daß die Grundschwingung Eingang in das örtlich genutzte Maßsystem findet und z. B. Bauten darauf abgestimmt werden. Eine Stadt wird so zum Resonanzkörper der Eigenschwingung des Ortes.

Das Ortsmaß von Augsburg ist der *Stadtwerkschuh* (»Augsburger Fuß«) mit 29,4 cm Länge. Es ist so wie in alten Zeiten am Rathaus als Metallschiene angebracht und für jedermann zugänglich. Zieht man vom Stadtzentrum aus – in diesem Falle vom Augsburger Perlachturm als energetische Mitte, als Omphalos mit Einstrahlpunkt – Radien mit dem tausendfachen Wert des Stadtmaßes (294 Meter; also 294 m, 2 x 294 m = 588 m, 3 x 294 m = 882 m), so erkennt man, daß die Kirchen St. Moritz, St. Anna (294 m), das Dominikanerkloster (Hl Kreuz) und St. Maximilian (588 m), St. Georg und St. Ulrich und Afra (882 m) exakt auf diesen »stehenden Wellen« dieses Grundtones stehen. Der Augsburger Dom und St. Jakob stehen dagegen bei einem Radius von 1,5 x 294 m = 441 m bzw. 1500 Mal der Stadtwerkschuh. *(Abbildung 100).* Nicht nur der heilige Raum selbst fügt sich in die Grundschwingung des Ortes ein, sondern auch die Bezüge der Orte untereinander.

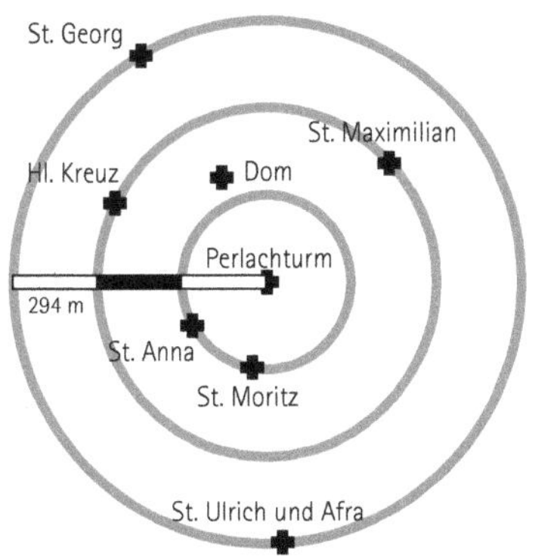

Abb. 100: Die Kirchen in Augsburg stehen in radialen Abständen um die Stadtmitte, die einem Vielfachen des Ortsmaßes entsprechen (r = x 294 Meter, »Stadtwerkschuh« = 29,4 cm).

Global Scaling

Eine diesen »stehenden Wellen« ähnliche radiale Abstrahlung ergibt die vom Physiker *Dr. Hartmut Müller* entwickelte Methodik des *Global Scaling*: Müller hat fundamentale Fraktale entdeckt, nach denen sich die Schöpfung sozusagen permanent selbst gebiert. Auf einer logarithmischen Skala belegen diese Schöpfungsimpulse immer wieder die gleichen Bereiche. Was bedeutet dies? Den Logarithmus kennen Sie wahrscheinlich noch aus der Schule. Die Zahl 100 läßt sich auch als Logarithmus 2 zur Basis 10 (10^2) darstellen. Legt man nun eine Art »Maßband« an wie in *Abbildung 101 a* gezeigt, so entstehen gleiche logarithmische Einheiten (1, 2, 3, 4, 5, 6 usw.), die gleiche Abstände haben, welche jedoch im »Realraum« weit auseinanderliegen würden: 10, 100, 1.000, 10.000, 100.000 usw. Basierend auf diesem Prinzip des »logarithmischen Raumes« konnte Müller auf der Basis der Compton'schen Wellenlänge des Protons mit Hilfe eines Kettenbruchs ein fraktales Muster offenlegen. So wachsen wir z.B. in Schüben. Je Altersklasse haben Kinder eine bestimmte durchschnittliche Größe. Diese liegt exakt auf den Knotenpunkten des Global-Scaling-Fraktals. Wächst ein Kind, verläßt es diese stabile optimale Größe. Um schnell wieder in die nächste energetisch stabile Größe zu kommen, geschieht dieses Wachstum in einem relativ schnellen Schub. Am nächsten »Knotenpunkt« angekommen, pausiert das Wachstum des Körpers, um in der Stabilitätsphase neue Kraft zu sammeln. So sind auch die Größen z.B. der Säugetiere nicht linear auf alle möglichen Größen verteilt,

Logarithmische Skala (zur Basis 10)	1	2	3	4	5	6	7
Lineare Skala	10	100	1.000	10.000	100.000	1.000.000	10.000.000

$$ln\,(\lambda/\lambda_p) = n_0 + \cfrac{2}{n1 + \cfrac{2}{n2 \cdot \ddots + \cfrac{2}{n_k}}} = [n_0, n_1, n_2, \dots, n_k]$$

Abb. 101: Eine logarithmische Skala(oben): Im Realraum weit auseinanderliegende Entfernungen sind auf der Skala (hier Log zur Basis 10) gleichmäßige Entfernungseinheiten.
unten: Kettenbruch, der dem »Global Scaling« nach Dr. Hartmann Müller zugrundeliegt (hier bezogen auf die Eigenfrequenz des Protons)

sondern kumulieren in bestimmten Größenklassen, die den Knotenpunkten des Müller'schen Fraktals entsprechen. Auch die Entfernungen und Größen der Planeten unseres Sonnensystems passen wunderbar in die logarithmische Fraktal-Skala von Dr. Müller.

Überträgt man nun die Global Scaling-Skala von einem Schwingungszentrum auf eine topographische Karte, entdeckt man, daß viele Kultstätten und Kirchen sich in den Zonen erhöhter Materieresonanz befinden. In Wasserburg am Inn konnte eine frappierende Übereinstimmung festgestellt werden zwischen den empirisch ermittelten stehenden Resonanzwellen des letzten Kapitels (wie am Beispiel Augsburg gezeigt) und der radialen Global Scaling-Skala. Auch mehrere Sakralbauten wurden von Dr. Müller auf diese Weise untersucht. Der Petersdom in Rom z.B., der 1503 von Papst Julius II. initiiert und von Bramante und später Michelangelo ausgeführt wurde, entspricht exakt den von Müller vorgegebenen Radialabständen stärkster Materieresonanz. Die Außenmauern wurden 81,6 Meter vom Schwingungszentrum der Kuppel plaziert, genau dort, wo die Amplituden der Eigenschwingung ein Maximum erreichen *(Abbildung 102)*! Auch die Rotunde der Grabeskirche in Jerusalem ist nach diesem Prinzip errichtet.

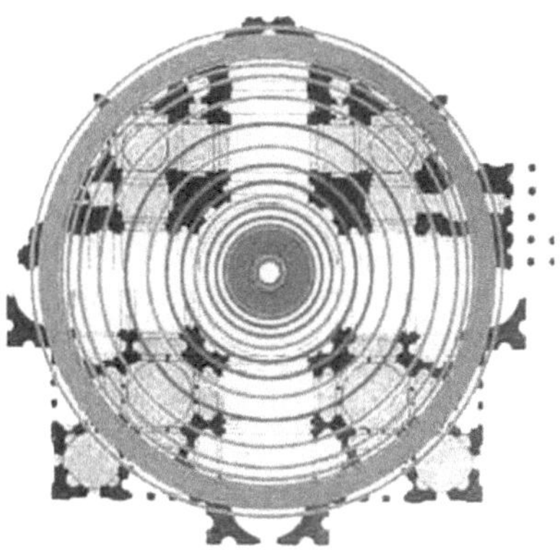

Abb. 102: Der Petersdom in Rom wurde so konstruiert, daß die Kuppel, die tragenden Säulen und die Außenwände auf »Materieresonanzzonen« des Global Scaling liegen! (Dr. Hartmut Müller)

Global Scaling zeigt auf, daß die Baumaße und damit die verwendeten Ortsmaßsysteme in optimaler Resonanz zur Eigenschwingung der Erde, ja der Materie selbst gewählt wurden. Dadurch erreicht der Bau nicht nur eine große statische Festigkeit, er wird zugleich zu einem schwingenden Musikinstrument für die Kraft des Ortes.

Die Wirksamkeit der Maße

Physikalisch betrachtet ist ein Maß eine Schwingungslänge. In einem Maß von einem Meter paßt eine Wellenlänge von einem Meter exakt hinein. Ein Gegenstand mit einem solchen Maßverhältnis ist daher auf diese Wellenlänge resonanzfähig. Eine Wellenlänge oder Frequenz (beide verhalten sich zueinander reziprok) erzeugt im Menschen eine bestimmte Empfindung, ein Gefühl oder gar eine bewußte Wahrnehmung. Unser Auge »sieht« eine Wellenlänge von 600 nm als die Farbe Rot, eine Wellenlänge von 540 nm als die Farbe Grün. Die Wellenlänge von 82,6 cm wird von unserem Ohr als der Ton a wahrgenommen usw. Manche Wellenlängen wie die des Mikrowellenherdes bringen das Wasser unserer Zellen in Schwingung, andere durchdringen uns (scheinbar) ohne große Wirkung. Es lohnt sich darum, zu untersuchen, wie die im Sakralbau genutzten Maße auf uns wirken. Eine wichtige Methodik dieser Untersuchung ist die Oktavierung.

Als Oktave (von lat. *octava*: »die Achte«) bezeichnet man in der Musik ein Intervall, bei dem die Frequenz des tieferen zu der des höheren Tons im Verhältnis 1 : 2 steht bzw. die Wellenlänge im Verhältnis 2 : 1. Es ist dem Musiker und Mathematiker *Hans Cousto* zu verdanken, daß die Idee der Oktavierung heute eine breite Anwendbarkeit erfahren kann. Die Wellenlängen von Frequenzen, die zueinander im Oktavverhältnis stehen, erzeugen nämlich die gleichen (oder zumindest sehr ähnliche) Empfindungen. Ein tiefes C erkennen wir als den gleichen Ton wie das hohe C. Musikstücke, die eine Oktave höher gespielt werden, werden dennoch als die gleichen Melodien wiedererkannt. Man kann den Prozeß der Oktavierung nun nicht nur ein- oder zweimal durchführen, sondern beliebig oft. So lassen sich Farben in den hörbaren Bereich oktavieren oder die Umlaufzeiten unserer Planeten um die Sonne z.B. als Farben wiedergeben. Die physikalische Radiästhesie nutzt die Abstände an der Rute (Grifflänge), um den Radiästheten auf eine bestimmte Wellenlänge einzustimmen und resonanzfähig zu machen. Auch hier wird gerne mit der Methodik der Oktavierung gearbeitet, weil sie es ermöglicht, z.B. die Schwingungslänge von Wasserstoffatomen, Farben, Planeten u.v.m. in nutzbare Grifflängen umzurechnen. Unter Berücksichtigung der Erfahrungswerte der Radiästhesie können dadurch weitere Erkenntnisse über die Wirkung von Maßen hergeleitet werden.

Die Erde selbst besitzt nun einige solcher Resonanzen, von denen Hans Cousto bereits sehr früh drei berechnete: den »Tageston«, den »Jahreston« und das »platonische Jahr«.

Das platonische Jahr hatten wir bereits im Kapitel *Grundlagen zum Verständnis räumlicher Orientierung* kennengelernt: Die Erdachse taumelt, und eine solche Taumelbewegung dauert rund 26.000 Jahre. Oktaviert man diesen Zyklus, so kommt man bei 172,06 Hz (bzw. 86,03 Hz) zum Ton F bzw. zur Farbe Violett. Oktaviert man in den radiästhetisch nutzbaren Wellenlängenbereich, so kommt man zur Wellenlänge 5,19 cm. Bei 5,2 cm Wellenlänge (Lecherantenneneinstellwert) kommen wir zu einer radiästhetischen Grifflänge, die verbunden ist mit den Schlagworten »Beredtsamkeit, Heilige Strahlung, Verbindung zum Kosmischen« und die man häufig an heiligen Orten wiederfindet. Das »Megalithische Yard«, eine frühzeitliche Maßeinheit, nach der viele berühmte steinzeitliche Bauwerke offenbar errichtet wurden, liegt mit 82,9 cm (= 86,14 Hz) sehr nahe an der oktavierten Wellenlänge des platonischen Jahres (86,3 Hz). Das »megalithische Yard« von 82,9 cm liegt z. B. dem Steinkreis von Stonehenge zugrunde. Hier finden wir auch radiästhetisch die Grifflänge 5,2 cm (LA), also die Qualitäten »Heilige Strahlung« und »Verbindung zum Kosmischen«. Die therapeutische Arbeit etwa mit Klangschalen, die auf das platonische Jahr gestimmt sind, zeigte, daß dieser Ton (F, 172,06 Hz) vor allem auf das Scheitelchakra wirkt und allgemein eine antidepressive Wirkung entfaltet. Zudem ist die Frequenz des Tones genau die Grenze zwischen männlicher und weiblicher Stimmlage, so wie die ihm zuzuweisende Farbe Violett zwischen dem männlichen Rot und dem weiblichen Blau steht.

Der Tageston der Erde ist ganz einfach die Umdrehung der Erde um sich selbst, was bekanntlich rund 24 Stunden dauert. Oktaviert man diese Frequenz, so kommt man bei der 26. Oktave zur Frequenz 194,18 Hz, was dem Ton g' entspricht bzw. der Farbe Orange. Bei weiterer Oktavierung (66. Oktave) gelangen wir bei $8{,}540 \cdot 10^{14}$ Hz (351 Nanometer) zum Resonanzmaximum unserer DNS. Unsere DNS schwingt sozusagen im Rhythmus der Erde! Im radiästhetisch nutzbaren Bereich kommen wir zur Grifflänge 6,9 cm (LA), die mit Lebenskraft zu tun hat und u. a. die Resonanz des in den Zwischenhimmelsrichtungen laufenden »Curry-Gitters« ist (siehe Seite 77 f). Hans Cousto berechnete das Maß des ägyptischen Remen (ebenfalls ein historisches Maßsystem) mit 37,1 cm auf die Frequenz 192,62 Hz, was wiederum sehr nahe an der Grundschwingung des Tagestones der Erde liegt. Klangtherapeutisch bewirkt der Tageston der Erde eine Tonisierung und Anregung unseres Wurzelchakras.

Der **Jahreston der Erde** schließlich errechnet sich aus der Umlaufbahn der Erde um die Sonne und der dafür nötigen Zeit. Die Erde umkreist die Sonne in 325 1/4 Tagen. Bei der 32. Oktave entspricht dies nach den Berechnungen von Cousto einer Frequenz von 136,1 Hz (Cis) bzw. einem Farbton im Grünspektrum. Weiter oktaviert kommt man zur Wellenlänge 6,56 cm. Bei 6,5 cm liegt die radiästhetisch meßbare Eigenresonanz des menschlichen Herzens. Die ägyptische »königliche Elle« hatte eine Länge von 52,4 cm, was einer Frequenz von 136,21 Hz entsprechen würde. Die ägyptische Elle schwingt damit im Resonanzbereich des Jahrestones der Erde! U. a. wurden die Pyramiden bei Gizeh nach diesem Maß abgestimmt. Klangtherapeutisch bewirkt der Jahreston der Erde eine Anregung des Herzchakras sowie allgemein eher eine Beruhigung.

Neben diesen von Hans Cousto erarbeiteten Zusammenhängen zwischen Maßen und Erdresonanzen, zeigen natürlich auch andere Maßsysteme deutliche Wirkungen. Der römische Fuß mit einer Länge von 29,6352 cm schwingt z. B. im Gelb-Grün-Spektrum und tönt wie ein h. Radiästhetisch landen wir bei einer Grifflänge von 7,4 cm LA, einer Resonanz mit Heilwirkung. So sprach ja schon Hildegard von Bingen von der Farbe Grün als der »viriditas«, der heilenden Grünkraft, die der ganzen Natur zugrundeliegt. Durch ihr Maßsystem schwangen sich die Römer in die Lebenskraft der Natur ein. Zudem entspricht dies der Grifflänge eines Rautengitters wie es auch im Heiligen Grab in der Krypta von Denkendorf (siehe Kapitel *Die numinose Stelle*) zu finden ist.

Typisch für die bereits mehrfach erwähnten maltesischen Tempel ist die Wichtigkeit der Übergänge von außen nach innen oder zwischen den einzelnen Tempelbereichen (Sanktuare). Diese wurden durch Schwellen, die zum Teil mit Öffnungen für flüssige Trankopfer an die Erde versehen waren, betont oder durch Vorhänge oder Türen abgetrennt, deren Halterungen man noch erkennen kann. Gerade an diesen Schwellen, aber auch an anderen wichtigen Architekturelementen tauchen bestimmte Schwingungsresonanzen immer wieder auf. Vor allem der Lecherantenneneinstellwert 2,7 cm LA und seine Oktave 5,5 cm LA ist hier häufig feststellbar. Der akribischen Arbeit meiner Partnerin *Sibylle Krähenbühl* ist es zu verdanken, daß die harmonikale Konstruktion der zunächst als sehr schlicht empfundenen Tempelarchitektur entschlüsselt werden konnte. Die kleinsten verwendeten Konstruktionskreise des Ggantija-Tempels auf Gozo haben dabei ein Maß von 434,78 cm, das ein ganzzahliges oktaviertes Resonanzmaß eben jener Lecherwerte 2,7 cm LA und 5,5 cm LA darstellt. Diesen letzten Wert hatten wir bereits im Kapitel *Die gebaute Umhegung* als eine typische Wellenlänge des Sanktuars kennengelernt. Vermutlich wird er hier folglich durch das Baumaß mit erzeugt. Die Wahl des Maßes bewirkt die energetische Grundlage des Sanktuars!

Der radiästhetische Grifflängenwert schwingt (oktaviert) bei 655 Nanometer. Dies ist die Farbe des orangeroten Lichtes und exakt der Wert, auf den in der Lasertherapie Laser abgestimmt sind. Sie werden u. a. dazu eingesetzt, auf Akupunkturpunkte einzuwirken und diese anzuregen. In der therapeutischen Anwendung sind es besonders die psychischen Erkrankungen, bei denen man Orange einsetzt. Dauernde Müdigkeit und Lustlosigkeit können durch Orange-Bestrahlung (655 nm) aufgehoben werden. Der Tempel von Ggantija ein »Farblaser« für die Erde Gozos? Die Symbolik des Baues (»Die Große Göttin gebiert Fruchtbarkeit auf die Felder«, siehe Seite 21 f) würde dem entsprechen.

Wie schwingt nun unser allgegenwärtiges Meter, nach dem Häuser, Straßen, ja ganze Städte und Landschaften geplant und bebaut werden? Es liegt farblich im Bereich eines Blau-Grün bzw. bei 6,25 cm. Bei dem Lecherantenneneinstellwert von 6,3 cm liegen radiästhetische Resonanzen, die mit Erdmutterkultstätten assoziiert sind sowie mit geistiger

Aufladung. Vielleicht führt uns unser metrisches System tatsächlich allmählich zurück zur Wahrnehmung der Erde als eigenständige Wesenheit? Wir wollen es hoffen.

Damit schließt sich der Kreis, der mit der Betrachtung der Symbolik und der Mythologie sakraler Bauten begonnen hatte. Auch die sakrale Technologie steht ganz im Dienst des Mythos. Heilige Räume sind perfekte Musikinstrumente. Das verwendete Ortsmaß, nach dem der Bau errichtet wurde, entspricht dem Kammerton, der Grundstimmung des Instrumentes. Die Ortskraft und ihre Phänomene bieten den Grundton der Melodie. Die Melodie selbst wird durch die Proportionierungen erzeugt. Die Ausrichtung des Baues nach den Sternen(mythen) ist das Thema, das in verschiedenen Variationen (Ausrichtung auf Konstellationsorte am Horizont, Sonnenaufgangspunkte oder nach Berechnungen) gespielt wird. Die Reliquie oder andere heilige Gegenstände sind der erste Bogenstrich, der die Saiten zum Schwingen bringt. Zweck der Symphonie ist die Preisung des Göttlichen und die Öffnung unserer Herzen.

Ausklang: Heilige Räume schaffen

Ein heiliger Raum ist stets ein ganz persönlicher Raum, ein Raum voller spiritueller Intimität. Die stärksten und nachhaltigsten Erfahrungen habe ich meist nicht in den großen Kathedralen, den Pyramiden von Gizeh oder den großen Steinkreisen wie Stonehenge oder Avebury gemacht, sondern in kleinen Kapellen, abgeschiedenen Orten und in stillem Zwiegespräch mit den Kräften des Ortes. Heilige Räume berühren unseren innersten Raum des Selbst, und zu so einem Sakralraum kann beinahe jeder Ort werden. In diesem abschließenden Kapitel möchte ich dazu anregen, sich selbst einen ganz persönlichen heiligen Raum, einen spirituellen Kraftort zu schaffen. Dies könnte in der Tat eine kleine Kapelle oder ein kleiner Tempel auf dem eigenen Grundstück sein, aber auch schlicht eine Ecke in der eigenen Wohnung. Die Grundprinzipien zur Schaffung eines solchen Raumes sind dieselben, wenngleich man auf einem Grundstück wahrscheinlich vielfältigere Möglichkeiten hat, den »optimalen« Raum zu erschaffen.

1. Finden Sie Ihr Gestaltungsziel

Dies ist vermutlich der wichtigste Schritt der Gestaltung überhaupt. Deshalb sollten Sie sich Zeit dafür lassen. Werden Sie sich ganz bewußt und klar darüber, was Sie suchen. Wie soll der Raum sich anfühlen, wie soll er wirken?

Eine solche Zielfindung kann zu einer rituellen Queste werden, in der man sich einen Tag oder auch mehrere Tage Zeit nimmt, sich seiner selbst bewußt zu werden. Zumindest aber sollten Sie sich Zeit für eine meditative Verinnerlichung nehmen. Vielleicht kann Ihnen folgende Übung dabei helfen.

Übung 1: Finden des Gestaltungsziels

Setzen Sie sich aufrecht, aber völlig entspannt hin. Wählen Sie einen Stuhl oder den Fußboden, ganz wie es Ihnen beliebt. Lassen Sie sich Zeit, innerlich ruhig zu werden und die Alltagsgedanken abzulegen. Sorgen Sie auch dafür, daß Sie durch Mitbewohner, Türklingel und Telefon nicht gestört werden!

Atmen Sie eine Weile ruhig in Ihre eigene Mitte. Dies ist der Ort in Ihnen, an dem Sie sich ganz authentisch, ganz bei sich selbst fühlen. Dies mag der Brustraum sein oder der Bauch. Befreien Sie sich von Konzepten, »so sollte es sein«. Spüren Sie lebendig nach: Wo ist Ihre Mitte jetzt, in diesem Augenblick? Verweilen Sie dort und genießen Sie es, bei sich zu sein.

Spüren Sie nun in sich, in ihre eigene Mitte hinein, was Sie brauchen. Wonach sehnen Sie sich? Was brauchen Sie am meisten? Schutz und Geborgenheit? Trost? Geistige Inspiration? Den Kontakt zu geistigen Kräften oder der Erde? Lassen Sie nicht zu, daß Ihr Kopf schnell damit antwortet, was er in Büchern gelesen hat, lassen Sie statt dessen zu, daß sich Ihr ureigenstes Bedürfnis langsam rührt und Sie eine lebendige Antwort erhalten.

Fragen Sie in Ihre Mitte hinein, so als wäre diese eine eigenständige Persönlichkeit: »Was brauchst du? Wonach sehnst du dich?« Warten Sie ab und beobachten Sie nur. Sie wird Ihnen antworten. Vielleicht mit einem Körpergefühl, einem Bild oder einer Erinnerung, vielleicht mit einem Wort. Lassen Sie diese Antwort in sich nachklingen. Stimmt das? Ist dies wirklich das, was Sie im Innersten suchen? Wo im Körper manifestiert sich diese Sehnsucht, dieses Bedürfnis, und wie fühlt es sich an? Beschreiben Sie es sich selbst.

Fragen Sie auf diese Weise Ihr innerstes Wesen:

- Was will ich?
- Wie soll es sich anfühlen?
- Wo (im Körper) fühle ich es?
- Was soll es (in meinem Leben, in mir) bewirken?

Vielleicht begegnen Ihnen in diesem inneren Zwiegespräch bereits Symbole oder Farben. Bewahren Sie diese Wahrnehmungen. An dieser Stelle des Gestaltungsprozesses sind diese noch nicht von Belang, aber vielleicht können Sie später darauf zurückgreifen.

Eine solche Entscheidungsfindung kann durchaus eine Stunde und mehr dauern. Lassen Sie sich Zeit. Vielleicht bedarf es auch mehrerer Gespräche. Eine Antwort manifestiert sich als ein klares angenehmes Körpergefühl, vielleicht auch in einem inneren Symbolbild. Diese sind Ihr »Anker«, Ihr innerer »Griff«. Bewahren Sie diese. Sie sind für den kommenden Gestaltungsprozeß besonders wichtig. Diese sind Ihr »Maß aller Dinge«, an ihnen entscheiden Sie, ob die Gestaltung gelungen ist oder ob noch etwas fehlt oder verändert werden muß.

Erst wenn Sie mit Hilfe der Übung oder eines selbst entwickelten Rituals oder einer Meditation ganz klar haben, was Sie mit Ihrem persönlichen heiligen Raum erreichen möchten, sollten Sie mit dem Gestaltungsprozeß beginnen!

2. Finden Sie den Platz

Mit Ihrem »Ankergefühl«, Ihrem inneren Symbolbild, Ihrem inneren »Griff« werden Sie nun versuchen, den geeigneten Platz für Ihren Raum zu finden. Natürlich werden dafür auch profane Erwägungen eine Rolle spielen: Wo habe ich überhaupt äußeren Platz für meinen inneren Raum?

Wenn Sie die Radiästhesie beherrschen, können Sie in Resonanz zu diesem »Griff« mit Hilfe von Rute oder Pendel versuchen, einen geeigneten Platz zu finden. Natürlich kann eine Wasseraderkreuzung oder eine schlichte rechtsdrehend polarisierte Gitternetzkreuzung hilfreich sein. Letztere findet man alle paar Meter. Aber es muß nicht unbedingt ein Ort mit radiästhetischen Phänomenen und geomantischen Knotenpunkten sein. Sie können den Platz auch intuitiv finden. Sie können ihn sich – verbunden mit Ihrem »Ankergefühl« – innerlich zeigen oder sagen lassen. Oder Sie finden ihn auf eine Weise, wie in der folgenden Übung angeregt:

Übung 2: Finden Sie den Platz

Werden Sie sich wieder mit Hilfe Ihres »Ankers« oder »Griffs« (Symbolbild, Gefühl ...) Ihres eigenen Wunsches bewußt. Wo haben Sie diesen im Körper wahrgenommen? Lassen Sie sich auch dafür Zeit, bis sich das Gefühl klar und deutlich manifestieren konnte.

Nun dehnen Sie sich in Ihrer Vorstellung in den Raum um sich herum aus. Stellen Sie sich vielleicht vor, Sie wären ein Ballon, der sich aufbläht, oder ein Licht würde aus Ihrer Mitte erstrahlen und den Raum um Sie herum erhellen. Dehnen Sie sich soweit aus, wie es ihre Gestaltungsmöglichkeiten zulassen. Haben Sie ein Grundstück, so dehnen Sie sich innerlich bis an dessen Grenzen aus, haben Sie nur eine Wohnung, so dehnen Sie sich bis an die Grenzen des Grundrisses aus. Haben Sie nur ein Zimmer, so begrenzt dieses Ihre Ausdehnung.

Nun verweilen Sie still. In welcher Richtung gibt es eine Resonanz zu Ihrem »Anker«? Lassen Sie sich ziehen. Bewegen Sie sich in diese Richtung, bleiben Sie aber stets mit Ihrem inneren Raum, Ihrem »Griff« verbunden.

Wenn Sie den richtigen Platz gefunden haben, wird das innere Gefühl noch einmal »aufwallen«, es wird kurz stärker werden oder irgendwie »einrasten«. Sie werden spüren: Hier ist es richtig. Grenzen Sie diesen Raum klar ein. Möglicherweise so lange, bis Sie auf einem ganz bestimmten Punkt stehen.

Verweilen Sie und spüren Sie nach. Ist dies wirklich der Platz, der meinem inneren heiligen Raum unterstützt?

Markieren Sie den Ort mit einem Objekt. Vielleicht einem Stein oder auch einfach nur mit etwas Klebeband.

Möglicherweise finden Sie mit Hilfe dieser Übung einen Ort, aber hier kann man nichts gestalten, weil er mitten in der Türe liegt oder sonst irgendwie äußerlich unpassend erscheint. Dann wiederholen Sie die

Übung und suchen Sie eine Alternative. Diese ist vielleicht nicht so optimal, aber erreicht hoffentlich noch 90 %.

Vielleicht haben Sie aber auch zwei Plätze gefunden, die Ihnen ähnlich in ihrer Wirkung erscheinen. Behalten Sie beide zunächst markiert. Möglicherweise zeigt eine der beiden Alternativen im fortlaufenden Gestaltungsprozeß bessere Eigenschaften.

3. Schaffen Sie ein Sanktuar

Nun ist es Zeit, den heiligen Raum vom profanen Raum abzugrenzen.* Je besser und dauerhafter dies möglich ist, um so stärker kann der Raum wirklich zu einem Sakralraum werden. Ein wirklicher heiliger Raum sollte nicht für profane Dinge gebraucht werden. Ist dies aufgrund einer kleinen Wohnung nicht möglich, so sollte vor jeder Nutzung des Raumes als Sakralraum das Sanktuar rituell neu erschaffen werden und nach der Nutzung wieder beseitigt werden. Wichtig ist: Man muß sich räumlich oder zeitlich sehr klar bewußt sein, wann der heilige Raum betreten wird. Man sollte nicht aus Versehen hineinstolpern. Hier möchte ich Ihnen drei Anregungen geben, wie ein solches Sanktuar geschaffen werden kann.

a) Polarisierte Steine

Diese Technik ist im Kapitel über das Sanktuar bereits kurz beschrieben worden. Jeder Naturstein besitzt unterschiedliche Polaritäten. Er bewegt feinstoffliche Kräfte in bestimmte Richtungen durch den Stein. Mit Hilfe der Radiästhesie kann man diese Polarität erfassen. Es ist aber auch ohne äußere Instrumente möglich. Die Größe des Steines spielt nur eine untergeordnete Rolle. Für einen kleinen Raum reichen faustgroße Steine.

* Obgleich ich an dieser Stelle die Techniken zur Sanktuarbildung beschreibe, kann es je nach Art des Raumes durchaus sinnvoll sein, sie erst nach z. B. der Größenfestlegung und Proportionierung durchzuführen. Einen heiligen Raum zu erschaffen ist ein lebendiger Prozeß, der sich nicht immer in ein vorgefertigtes Raster pressen läßt.

Obgleich die Technik mit jedem Naturstein funktioniert, würde ich mehr oder minder rechteckige Steinquader empfehlen, da diese für Anfänger leichter zu handhaben sind. Sorgen Sie dafür, daß vier bis sechs Steine (oder so viele, wie für die Außenform ihres heiligen Raumes notwendig sind, also für ein Achteck acht Steine) etwa gleicher Größe bereitliegen.

- Verbinden Sie sich wieder mit Ihrem Ankergefühl. Nun legen Sie einen Stein vor sich hin. Lassen Sie ihre Hand locker über der Mitte des Steines hängen, so daß der Unterarm ganz frei und locker im Ellenbogengelenk beweglich ist. Spüren Sie einem Bewegungsimpuls nach. In welche Richtung wird die Hand gezogen?

  Wenden Sie zur Überprüfung den Stein und wiederholen Sie die Testung, bis Sie sicher sind, in welcher Richtung der Stein von dem »Gefühl« durchströmt wird.

- Legen Sie den Stein an einen der Eckpunkte der heiligen Grenze. Verfahren Sie genau so bei den anderen Steinen. Legen Sie die Steine so, daß die Yinseite des einen Steins an der Yangseite des nächsten Steines zu liegen käme. Die Steine müssen sich dabei jedoch nicht berühren. Sie können mehrere Steine setzen. Wichtig sind jedoch die Ecksteine *(Abbildung 103)*.

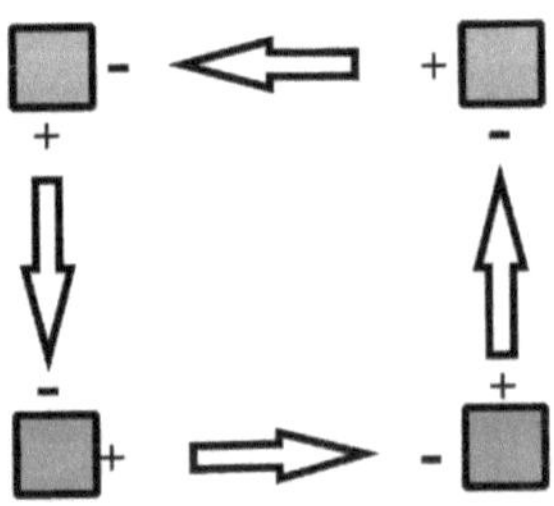

Abb. 103: Gestaltung eines Sanktuars: Legt man polarisierte Steine so in einem Rechteck aus und schlägt sie an, so entsteht ein energetisches Sanktuar.

- Überprüfen Sie auch, welche Zirkulationsrichtung für Ihr gewünschtes Raumgefühl angenehmer ist: im oder gegen den Uhrzeigersinn?

- Schlagen Sie nun mit einem Hammer die Steine an der Yinseite (bzw. an der der Yangseite gegenüberliegenden Steinseite) etwa dreimal an. Wenn die »Kraft« überspringt, wird dies als deutliche Schwelle zwischen zwei Steinen spürbar.

- Bei dauerhaftem Einsatz können die Steine in den Ecken des Raumes eingemauert, im Garten vergraben oder anderweitig dauerhaft fixiert werden.

b) Die heilige Linie

Ist die Methodik der polarisierten Steine nicht gewollt oder praktikabel, so kann man eine Sanktuargrenze durch eine Linie definieren. In der Ritualmagie ist dies z. B. ein gezogener Kreis mit Kreide. Diese Methode ist etwas schwächer und vor allem nicht so dauerhaft wie die Methodik der polarisierten Steine, weil die Linie in der Regel mit der Zeit verwischt.

Verbinden Sie sich wieder mit Ihrem Ankergefühl. Bleiben sie ganz in diesem inneren Raum und ziehen Sie – verbunden mit dem »Griff« – einen Kreis (oder eine andere Form, siehe unten) mit etwas Kreide um sich als Mittelpunkt. Alternativ kann man auch für vorübergehende Ritualräume einen gedachten Kreis umschreiten und dabei räuchern oder Wasser auf einer geschlossenen Linie auf die Erde gießen.

c) Der definierte Raum

Ist weder die Technik der polarisierten Steine noch der heiligen Linie für Sie stimmig, so definieren Sie auf jeden Fall einen Raum. Rituell kann dies wie gerade beschrieben durch Rauch oder Wasser erfolgen, aber auch optisch sollte der Raum deutlich definiert sein. Im Außenraum kann hier ein Pflasterbelag oder Kies aufgebracht werden oder vielleicht eine umgebende Pflanzung. Im Innenraum kann z. B. ein runder Teppich den Raum deutlich definieren. Zusätzliche höhere Pflanzen oder ein Paravent können ebenso zur optischen Definition des Raumes beitragen.

Wichtig ist jedoch, daß die optische Definition durch eine gedankliche unterstützt wird: Dies ist fortan Ihr heiliger Raum, die Grenzen sind deutlich markiert!

4. Finden Sie das rechte Maß

Auch zur Bestimmung des Maßes und damit der Ausdehnung des Raumes gibt es verschiedene Herangehensweisen, die Sie alternativ nutzen können.

a) Nutzung radiästhetischer Erfahrungswerte

Die physikalische Radiästhesie hat eine Vielzahl von Erfahrungswerten, die man in Maße übersetzen kann. Sie sollten jedoch keines der Maße einfach so übernehmen, sondern diese stets mit ihrem Ankergefühl abklären. Auch bedürfen die Maße je nach gewähltem Material, seiner Dicke usw. immer noch einmal einer Feinabstimmung. **Übersicht 5** gibt Ihnen einige möglicherweise hilfreiche Resonanzmaße mit einer schlagwortartigen Beschreibung wieder.

Übersicht 5: Radiästhetische Resonanzmaße

Grundmaß ca.	Beschreibung
14 cm	Heilige Strahlung
18 cm	Lebenskraft
23,4 cm	Geistige Aufladung
27,6 cm	Lebenskraft
29,6 cm	Heilige Strahlung
32,8 cm	Geistige Anregung, Beredsamkeit, Inspiration
33,4 cm	Heilplatz

b) Das persönliche Resonanzmaß

Der Mensch besitzt persönliche Resonanzmaße, die durch seinen Körper vorgegeben sind. Diese waren historische Grundlage alter Maßsysteme:

- **die Elle: vom Ellenbogen bis zur Spitze des Mittelfingers**
- der Klafter: seitlich ausgestreckte Arme. Von Mittelfingerspitze zu Mittelfingerspitze
- der Fuß: Fußlänge

- die Handbreit: die Breite der Hand
- die kleine Spanne: Abstand Zeigefingerspitze bis Daumenspitze

Sie können diese Maße an sich selbst abnehmen und für die Gestaltung nutzen, damit der Raum in gute Resonanz zu Ihnen kommt.

c) Das intuitive Maß

Sie können ein Resonanzmaß aber auch intuitiv wählen. Verbinden Sie sich dazu wieder mit Ihrem »Ankergefühl/Griff«. Legen Sie ein großes Blatt weißes Papier (z.B. Din A3) vor sich. Legen Sie ebenso Lineal, Bleistift und Radiergummi vor sich. Legen Sie das Lineal vor sich auf das Papier und nehmen Sie den Stift in die Hand. Schließen Sie die Augen und bleiben Sie ganz mit Ihrem Wunschgefühl verbunden. Ziehen Sie nun langsam eine Linie mit Hilfe von Lineal und Stift, bis das Gefühl in optimale Resonanz kommt.

Ggf. muß die Länge der Linie noch einmal etwas verlängert oder verkürzt werden, bis das Gefühl optimal in Resonanz geht. Nun haben Sie Ihr Resonanzmaß zum Wunschgefühl.

Das Resonanzmaß ist Grundlage Ihrer Gestaltung. Wählen Sie z.B. den Radius des Sanktuarkreises in einem ganzzahligen Vielfachen Ihres gewählten Grundmaßes, wählen Sie einen Teppich, der das Sanktuar mit Maßen definiert, die ganzzahlige Vielfache Ihres Grundmaßes sind. Möchten Sie tatsächlich einen kleinen Tempel bauen oder zweidimensional eine etwas komplexere Proportionierung wählen, ist das gewählte Maß Ihr Grundmaß.

5. Finden Sie die richtige Proportion

Wie im Kapitel *Heilige Geometrie: Die Proportionierung* beschrieben, gibt es zwei grundlegende Proportionierungsschemata:

- Ad Quadratum (aus dem Quadrat heraus)
- Ad Triangulum (aus dem Dreieck heraus)

Das Quadrat verhilft dem Raum zu mehr Stabilität und Erdbezogenheit. Das Dreieck vergeistigt eher und gibt dem Raum Dynamik. Die einfachste Quadratproportionierung ist additiv, d.h. die Quadrate werden wie ein Raster nebeneinandergelegt.

a) Ad Quadratum (additiv)

Von Ihrem gewählten Grundmaß ausgehend, nehmen Sie ein ganzzahliges Vielfaches für die Seitenlänge eines Quadrates. Beispiel: Nehmen wir an, Sie wollen einen Raum der erdbezogenen Lebenskraft schaffen. Sie wählen als Grundmaß 18 cm (Lebenskraft). Eine Seitenlinie des Quadrates könnte nun 10 x 18 cm = 180 cm lang sein. Additiv setzen Sie ein zweites Quadrat daneben (Proportionierung 1:2), so erhalten Sie einen Raum mit 3,60 m Länge und 1,80 m Breite.

b) Ad Triangulum

Von Ihrem Grundmaß ausgehend, nehmen Sie ein ganzzahliges Vielfaches für die Seitenlänge eines gleichseitigen Dreiecks. Von der Basislinie ausgehend, legen Sie mit zwei Zirkelschlägen (Schnur mit der Länge der Basislinie) die Dreiecksspitze fest. Verdoppeln Sie die Schenkellängen und verbinden Sie die Endpunkte *(Abbildung 94)*. Ergänzen Sie die zwei Dreiecke zu einem Rechteck. Sie haben einen einfachen Raum ad Triangulum konstruiert und auf ein Grundmaß abgestimmt. Ein solches Rechteck hätte bei einer Basislinie von 1,80 m eine Längsseite von 3,10 m. Trotz gleichen Grundmaßes unterscheiden sich die Wirkungen des Raumes in den verschiedenen Proportionen »ad Quadratum« und »ad Triangulum« gravierend voneinander!

c) Andere Proportionen

Natürlich können auch andere Proportionen gewählt werden. Ein Pentagramm bzw. Pentagon z.B. hätte eine starke innere Spannung. Der Goldene Schnitt wäre automatisch mitberücksichtigt. Wenn man sich statt in einen Kreis in ein Fünfeck setzt, ist die Wirkung eine sehr viel dynamischere, und auch die Energetik wird vermutlich wesentlich höher sein. Ob dies aber das Richtige für Sie ist, steht auf einem anderen Blatt.

6. Richten Sie sich innerlich und äußerlich aus

Die innere Ausrichtung steht in Resonanz mit unserer äußeren Ausrichtung. Es heißt nun also zu unserem inneren Ankergefühl eine passende Himmelsrichtung zu finden. Diese nehmen wir in unseren heiligen Raum mit auf, indem wir den »Altarbereich« des Tempels in diese Richtung ausrichten oder im einfachsten Falle, indem wir uns in der Wohnung im heiligen Raum so setzen, daß wir in die entsprechende Richtung blicken. Auch hierfür gibt es verschiedene Möglichkeiten, die passende Himmelsrichtung zu ermitteln.

a) Raumhoroskop

Im Kapitel *Richtungsqualitäten* wurde bereits auf das Raumhoroskop verwiesen *(siehe Abbildung 65)*. Genaueres zu den Richtungsqualitäten nach dieser Methodik entnehmen Sie bitte meinem Buch *Das Haus als Spiegel der Seele*. Vereinfacht kann man sagen:

Der Osten unterstützt die vergeistigende Spiritualität.
Der Norden unterstützt das Mentale.
Der Süden unterstützt die Emotion.
Der Westen unterstützt die erdbezogene Spiritualität.

Entsprechend dem Raumhoroskop kann man zudem Blickrichtungen wählen, die die thematische Qualität der Tierkreiszeichen haben, wie in Abbildung 65 zu sehen. Wenn Sie das mythische Erleben unterstützen möchten, wählen Sie als Altarbereich bzw. als Blickrichtung die Fische im Ostnordosten. Für eine Unterstützung der inneren Sinnsuche und ganzheitlicher Lebenszusammenhänge wählen Sie dagegen vielleicht eher den Schützen im Nordnordwesten, für mehr Lebensfreude und die Zuwendung zum Inneren Kind dagegen vielleicht die Zwillinge im Südsüdosten usw.

b) Standortastrologie

Zu Ihrem Geburtszeitpunkt standen die Planeten in bestimmten Himmelsrichtungen. Diese geben somit ganz persönliche Richtungsqualitäten vor. Um persönliche planetare Richtungsqualitäten zu ermitteln, berechnen Sie ein Geburtshoroskop *auf ihren gegenwärtigen Wohnort* (Relokation). Legen Sie den Medium Coeli (MC, Spitze des 10. Hauses) genau nach Süden. Nun erkennen Sie Ihre persönlichen Richtungsqualitäten durch die Richtungen der Planeten. Der persönliche heilige Raum kann darauf ausgerichtet werden, bzw. Sie setzen sich mit Ihrer Blickrichtung in die entsprechende Himmelsrichtung.

c) Zeitqualitäten

Das Raumhoroskop ist eine Verräumlichung von Zeitqualitäten. Sie können diese Zeitqualitäten natürlich auch über die Auf- und Untergangspunkte z. B. der Sonne am Horizont in Ihrem heiligen Raum einfangen. Wenn Sie die Zeitqualität kennen, die Sie als Qualität in Ihrem Raum haben möchten, so beobachten Sie, wo an diesem Tage die Sonne auf- oder untergeht. Der Sonnenaufgangspunkt im Ostbereich wird Sie stärker mit neuen Kräften der entsprechenden Zeitqualität verbinden, der Untergangspunkt wird Ihnen helfen, alte Themen besser loslassen zu können.

d) Intuitive Ermittlung der Himmelsrichtung

Natürlich können sie auch die Ausrichtung ihrer »Tempelachse« wieder intuitiv bestimmen. Verbinden Sie sich dazu wie immer mit Ihrem Ankergefühl. Stehen Sie senkrecht auf den im 2. Schritt bestimmten Platz und schließen Sie die Augen. Drehen Sie sich nun langsam im Kreis und achten Sie darauf, wann das Wunschgefühl wieder in Ihnen »aufwallt«, stärker wird oder »einrastet«. Diese Richtung wird den heiligen Raum in seiner Aufgabe unterstützen, das zu leisten, was Sie beabsichtigen.

7. Finden Sie passende Materialien, Farben und Klänge

Wir haben in den Schritten 1 bis 6 den richtigen Platz, die richtige Ausrichtung und die richtige Größe und Proportionierung unseres heiligen Raumes gefunden und ihn vom Profanraum abgegrenzt. Nun wird es Zeit, ihn Gestalt annehmen zu lassen. Wir können unseren Tempel mit Ziegeln bauen, mit Sandstein oder aus Holz. Jedes Material wird mit seiner eigenen Schwingung zum Raumgefühl beitragen. In der Radiästhesie spricht man von der Stoffresonanz. Selbst die Wahl der

Holzart kann entscheidend sein. Das gleiche gilt natürlich auch für die Raumgestaltung im Innenraum. Welche Farbe wählen wir? Gibt es bestimmte Töne und Klänge, die die Raumqualität unterstützen?

Sie finden die entsprechenden Materialien wiederum radiästhetisch oder auch intuitiv, indem Sie sich mit ihrem Ankergefühl verbinden. Radiästhetisch können Sie auch Ihr gewähltes Grundmaß nehmen und dieses von der Rutenspitze abtragen. Sie haben dadurch eine persönliche Grifflänge. Am besten eignen sich hierfür einfache Kunststoffruten. Schlägt die Rute bei dieser Grifflänge über einem bestimmten Material aus, so ist dieses mit dem Grundmaß resonanzfähig.

Vielleicht hatten Sie aber in Schritt 1 bereits eine Farbwahrnehmung, die zur gewünschten Raumqualität paßte. Jetzt ist der Zeitpunkt, die Farbe exakt in ihrer Nuance zu definieren. Lassen Sie Ihr Grundgefühl, Ihr »Maß aller Dinge« nun Gestalt annehmen. Im Innenraum kann der heilige Raum z.B. durch ein anderes Holz im Parkettboden definiert werden. Die gewählte Holzart sollte dabei in Einklang mit der Raumqualität sein.

8. Nutzen Sie Katalysatoren

Viele der Schritte des Gestaltungsprozesses sind austauschbar. Sicher sollte Schritt 1 immer am Anfang stehen. Aber es mag sinnvoll sein, zunächst das Maß, die Proportion und die Ausrichtung zu definieren, ehe man das Sanktuar mit Steinen fixiert. Katalysatoren in den heiligen Raum einzuführen, sollte erst dann erfolgen, wenn der Raum weitestgehend steht, wenn also ein Resonanzkörper geschaffen wurde, der zum »Klingen« gebracht werden kann. Auf jeden Fall muß das Sanktuar erschaffen worden sein. Im Sakralbau wird eine Kirche durch die Einbringung einer Reliquie in Schwingung versetzt. Sie ist der »erste Bogenstrich« oder der »erste Klöppelschlag« an der Glocke.

Wir müssen keine Reliquien benutzen, auch andere Objekte können die Funktion eines solchen Katalysators übernehmen. Es kommen hierfür beispielsweise in Frage:

- Planetenessenzen
- Bachblütenessenzen

- Heilwässer
- Homöopathische Mittel
- Kraftobjekte
- usw.

Ich nutze gerne ein wenig Wasser oder Erde von anderen »Kraftplätzen«, die das »Ankergefühl« bereits in sich getragen haben. Solche Stoffe haben ganz im Sinne einer »Berührungsreliquie« die Kraft des entsprechenden Ortes aufgenommen. Durch das (rituelle) Hineinbringen dieser Kraft in den persönlichen heiligen Raum wird dieser dazu angeregt, seine Arbeit aufzunehmen. Er wird zu schwingen beginnen. Natürlich sollten auch diese Objekte mit meinem »Anker« in Resonanz sein. Sie sollten in Ihnen das gleiche Gefühl erzeugen, das Sie in Schritt 1 erarbeitet haben.

9. Finden Sie ein Symbol

Auch ein Symbol kann die Arbeit des Raumes enorm unterstützen. Vielleicht ist es genau das Symbol, das Sie innerlich gesehen haben, als Sie Ihr Gestaltungsziel gefunden haben. Es kann ein klassisches Symbol sein (Kreuz, Kreis, Pentagramm, Ankh...) oder ein Kosmogramm, ein individuell für diesen Ort und Ihre Person gestaltetes Symbol.

Dieses Symbol können Sie am Altarplatz aufstellen, an die Decke oder auf den Fußboden malen oder anderweitig gestalten. Vielleicht ist es auch in der Form des Sanktuarbereiches implizit, wenn Sie z.B. ein Pentagramm als Form gewählt haben. Es ist nicht zwingend, ein Symbol im Raum einzufügen, doch es hilft ungemein als Fokussierungsobjekt. Der Raum soll Ihnen ja helfen, mit bestimmten Kräften in Kontakt zu kommen oder bestimmte Erfahrungen zu machen. Das Symbol als Ausdruck dieser Erfahrungen wird hierbei enorm unterstützend sein. Sie können das entsprechende Symbol aus Ihrer Mitte erstehen lassen, indem Sie sich innerlich mit Ihrem Anker verbinden, oder Sie können so lange z.B. ein Symbollexikon durchblättern, bis Sie von einem darin enthaltenen Symbol spontan angesprochen werden.

10. Finden Sie den richtigen Zeitpunkt

Für den letzten Schritt (Schritt 11) bedarf es des entsprechenden Zeitpunkts. Es ist der Zeitpunkt der Einweihung, der Zeitpunkt, an dem »der Hebel umgelegt wird«. Dieser kann natürlich auch wieder ganz intuitiv festgelegt werden. Es lohnt aber auf jeden Fall die Beachtung von Zeitqualitäten. Kein Augenblick ist gleich, es gibt Zeiträume, die die Kraft, die Sie erschaffen möchten, unterstützen und andere, die ihr entgegenstehen. Warum also es sich schwer machen? Wählen Sie unterstützende Zeiten!

Für einen Neubeginn allgemein vorteilhaft ist z. B. der Neumond (die erste neu erstandene Mondsichel, nicht unbedingt der unsichtbare Schwarzmond). Abnehmenden Mond würde ich persönlich für ein solches Projekt eher vermeiden. Sollten Sie den heiligen Raum nach standortastrologischen Kriterien ausgerichtet haben, empfiehlt es sich, einen Zeitpunkt abzuwarten, an dem der Planet, auf den der Raum ausgerichtet wurde, wieder in derselben Himmelsrichtung steht. Natürlich können Sie den entsprechenden Zeitpunkt auch ganz allgemein astrologisch berechnen. Welche Methode Sie auch nutzen, wählen Sie den Zeitpunkt mit Bedacht.

11. Weihen Sie den Ort

Nun ist Ihre persönliche »Geburtshilfe« gefragt. An dem von Ihnen bestimmten Zeitpunkt weihen Sie den Ort ein. Dies ist der Schlüssel, der den Ort für Sie erschließen wird. Die Einweihung kann mit der Einbringung eines Objektes (Schritt 8) oder des Symbols (Schritt 9) einhergehen. Vielleicht ist es nur ein Augenblick der Stille, ehe Sie Ihren Tempel das erste Mal rituell betreten, vielleicht ist es ein Ritual mit Räucherung und Gesang. Das Ritual sollte so gestaltet sein, daß Ihr Grundgefühl darin ausgedrückt wird. Es kann die Bitte um Hilfe sein, ein Gebet oder auch ein Tanz. Feiern Sie diesen Augenblick. Denn nun ist Ihr heiliger Raum aktiv!

Übersicht 6: Heilige Räume schaffen

1. Finden Sie Ihr Gestaltungsziel

Lassen Sie sich dafür Zeit! Es ist der wichtigste Schritt!

- Was will ich?
- Wie soll es sich anfühlen?
- Wo fühle ich es?
- Was soll es bewirken?
- Finden Sie dafür einen Griff/Anker.

2. Finden Sie den Platz, der zu dem Ziel und dem damit verbundenen inneren Gefühl (Griff/Anker) paßt

- radiästhetisch
- intuitiv (Lassen Sie sich ziehen, visualisieren Sie den Ort oder lassen Sie ihn sich »sagen«.)

3. Schaffen Sie ein Sanktuar

- polarisierte Steine
- die heilige Linie
- der definierte Raum

4. Finden Sie das rechte Maß

- Umrechnung radiästhetischer Grifflängen
- persönliches Resonanzmaß
- intuitives Resonanzmaß

5. Finden Sie die richtige Proportion

- ad Triangulum
- ad Quadratum
- andere

6. Richten Sie sich innerlich und äußerlich aus
- Raumhoroskop
- standortastrologisch
- nach Zeitqualität
- intuitiv

7. Finden Sie passende Materialen, Farben oder Klänge, die das Gestaltungsziel unterstützen

8. Nutzen Sie »Katalysatoren«:
- Planetenessenzen
- Bachblüten
- Heilwässer
- Homöopathische Mittel
- Kraftobjekte
- und andere

9. Finden Sie ein klassisches oder schaffen Sie ein persönliches Symbol

10. Finden Sie den richtigen Zeitpunkt
- astrologisch
- Mondphasen
- intuitiv

11. Weihen Sie den Ort durch ein Ritual

Mauern, von Fenstern und Türen durchbrochen,
bilden Räume;
doch erst die Leere des Raums
gibt ihnen Brauchbarkeit.

So gibt das Stoffliche zwar Eignung,
das Unstoffliche aber erst den Wert.

Diese Passage aus dem Tao Te King von Laotse hatte ich an den Beginn des Buches gestellt. Räume sind mehr als die Entfernung der sie trennenden Mauern, sie enthalten eine Leere, die sich geistig füllt. Ich hoffe, gezeigt zu haben, auf welche Weise historisch-kulturell oder auch persönlich-kreativ die innere geistig-seelische Füllung dieser Leere beeinflußt wurde bzw. werden kann. Doch bei allen Techniken, letztendlich bestimmt das Unstoffliche den Wert. Ein heiliger Raum kann schon dadurch entstehen, daß eine Kerze entzündet wird. Ja, letztendlich tragen wir alle einen solchen heiligen Raum beständig in uns, und wir haben zu jedem Zeitpunkt Zugang zu ihm. Menschen, die diesen inneren heiligen Raum für sich gefunden haben, mag dieses Buch wertlos sein, allen anderen mag es ein Reiseführer sein, der sie ein Stück des Weges dorthin geleiten kann.

Anhang

Adressen

Geomantie

Geomantische Untersuchungen, harmonische Lebensraumgestaltungen (Feng Shui, Farbberatung, Standortastrologie), geomantische Architekturentwicklung und Gartengestaltungen sowie eine persönliche Kraftplatzgestaltung erhalten sie bei:

Büro für geomantische Planung
Dipl. Ing. Stefan Brönnle
Kloster Moosen 12
D-84405 Dorfen
Tel: +49-(0)8081-8761
info@stefan-broennle.de
www.stefan-broennle.de

Der Autor arbeitet mit einem Team aus Architekten, Baubiologen, Farbberatern und Landschaftsarchitekten zusammen, das heilige Räume nach Ihren Wünschen kreiert.

Seminare und Fortbildungen

Selbst erlernen können Sie die in diesem Buch beschriebenen Techniken in Vorträgen, Seminaren und Ausbildungen beim Institut:

INANA
Kloster Moosen 12
D-84405 Dorfen
Tel: +49-(0)8081-9529909
geomantie@inana.info
www.inana.info

Verwendete und weiterführende Literatur

1. Geomantie allgemein

Brönnle, Stefan: *Die Kraft des Ortes - Die Energien der Erde erspüren, erkennen und nutzen*, Neue Erde, Saarbrücken 2009

Brönnle, Stefan: *Landschaften der Seele - Landschaften, Geomantie und ihre Auswirkungen auf die menschliche Psyche*, Schirner, Darmstadt 2006 (vormals Kösel, München 1994)

Brönnle, Stefan: *Das Haus als Spiegel der Seele. Wie wir durch Änderungen in unserem Wohnumfeld unsere Seele heilen*, Neue Erde, Saarbrücken 2007

Dawkins, Peter: *Zoence – Die Wiederentdeckung der Tempelwissenschaft*, Knaur, München 1996

Devereux, Paul: *Das Gedächtnis der Erde – Die Erdmysterien und die Entschlüsselung der Rätsel heiliger Kultstätten der Menschheit*, AT, Aarau 2000

Gehringer, Petra: *Geomantie – Wege zur Ganzheit von Mensch und Erde*, Neue Erde, Saarbrücken 1998

Jordan, Harald: *Räume der Kraft schaffen. Der westliche Weg ganzheitlichen Wohnens und Bauens*, AT, Baden und München 2004

Merz, Blanche: *Orte der Kraft – Stätten höchster kosmo-terrestrischer Energie*, AT, Aarau 1999

Michell, John: *Die Geomantie von Atlantis – Wissenschaft und Mythos der Erdenergien*, Dianus-Trikont Buchverlag, München 1984

Michell, John: *Die Vergessene Kraft der Erde. Ihre Zentren, Strömungen und Wirkungsweisen*, Mutter Erde, Frauenberg 1981

Pennick, Nigel: *The Ancient Science of Geomancy – Man in harmony with the earth* (Deutsch: »Die alte Kunst und Wissenschaft der Geomantie«), Thames and Hudson, London 1979

Pennick, Nigel: *Das kleine Handbuch der angewandten Geomantie – Wie wir heute Landschaft und Siedlung wieder in Einklang bringen können*, Neue Erde, Amrichshausen 1990

Pennick, Nigel: *Einst war uns die Erde heilig – Die Lehren von den Erdkräften und Erdstrahlen*, Goldmann, München 1990

Pogačnik, Marko: *Schule der Geomantie*, Knaur, München 1996

2. Sakralarchitektur

Albrecht, Klaus: *Maltas Tempel. Zwischen Religion und Astronomie*, Naether-Verlag, Wilhelmshorst 2004

Berlage, Hendrik P.: *Grundlagen und Entwicklung der Architektur.* 4 Vorträge gehalten im Kunstgewerbemuseum zu Zürich, Berlin 1908

Berlage, Hendrik P.: »Raumkunst und Architektur«. In: *Schweizer Bauzeitung* Nr. 49, 1907

Bongart, Ferdinand: *Kultstätten – Was sie uns verraten*, Eigenverlag, Eschweiler o. J.

Brian, Leigh, Molyneaux: *Heilige Plätze und Orte – Erde und Schöpfung – Spirituelle Wege und Landschaften – Die Quelle der Weisheit*, Evergreen/Taschen, Köln 2002

Charpentier, Louis: *Die Geheimnisse der Kathedrale von Chartres*, Gaia, Köln, 1972

Cilia, Daniel (Hrsg): *Malta before History. The Worlds Oldest Free-Standing Stone Architecture*, Miranda Publishers, Malta 2004

Cornelius, Geoffrey + Paul Devereux: *Die geheime Sprache der Sterne und Planeten*, Kailash (Hugendubel), München 1996

Cousto, Hans: *Die kosmische Oktave – Der Weg zum universellen Einklang*, Synthesis, Essen 1984

Doczi, György: *Die Kraft der Grenzen. Harmonische Proportionen in Natur, Kunst und Architektur*, Capricorn, Glonn 1987

Drößler, Rudolf: *Astronomie in Stein. Archäologen enträtseln alte Bauwerke und Kultstätten*, Panorama, Wiesbaden o. J.

Eckstein, Rudolf, Franziskus Büll + Dieter Hörnig: »Die Ostung mittelalterlicher Klosterkirchen des Benediktiner- und Zisterzienserordens.« In: *Studien und Mitteilungen zur Geschichte des Benediktinerordens und seiner Zweige*, Bd 106, Heft 1, 1995

Hermann, Max-Otto: *Handbuch Tempel-, Kult- und Ruinenstätten der Welt - Archäologische Stätten – Heiligtümer – Antike Ortsnamen – Nekropolen*, VMA, Wiesbaden 1997

H.R.K.: »Das Geheimnis der Kathedrale von Chartres, Meisterbauriss 1«, *Freimaurerloge* Nr. 79 in Rapperswil, www.freimaurer-rapperswil.ch

Humphrey, Vitebsky: *Sakrale Architektur – Modelle des Kosmos – Symbolische Formen und Schmuck – Östliche und westliche Traditionen*, Evergreen/Taschen, Köln 2002

Kiesow, Gottfried: »Die Sonne und der Achsenknick. Vier Thesen zur Achsenverschiebung im Kirchenbau«, *Monumente online* – Magazin der deutschen Stiftung Denkmalschutz, www.monumente-online.de

Lawlor, Anthony: *The Temple in the House*, G. P. Putnam's Sons, New York 1994

Lechler, Lorenz: »Unterweisungen und Lehrungen für seinen Sohn Moritz, Handschrift 1516«, A. Reichensperger Hsg. In: *Vermischte Schriften über christliche Kunst*, Leipzig 1856

Mann, A. T.: *Mystische Architektur*, Edition Astroterra, Wettswil 1996

Michell, John : *Sonne, Mond und Steine*, Werner Piepers Medienexperimente, 1989

Morrison, Tony: *Das Geheimnis der Linien von Nazca. Maria Reiches Lebenswerk*, Wiese, o. O. 1988

Müller, Hartmut: Diverse Artikel in: *Global Scaling. Die Basis ganzheitlicher Naturwissenschaft. Raum + Zeit Spezial 1*, Ehlers, Wolfratshausen 2007

Stierlin, Henri + Andreas Volwahsen (Hrsg): *Indien. Bauten der Hindus, Buddhisten und Jains.* Reihe Architektur der Welt, Evergreen, Lausanne, o. J.

Strohmayer, Wolfgang: *Die hohe Kunst der Meister*, Verlag J. Sandler, Marbach / Donau 1996

Thurn-Valsassina, Georg: *Subtiles Bauen. Form und Transzendenz. Feinenergetische Symbolik*, Eigenverlag, Rastenberg 2004

Vitruv: *Vitruvii de architectura libri decem. / Vitruv. Zehn Bücher über Architektur.* Übersetzt und mit Anmerkungen versehen von Dr. Curt Fensterbusch. Primus, Darmstadt 1996

von Freeden, Joachim: *Malta und die Baukunst seiner Megalith-Tempel*, Wissenschaftliche Buchgesellschaft, Darmstadt 1993

Werner, Helmut: *Lexikon der Numerologie und Zahlenmystik*, Komet, Frechen o. J.

3. Sonstiges

Jung, Carl Gustav: *Gesammelte Werke,* Bd. 13, Walter, Olten, Freiburg/ Brsg. 1978.

Laotse: *Tao-Te-King,* nach einer Übers. von Rudolf Backofen. Drei Eichen, München + Engelberg 1970

Abbildungsverzeichnis

Vom Autor direkt oder nachgestaltet: Abbildungen 1, 5, 7, 8 b, 9, 16, 22, 24, 25, 28, 29, 31 - 33, 36-39, 40-42, 47, 48, 50, 51, 54-64, 72, 73 b, 74-77, 79, 80, 82 - 85, 87, 89, 91, 92, 94-96, 99, 100, 101, 103

Historische Abbildungen: 3, 6, 13, 14, 17-19, 26, 35, 49, 90, 93

Wikipedia/christof1: 2

webarchiv.bundestag.de: 12 a+b

Dragon Design, GB: 15, 43, 65-67, 70

S. Brönnle und Dragon Design, GB: 68, 69

Jörg Purner: 45

Sibylle Krähenbühl: 97

Hartmut Müller: 102

Wikipedia/brunswyk: 98

Wikipedia/Kolossos: 53

Folgende Abbildungen beziehen sich größtenteils auf Sekundärquellen. Trotz ausführlicher Recherche konnte die Ursprungsquelle nicht ermittelt werden: 4, 8 a+c, 10, 11, 20, 21, 23, 27, 30, 34, 44, 46, 52, 71, 73a, 78, 80b, 81, 86, 88

Weitere Bücher in unserem Verlag:

Unsere Wohnung zu wandeln, verwandelt uns

Die Wohnung und das Haus sind eng mit unseren Wünschen, unseren Bedürfnissen, aber auch unseren Schatten verbunden. Sie sind ein Spiegel unserer Seele. Was für Astrologen das Horoskop ist, das ist für Geomanten der Wohnungsgrundriß. Geomanten sind Menschen, die die Wirkung des Ortes auf den Menschen ebenso zu deuten wissen, wie sie aus der Raumgestaltung auf den Menschen schließen können.

Der ausgewiesene Fachmann und Geomantie-Ausbilder Stefan Brönnle stellt in diesem Buch in einfachen und leicht nachvollziehbaren Schritten vor, wie wir Harmonie in unserem Haus schaffen – die zurückgespiegelt in unsere Seele

Eine profunde Einführung in die Geomantie

Jeder kann es spüren: Orte sind verschieden. An manchen Plätzen fühlen wir uns wohl, an anderen angespannt und müde oder belebt und gelöst. Die Erde ist durchzogen von Gesteinsschichten und Wasseradern, aber auch von energetischen Strukturen. Die Geomantie spürt diese Unterschiede auf, und aus dem Wissen um die spezifische Kraft eines Ortes können wir eine wohltuende Beziehung zu ihm aufbauen.

Hellsehen kann jeder!

Infrarot, Ultraschall, Röntgenstrahlen, das mikroskopisch Kleine... Daß es vieles gibt, was wir nicht wahrnehmen können, was aber trotzdem wirklich ist, weiß jedes Kind. Und es gibt Dinge, die uns auch technische Hilfsmittel nicht zeigen, die aber mit einer darauf ausgerichteten Wahrnehmung zu erkennen sind. Dieses Buch möchte Grenzen unserer Vorstellung sprengen, die uns daran hindern, unsere »übersinnlichen« Sinne zu nutzen. Mit vielen praktischen Übungen beweist uns Stefan Brönnle: Jede/r kann hellsehen.

Erneuerung aus unseren mythischen Wurzeln

In diesem Buch werden uns die Märchen in ihrem symbolischen Gehalt entschlüsselt, als bildmächtige Parabeln für tatsächlich stattfindende Ereignisse, seien es der Tanz von Sonne und Mond, die Zyklen der Natur oder die Reise der Seele. Es sind tief verstandene Zusammenhänge, von denen die Märchen berichten, und sie wurzeln in einer Zeit, als das Mütterliche vorherrschte und ein partnerschaftliches Verhältnis zwischen der Natur, der Erde und dem Menschen bestand.

Stefan Brönnle
Märchen – Mythologische Brücke zu einem neuen Erdbewusstsein
Paperback, 128 Seiten, ISBN 978-3-89060-741-2

Den Garten als Kraftort gestalten

Das Urbild des Gartens ist der Paradiesgarten, jener Ort oder Zustand, wo Geist und Materie, Mensch und Natur noch eins waren. Einen solchen Garten kann jeder bei sich zu Hause erschaffen: Gärten, die Kraft spenden, Gärten, die Sinn geben, Gärten, die zur Erkenntnis verhelfen. Anhand vieler Beispiele für geomantische Gestaltung in der Gartenkunst, die auch heute in unserem Raum noch zu besichtigen sind, gibt er uns viele Belege für das Zusammenwirken von Mensch und Landschaft.

Stefan Brönnle
Der Paradiesgarten
Gärten der Kraft planen und gestalten
Paperback, 208 Seiten, mit vielen Abbildungen, ISBN 978-3-89060-556-2

Vom Wesen geistiger Wesen

Geistwesen, Naturwesen, Elementare, Elementale, Engel, Seelen, Phantome, Geister... Namen und Benennungen gibt es unglaublich viele. Der Raum um uns, so scheint es, ist von geistigen Wesenheiten erfüllt. Stefan Brönnle geht in gewohnt gründlicher Weise auf die unterschiedlichen Ebenen und Phänomene der ätherischen Welt ein. Ausgehend von einem Blick in die Geschichte und auf unterschiedliche Betrachtungsweisen von Paracelsus bis zur Quantenphysik, behandelt er die unterschiedlichen geistigen Wesen wie Engel und Elementale, um uns schließlich zur Erfahrung des Geistes in der Materie in uns zu führen.

Stefan Brönnle
Geistige Wesen
Engel, Elementale und das Ätherische
Paperback, 176 Seiten, ISBN 978-3-89060-601-9

Körperliche und geistig-seelische Auswirkungen von Elektrosmog
Ob Handystrahlung krank macht, an dieser Frage scheiden sich die Geister, und viele wollen es auch gar nicht wissen. Anhand vieler nüchterner Informationen und aus ihrer langjährigen Erfahrung tragen die Autoren, beide über Jahre in der baubiologischen Beratung tätig, in diesem Buch viele Belege für die Schädlichkeit des Elektrosmogs zusammen. Aber sie wollen nicht verteufeln, sondern aufklären und uns sensibilisieren, damit wir mehr auf diese allgegenwärtige Gesundheitsgefahr achten.

Ulrich Kurt Dierssen, Stefan Brönnle
Der Mensch im Kraftfeld der Technik
Unsere körperliche, seelische und geistige Resonanz zum Elektrosmog
Paperback, 176 Seiten, mit Tabellen und Glossar, ISBN 978-3-89060-527-2

Das Wohnumfeld heilen und so sich selbst
Häufiger, als uns bewußt ist, sind Disharmonien und Krankheiten durch unser Wohnumfeld bedingt. »Zeige mir deine Wohnung, und ich sage dir, wer du bist!« Durch Veränderung dieses Umfeldes können wir uns selbst ändern. Das gelingt aber nur, wenn nicht alte, fremde Anhaftungen im Wege stehen. Mit der richtigen Reinigung können wir uns befreien und gesunden, das zeigt dieser anregende praktische Ratgeber.

Stephan Andreas Kordick
Die Seele des Raumes berühren
Paperback, 160 Seiten, ISBN 978-3-89060-530-2

Die Erde erspüren
Feng-Shui ist in aller Munde, aber die wenigsten wissen, daß Feng-Shui nur ein Aspekt der traditionellen Wissenschaft der Geomantie ist. Um Geomantie zu verstehen, muß man sich auf das Unsichtbare einlassen, eine ganzheitliche Wahrnehmung entwickeln. Die Autorin öffnet in diesem Buch den Blick auf überzeugende Weise. Zuerst erklärt sie die Grundlagen der Geomantie, die auf einem traditionellen Wissenschaftsbild beruhen. Ohne ein Verständnis dieser Grundlagen – alles ist Schwingung, die Erde ist ein Lebewesen, es gibt unsichtbare feinstoffliche Dimensionen – ist Geomantie nicht möglich, bedeutet doch schon das Wort: »die Erde erspüren«.

Petra Gehringer
Geomantie
Wege zur Ganzheit von Mensch und Erde
Paperback, 416 Seiten, viele teils farbige Abbildungen,
ISBN 978-3-89060-469-5

Wer seine Vergangenheit nicht kennt, hat keine Zukunft
Das Naturheiligtum Externsteine wird in diesem Buch in einen größeren Bezugsrahmen gestellt, vor allem, um die Vergangenheit des Alten Europa und seine geistigen Wurzeln lebendig werden zu lassen. Es soll Anstöße vermitteln und Mut machen, an den Externsteinen und in deren Umgebung Beobachtungen aufzugreifen, die das derzeitige Bild erweitern; darüber hinaus ist es ein Angebot, das alte Heiligtum selbst zu erforschen und zu nutzen, um dort Erfahrungen und Erkenntnisse zu sammeln, die der persönlichen Entwicklung dienen.

Usch Henze
Osning – Die Externsteine
Das verschwiegene Heiligtum Deutschlands
und die verlorenen Wurzeln europäischer Kultur
Paperback, 224 Seiten, 8 Tafeln, ISBN 978-3-89060-763-4

Für eine Zivilisation des Herzens
Der bekannte Autor und Geomantiepraktiker Marko Pogačnik hat mit seinen »Sieben Grundsteinen der neuen Ethik« und den »Neun Geboten der Göttin« versucht, die Grundlagen einer neuen Zivilisation zu beschreiben, die sowohl den Menschen als auch den – ob sichtbaren oder unsichtbaren – Naturreichen gerecht wird. Im Austausch mit dem Geomanten Radomil Hradil wird dieses Anliegen deutlich herausgearbeitet und uns nahegebracht.

Marko Pogačnik, Radomil Hradil
Gaiakultur
Der Weg zu einer Zivilisation der erwachten Herzen
Paperback, 174 Seiten, 30 Zeichnungen von Marko Pogačnik,
ISBN 978-3-89060-636-1

Mitgehen in der großen Umwandlung der Erde
Es ist unmöglich, die auftauchenden ökologischen und sozialen Herausforderungen allein auf der physischen Ebene zu lösen – die archetypischen Ebenen verlangen nach Aufmerksamkeit. Mit ihnen befasst sich der weltbekannte Bildhauer, Land-Art-Künstler und Geomant Marko Pogačnik schon lange. Und mit diesem Buch möchte er allen, die für diese Ebenen offen sind, helfen, sich auf die kommende Zeit einzuschwingen und die Erde in ihrem Wandlungstanz zu begleiten.

Marko Pogačnik
Wandlungstanz der Erde
Ein Begleiter durch die Herausforderungen der jetzigen Zeit
Klappenbroschur, 208 Seiten,
ISBN 978-3-89060-762-7

NEUE ERDE im Buchhandel

Sollte es Lieferschwierigkeiten bei den Büchern von NEUE ERDE geben, lassen Sie immer im VLB (Verzeichnis lieferbarer Bücher) nachsehen, im Internet unter **www.buchhandel.de**

Alle lieferbaren Titel des Verlags sind für den Buchhandel verfügbar.

Sie finden unsere Bücher auch auf unserer Homepage **www.neue-erde.de** oder in unserem Gesamtverzeichnis, welches Sie gerne hier anfordern können:

NEUE ERDE GmbH
Cecilienstr. 29 · 66111 Saarbrücken
info@neue-erde.de